Jürgen Stock

DAS WÄRE DOCH GEDACHT!

Präludium

Alles, was auf den folgenden Seiten steht, insbesondere auf Seite 180, ist wahr.

Jürgen Stock

DAS WÄRE DOCH GEDACHT!

Wie wir uns aus der Falle eingefahrener Denkmuster befreien

Kösel

FSC
www.fsc.org
The mark of responsible forestry
FSC® C017859

Verlagsgruppe Random House FSC-DEU-0100
Das für dieses Buch verwendete FSC®-zertifizierte Papier
Offset Amber Graphic liefert Arctic Paper, Poland.

Umschlag: Monika Neuser, München
Umschlagmotiv: Cover Illustration taken from the book *Mind Sights* by Roger N. Shepard.
Copyright © 1990 by Roger N. Shepard. Reprinted by permission of Henry Holt and Company, LLC.
Abbildungen: Robert und Anna K. Wenzl, Würzburg
Satz und Herstellung: Franziska Creutzburg, München
Druck und Bindung: CPI Moravia Books s.r.o., Pohorelice
Printed in Czech Republic
ISBN 978-3-466-30910-8

www.koesel.de

Alles, was wir sind, ist das Ergebnis dessen, was wir gedacht haben.
Der Geist ist alles. Was wir denken, werden wir sein.

Siddhartha Gautama Buddha (ca. 563 v. Chr. – 483 v. Chr.)

Die Voranannahmen des Undenkbaren Denkens

- ✗ Alles, was gesagt wird, wird von jemandem gesagt.
- ✗ Die Landkarte ist nicht das Territorium.
- ✗ Wir sind nicht in der Lage, letztendliche Wahrheiten zu erkennen.
- ✗ Wahrnehmung ist immer schon Interpretation und Konstruktion.
- ✗ Wir sehen die Realität immer durch einen Filter.
- ✗ Wir sind in der Lage, unsere Filter willentlich weitgehend zu wechseln.
- ✗ Wechseln wir unsere Filter, verändert sich unser Erleben.
- ✗ Unser Gehirn bildet fortlaufend Muster aus und tendiert dazu, vorschnell zu urteilen. Dieses schnelle Urteilen hat viele Vor-, aber auch etliche Nachteile.
- ✗ Es ist sinnvoll, die Tendenz unseres Gehirns zur Reaktionsbildung zu verzögern.
- ✗ Wir brauchen Methoden, um nicht in eingefahrenen Mustern stecken zu bleiben.
- ✗ Systematischer Perspektivenwechsel verschafft mehr Freiheit im Denken, Fühlen und Handeln.
- ✗ Wir sind nicht Opfer unserer Gefühle, sondern deren Gestalter.
- ✗ Provokation ist die Mutter der Innovation.
- ✗ Undenkbares Denken verlangt die Bereitschaft, sich verunsichern zu lassen. Deshalb erfordert es Mut.
- ✗ Der Wille ist eine Metakraft in unserem Bewusstsein und damit eine Wirkmächtigkeit von herausragender Bedeutung im menschlichen Entwicklungsprozess – er kann und muss trainiert werden.
- ✗ Wenn ich die Ausrichtung meiner Wahrnehmung, meine Gedanken und meine Gefühle willentlich verändern kann, muss ICH etwas sein, das größer ist als diese Gedanken. Dieses »ICH« wird häufig auch »Beobachter« oder »innerer Zeuge« genannt.
- ✗ Es gilt, den »Beobachter« in uns zu stärken – es ist der Teil in uns, der frei von Musterbildung ist.
- ✗ Die Quelle des Denkens ist nicht im Denken selbst enthalten.

INHALT

EINLEITUNG

Übung macht den Meister(denker)

> Ich glaube nicht, dass ich für die Bedeutsamkeit oder Bedeutungslosigkeit des Lebens an sich verantwortlich bin. Aber ich trage die Verantwortung dafür, was ich aus meinem Leben mache.
>
> *Hermann Hesse (1877–1962), Nobelpreis für Literatur (1946)*

Was Sie erwartet und wozu das alles gut ist

PRAKTISCH UNDENKBAR

Wie lautet die korrekte Antwort zu dieser Frage:

»Wie viele Tiere von jedem Geschlecht nahm Moses mit auf die Arche?«

(Hinweis unter »Die Sintflut« auf Seite 192)*

In diesem Buch geht es nicht mehr und nicht weniger als um eine Revolution Ihres Denkens. Wenn ich Ihnen jetzt sage, dass Sie es bitter nötig haben, Ihr Denken umzuwälzen, halten Sie mich vermutlich für anmaßend. Aber noch wahrscheinlicher ist, dass es gerade diese Provokation ist, die Sie am Lesen hält.

---

* Die Hinweise und Lösungen im Anhang sind durcheinander angeordnet, damit Sie nicht sofort alle nachfolgenden Antworten sehen, wenn Sie nur nach einer bestimmten suchen. Andernfalls würde das manchen Denktrick schnell entkräften.

Also noch einmal: Es ist an der Zeit, Ihr Denken radikal zu erneuern. Die Methoden in diesem Buch können Ihnen zeigen, wie das geht.

Denken gehört zu *den* Schlüsselqualifikationen im Zeitalter der Information. Und doch haben wir das Denken als Fähigkeit nie explizit gelernt, sondern immer nur als Nebenprodukt bestimmter Schulfächer wie zum Beispiel Mathematik oder Latein.

Lassen Sie uns gleich zu Beginn klarstellen: Intelligenz hat rein gar nichts zu tun mit der Fertigkeit, effektiv zu denken. Man kann mit einer durchschnittlichen Intelligenz gesegnet sein und trotzdem überdurchschnittlich gut denken. Wie das funktionieren soll? Haben Sie bitte noch einen Augenblick Geduld.

Es gibt eine gute und eine schlechte Nachricht zu diesem Buch. Die schlechte zuerst: Wir sind gefangen in immer gleichen Mustern der Wahrnehmung und des Denkens. Es ist schwer, ja nahezu unmöglich, aus diesem Gefängnis auszubrechen. Ursache dafür ist vor allem die Art und Weise, wie das Gehirn konstruiert ist. Wir verfügen über ein in seinen Grundzügen uraltes Denkorgan. Die grauen Zellen in unserem Kopf sind imstande, schier Unglaubliches zu leisten. Gleichzeitig besitzen sie an ihren Wurzeln eine Menge Gemeinsamkeiten mit dem Gehirn von Reptilien, die bereits vor Urzeiten auf dieser Erde lebten. Oder um es mit weniger blumigen Worten zu formulieren: Wir haben in technischer Hinsicht rasante Fortschritte gemacht. Mental und emotional bewegen wir uns aber häufig noch auf Steinzeitniveau.

Nun die gute Nachricht: Es gibt Methoden und Werkzeuge, um eingefahrenen Denkgleisen zu entkommen und tatsächlich neuartige Gedanken und Ideen zu entwickeln. Das wiederum hat spürbare Konsequenzen auf unsere Gefühle und den Umgang mit uns selbst und anderen.

Bei aller Ernsthaftigkeit des Themas: Das Lesen dieses Buches wird Ihnen hoffentlich auch Spaß machen. Es wird Sie aber auch verstören und manchmal sogar provozieren – und Ihnen genau deshalb viele Aha-Erlebnisse bescheren. Sie werden spannende Zaubereien und köstliche Rätsel kennenlernen, die verdeutlichen, wie unser Denken im Laufe der Zeit tiefe Muster bahnt und diese wiederholt beschreitet.

Vor allem aber erzählt dieses Buch davon, wie man eingefahrenen Denkmustern entkommt und wieder größere Freiheit im Denken erfährt. Diese neue Flexibilität hat weitreichende Auswirkungen auf alle Aspekte des Menschseins.

Im Fitnessstudio des Verstands: Dreieinhalb Jahre in einem Denkclub

Bevor Sie mich für die Dauer der Lektüre dieses Buches als Ihren Reiseleiter anerkennen, fragen Sie sich vielleicht, was mich dazu befähigt hat, dieses Buch zu schreiben. Nun, ich glaube, vor allem der folgende Umstand: Ich habe zusammen mit meinem Kollegen Helmut Broichhagen dreieinhalb Jahre lang einen Denkclub geleitet. Einmal die Woche haben wir uns ins Fitnessstudio des Verstands begeben und die Muster des menschlichen Denkens nicht nur untersucht, sondern diese Musterbildung fortgesetzt am eigenen Leib erfahren.

Ich möchte Ihnen kurz berichten, wie es zur Entstehung des ersten deutschen Denkclubs kam. Denn schon in dessen Anfangsphase wurde ein wesentliches Prinzip des Undenkbaren Denkens deutlich.

An einem düsteren Novemberabend im Jahr 2002 saß ich mit Freunden nach dem Abendessen zusammen. Wir diskutierten über den bevorstehenden Irakkrieg und seine von uns und vielen anderen empfundene Ungeheuerlichkeit. Eine Million Menschen weltweit gingen deshalb auf die Straße – es half in keinster Weise. Man konnte offenbar nichts dagegen tun. Im Laufe des Gesprächs machte sich zunehmend ein Gefühl der Frustration und der Ohnmacht unter den Anwesenden breit. An einem bestimmten Punkt wurde mir dann plötzlich eine weitere Tragödie bewusst: dass vier leidlich intelligente und handlungsfähige Personen zu keinem anderen Schluss kamen, als angesichts der Umstände zu resignieren, die Hände in den Schoß zu legen und so weiterzumachen wie bisher.

Diese Einsicht brachte für mich einen Stein ins Rollen, der sich im Laufe der Zeit zu einer persönlichen Lawine auswachsen sollte. Zu dieser Zeit beschäftigte mich ein altes Buch in neuer Auflage von Dr.

Edward de Bono: *De Bonos neue Denkschule*. Das Buch handelt seinem Titel gemäß davon, wie man sein Denken systematisch optimieren und trainieren kann. Am Ende des Buches wird erläutert, wie man einen Denkclub gründet und durchführt. Für mich war das in diesem Moment der zündende Gedanke: Wenn ich schon nichts gegen einen sinnentleerten Krieg tun kann, dann tue ich eben das, was ich kann – ich gründe einen Denkclub. Und verbessere hoffentlich damit mein eigenes Denken und letztendlich auch mein Handeln. Das war der Beginn einer bemerkenswerten Reise. Ich wurde in der Folge tatsächlich mit tief sitzenden mentalen und emotionalen Mustern konfrontiert und zu einer ganzen Menge an Selbsterkenntnis geführt. Hätten wir an diesem Abend nicht zusammengesessen, wäre der Denkclub vermutlich nie entstanden und es gäbe infolgedessen auch dieses Buch nicht.

Interessanterweise liegt hinter der Gründungsgeschichte des Denkclubs bereits ein Prinzip des Undenkbaren Denkens verborgen, das mir später noch sehr häufig begegnen sollte: Es ist leicht, Ideen und Vorhaben zu kritisieren und die Probleme daran zu erkennen. Viel schwieriger ist es, Dinge aufzubauen und zu formen. Anders gesagt: Kritik zu üben ist verhältnismäßig einfach. Eigene Projekte zu entwickeln und umzusetzen, sich dabei auch immer dem Risiko des Scheiterns zu stellen: Das hingegen ist eher schwer.

Das Opfer-Gestalter-Modell

Lassen Sie mich diesen wichtigen Gedanken noch ein Stück weiter ausführen. Ich nenne das folgende Prinzip in Anlehnung an den bekannten Autor und Managementberater Stephen R. Covey das Opfer-Gestalter-Modell (s. Abb 1).

Wir alle kennen Aspekte unseres Lebens, auf die wir Einfluss ausüben, aber auch solche, auf die wir gar nicht oder nur kaum einwirken können.

Lenken wir die Wahrnehmung vor allem auf Dinge, die wir nicht ändern können (»Opferbereich«), entsteht schnell ein Gefühl der Frustration. Das innere Feuer erlischt, Demotivation ist die Folge. Je weniger

Motivation wir aber haben, desto geringer wird auch der tatsächliche Einfluss. Richten wir den Fokus erneut auf Aspekte, die außerhalb unseres Machtbereichs liegen, entfaltet sich ein negativer Teufelskreis. Der Opferbereich vergrößert sich.

Lenken wir die Aufmerksamkeit dahingegen auf Felder, auf die wir einwirken können (»Gestaltungsbereich«) – und sei es auch nur im Kleinen –, entsteht ein Gefühl von Motivation. Das Empfinden der *Selbstwirksamkeit* wächst. Damit einher geht wiederum ein tatsächlicher Zuwachs an Einfluss. Der Antrieb zum Handeln steigt im Anschluss daran ein Stück weit. Und immer so fort. Wieder haben wir es mit einem Kreislauf zu tun, diesmal mit ganz anderen Konsequenzen. Der Gestaltungsbereich vergrößert sich.

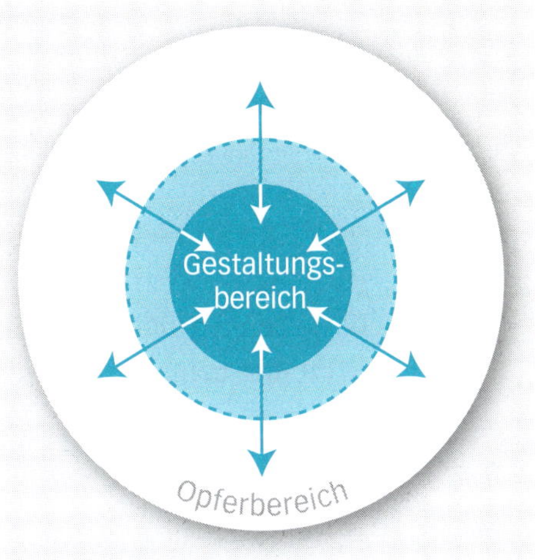

Abb. 1

Um es in einem Bild auszudrücken: Wenn es draußen regnet, ist das einfach als gegeben hinzunehmen – ob ich diese Tatsache nun bedauerlich finde oder nicht. Wie ich nun aber gekleidet bin (habe ich einen Regenmantel an, trage ich einen Schirm bei mir) und damit dem Wetter begegne, liegt ganz allein in meiner Hand. Ich habe die volle Verantwortung für das, was ich anziehe. Dadurch ändern sich die Wetterverhältnisse nicht, aber die Art und Weise meines Erlebens – und hiermit der Spielraum an Möglichkeiten meines Verhaltens. Ich kann zum Beispiel trotz des Regens spazieren gehen und mich in der Natur erholen, ohne dabei krank zu werden.

Dieses Prinzip handelt letzten Endes davon, wie man Politik betreibt, ohne parteipolitisch tätig zu sein. Wir halten Ausschau nach Einflussbereichen, in denen wir aktiv mitwirken können. Es ist nicht so wichtig, wie groß oder klein dieser Beitrag ist, sondern nur, dass wir innerhalb unserer Möglichkeiten überhaupt etwas beisteuern. Aus diesem Anteil erwachsen wiederum ein Gefühl der erhöhten Selbstwirksamkeit und daraus resultierend mehr Kraft und Motivation für weitere Handlungen. Wir spüren, dass unser Denken und Handeln tatsächlich einen Unterschied machen.

Deshalb sehe ich meine Jahre im Denkclub aus heutiger Sicht nicht nur als individuellen Entwicklungsschritt, sondern in letzter Konsequenz auch als eine Form der politisch-gesellschaftlichen Auseinandersetzung. Wir haben im Trainingsraum des Denkens keinesfalls irgendwelche parteipolitischen Positionen eingenommen. Aber die Werte hinter den Denkwerkzeugen übten einen starken Einfluss auf alle Menschen aus, die mit ihnen in Berührung kamen. Und darum geht es doch in aller Regel im politischen Leben: um Einflussnahme und die damit verbundene Gestaltungskraft.

Besucher des Denkclubs und seither viele meiner Seminarteilnehmer haben als Resultat der Übungseinheiten folgende Auswirkungen berichtet:

- Das Gefühl der Selbstwirksamkeit erhöht sich sowie der eigene Selbstwert.
- Die Toleranz nimmt zu.
- Es entsteht Mut zur Vielschichtigkeit und Vieldeutigkeit.
- Man bleibt nicht bei der erstbesten Betrachtung stehen, sondern hält interessiert nach weiteren Möglichkeiten Ausschau.
- Man ist sich der eigenen Anfälligkeit für Musterbildung bewusster, das macht bescheidener und toleranter.
- Die Wertschätzung anderer Sichtweisen nimmt zu – sie können Sprungbretter sein, die zu vollständig neuen Ideen führen.
- Die Tendenz, vorschnell zu urteilen, lässt nach.
- Die eigene Kreativität wird freigesetzt.
- Man entwickelt das Gefühl, emotional »intelligenter« zu werden.

Warum Denken nicht nur nützt, sondern auch hilft

Lies nicht mehr – schau.
Schau nicht mehr – geh.
Paul Celan (1920–1970), deutschsprachiger Lyriker

Das Undenkbare Denken ist kein Zuschauersport

Dieses Buch, liebe Leserin, lieber Leser, wird leider überhaupt keinen Nutzen für Sie haben. Jedenfalls, wenn Sie nur darin schmökern. Denn *Wissen alleine ändert keine Gewohnheiten*, so viel steht fest. Sie müssen die hier vorgestellten Werkzeuge auch anwenden. Sonst sind Sie wie ein Trainierender, der erwartet, dass er dicke Muskeln bekommt, indem er ein Buch über Bodybuilding liest. Das haut einfach nicht hin.

Aus diesem Grund werden in diesem Buch immer wieder kleine Experimente durchgeführt. Ich lade Sie gerne ein, sich die Zeit dafür zu nehmen, diese Übungen jeweils kurz nachzuvollziehen. Denn andernfalls könnte es sein, dass Sie sich durch dieses Buch zwar gut unterhalten fühlen, am Ende aber nicht weiter davon profitieren. Das wäre schade.

Das konsequente Einüben der Werkzeuge ist von herausragender Bedeutung. Nur so werden die neuen Fähigkeiten selbst wieder zu einer Art Muster. Nur, dass wir sie diesmal bewusst installiert haben, um der Komplexität der Welt mit unserem Denken zu entsprechen.

Um noch einmal das Bild des physischen Trainings zu bemühen: Wenn wir einen kräftigen Körper und kräftige Muskeln unser Eigen nennen wollen, gibt es keinerlei Zweifel an der Notwendigkeit regelmäßigen Übens. Wir gehen zwei-, dreimal pro Woche joggen oder ins Fitnessstudio und werden sehr schnell etwas für den Muskelaufbau tun können.

Im mentalen und emotionalen Bereich haben viele Menschen bemerkenswerterweise andere Vorstellungen. Wir glauben, dass es reicht, ein Buch zu lesen oder ein Seminar zu besuchen, und schon würden sich alte Gewohnheiten über Nacht ändern. Nichts ist weiter von der Realität entfernt. So wie wir auf der körperlichen Ebene regelmäßiges Training brauchen, um dauerhafte Veränderungen zu erzielen, so benötigen auch die mentalen »Muskeln« immer wiederkehrende Impulse. *Wir lernen erst durch Übung das Fahrzeug des Denkens zu steuern.* Denn nur das ständige Wiederholen hat dazu geführt, dass sich bestimmte Muster so tief eingegraben haben. Kurzum: Weiterbildung bedarf der Kontinuität.

Es folgt eine weitere gute Nachricht: Wenn Sie die beschriebenen Methoden üben, werden Sie Ihren gewohnten Denkmustern allmählich entkommen. Sie sind dann häufiger in der Lage, in einer zunehmend komplexen Welt intellektuell und emotional angemessen zu agieren. Konflikte sind leichter lösbar, auch in eingefahrenen Situationen wissen Sie, wie Sie sich und anderen Menschen neue Spielräume eröffnen können.

Dazu gehört aber auch Mut. Der Mut, sich selbst infrage zu stellen und das Denken einer eingehenden Betrachtung zu unterziehen. Der Lohn für diesen Mut sind ein gesteigertes Selbstwertgefühl und Vertrauen in die eigenen (Denk-)Fähigkeiten.

Sie werden schon bald bemerken, dass Ihre Denkweise nicht mehr die gleiche ist wie zuvor. Sie sind in der Lage, beinahe jede Sache aus verschiedenen Blickwinkeln anzuschauen. Allein diese Fertigkeit wird Sie von vielen anderen Menschen unterscheiden und Ihnen einen Vorsprung verleihen. Eine neue geistige Flexibilität steht Ihnen fortan zur Verfügung.

Zaubertricks in Frageform

Wie fänden Sie es also, im Laufe des Buches immer wieder selbst aktiv zu werden und sich mit faszinierenden Tricks und Cheats zu beschäftigen? *Praktisch undenkbar?* Wunderbar, denn genau das haben wir auf den folgenden Seiten vor.

Viele Menschen würden die Aufgaben in der Rubrik »Praktisch undenkbar« wohl schlicht Rätsel nennen. Ich meine aber, dass es sich eher um *Zaubertricks in Frageform* handelt. Diesen Experimenten werden Sie im Laufe des Buches immer wieder begegnen.

Wir befinden uns dann in unserem privaten »Labor«. Hier können wir spielerisch und ohne Risiko neue Ideen ausprobieren und im Anschluss daran eigene Schlussfolgerungen ziehen. Es steckt ein großes Maß an Erkenntnismöglichkeit in diesen trickreichen Aufgaben. Im Folgenden finden Sie einige der spannendsten Trickrätsel, die es in Buchform gibt. Wenn Sie andere Lieblingskunststücke kennen, würde ich mich freuen, von Ihnen darüber zu erfahren. Gerne natürlich auf der Internetseite zum Buch www.das-waere-doch-gedacht.de oder über meine E-Mail-Adresse info@juergen-stock.de. Danke im Voraus dafür!

Die Übungen sind gewissermaßen das Herzstück dieses Buches. Lassen Sie uns deshalb am besten gleich damit fortfahren.

PRAKTISCH UNDENKBAR

Monikas Mutter hat insgesamt fünf Töchter. Sie sind alle ziemlich exakt zwei Jahre auseinander. Angefangen bei vier Jahren bis zwölf Jahre. Ihre Namen sind Lala, Lele, Lili, Lolo und …

Wie heißt die fünfte Tochter?

Wenn Sie sich festgelegt haben, finden Sie einen Tipp unter »Eine große Familie« auf Seite 188.

Nehmen Sie sich bitte stets einen Moment Zeit, bevor Sie die Hinweise und Lösungen nachschlagen. Bei all den Tricks in diesem Buch geht es weniger darum, die »richtigen« Antworten zu kennen, sondern unseren Muster bildenden Verstand in Aktion zu erleben. Diese Beobachtungen sind weit wichtiger, als sofort das korrekte Ergebnis parat zu haben.

Mit der Aufzählung der ersten vier Töchter (Lala, Lele, Lili, Lolo) wird ein Muster etabliert, das nur in Lulu münden kann. Eine entscheidende Information (das M-Wort) steht am Anfang. Sie ist aber häufig bereits vergessen, wenn die Fragestellung beendet ist. Und so zeigt dieser Zaubertrick in Frageform gleich zwei grundlegende Funktionsweisen des Gehirns auf:

1 Unser Kurzzeitgedächtnis ist nur in der Lage, mit einer begrenzten Anzahl von Informationseinheiten innerhalb eines bestimmten Zeitraums umzugehen. Im obigen Rätsel werden bewusst irrelevante Informationen eingesetzt, um den Arbeitsspeicher zu überladen.
2 Hinzu kommt die starke Tendenz des Gehirns, auf das vorbereitete Muster zu reagieren. Alles, was nicht dazu passt, wird getilgt. Es handelt sich um den Versuch, in der Fülle an Informationen Regelmäßigkeiten zu entdecken und möglichst rasch Stellung zu beziehen. Wir erhalten einen Reiz (in diesem Fall eine Fragestellung) und antworten fast augenblicklich darauf – mit »Lulu«. Obwohl wir die Gelegenheit hätten, uns alle Informationen zu vergegenwärtigen, ist der Impuls stärker, unmittelbar dem Reiz-Reaktions-Muster zu folgen (s. Abb. 2, a).

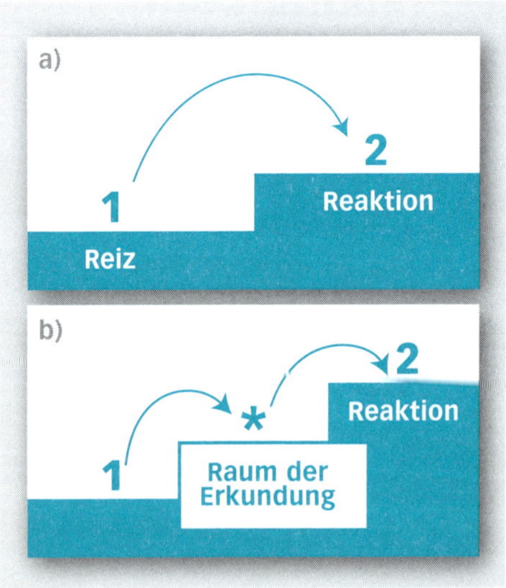

Abb. 2

Aus dieser kurzen Analyse ergibt sich die folgende, im Zentrum der Überlegungen dieses Buches stehende Idee: Es ist nötig, die Reaktionsbildung des Gehirns zu verlangsamen und damit mehr Zeit für die Erkundung der jeweiligen Fragestellung zu haben (s. Abb. 2, b).

Neue Wahrnehmung – Neues Denken – Neue Gefühle

> Der geistige Zustand muss ebenfalls in der Lage sein, den physischen Zustand des Gehirns zu verändern. Es kann gar nicht anders sein. Dennoch wurde dieser Ansatz nicht weiterverfolgt, weil er der westlichen Sichtweise zuwiderzulaufen scheint. Aber er ist auf logische Weise in dem inbegriffen, was die Wissenschaft heute sagt.
>
> *Franciso Varela (1946–2001), chilenischer Biologe, Philosoph und Neurowissenschaftler*

Mehr Möglichkeiten

Ist es überhaupt möglich, sich selbst zu verändern? Und wenn ja, welche Voraussetzungen sind dafür nötig? Die ganze Aus- und Weiterbildungsszene, aber auch viele psychotherapeutische und spirituelle Systeme beschäftigen sich mit genau diesen Fragen.

Zu den wichtigsten Errungenschaften eines sich entwickelnden Bewusstseins gehört die Fähigkeit, in einen Zustand zu wechseln, von dem aus wir uns selbst beobachten können – die sogenannte Metaebene. In diesem Sektor *haben* wir Gedanken und Gefühle, wir *sind* diese aber nicht. Von hier aus gehen die Impulse, die unsere Wahrnehmung willentlich auf ungewohnte Perspektiven richten und damit tiefen Einfluss auf unser Erleben nehmen. Unsere alten Muster lassen in der Regel keinen Spielraum, sondern zwingen uns in immer gleiche Bahnen des Denkens und Fühlens.

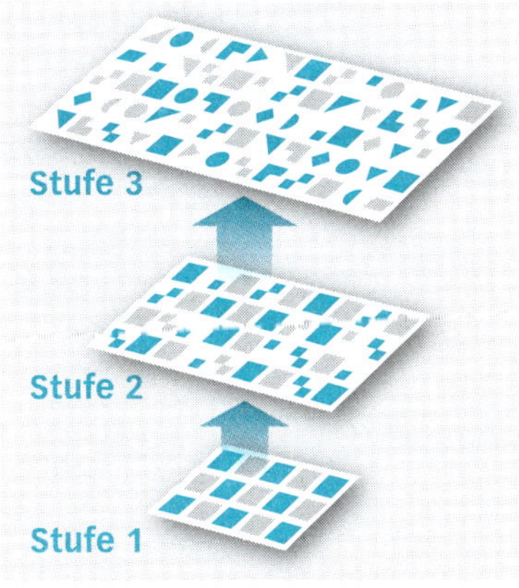

Abb. 3

Die folgenden Methoden und Übungen dienen einer bewusst

herbeigeführten Erschütterung unseres Wahrnehmungsapparats, in der Hoffnung und Intention, dass diese Destabilisierung sich auf einer höheren Ebene wieder reorganisiert und erneut konsolidiert – dann allerdings mit mehr Variationsmöglichkeiten (s. Abb. 3). In diesem Buch geht es nicht darum, bestimmte Gewohnheiten vollständig loszuwerden. Im Gegenteil: Wir fügen unserem bestehenden Repertoire weitere Möglichkeiten hinzu. Wenn man nur eine Handlungsweise in einer gegebenen Situation zur Auswahl hat, ist man streng genommen ein Automat. Sind es nur zwei, steckt man in einem Dilemma. *Erst ab drei Optionen fängt die Freiheit der Wahl an.* Meiner Ansicht nach ist es vor allem diese Flexibilität, die alle Systeme, die von menschlicher Weiterentwicklung handeln, als Hauptanliegen haben.

PRAKTISCH UNDENKBAR

E Z D

V F S

S ? ?

Was gehört an die Stelle der beiden Fragezeichen?

(Hinweis unter »Die zwei Fragezeichen« auf Seite 192)

Was bringt's für mich?

Bei diesem Buch handelt es sich beileibe um keine kopflastige Angelegenheit, auch wenn wir uns intensiv mit dem Denken beschäftigen. Dieses ist aber zutiefst vernetzt mit anderen Ebenen unseres Seins. In diesem Sinne kann der Verstand auch gar nicht isoliert betrachtet werden, sondern immer nur als Teil eines größeren Systems.

Wenn reine Sachkenntnis wirklich etwas verändern könnte, müssten wir alle schon »erleuchtet« sein. In den Büchern steht doch alles genauestens beschrieben! Offenbar verhält es sich aber nicht ganz so einfach. Abstraktes Wissen birgt nicht genügend Potenzial für tief greifenden Wandel. Es sind unsere Erfahrungen – das, was vom Kopf ins

Herz gerutscht ist –, die uns verändern. Das Ich – das bewusste Denken – ist ein viel zu geringer Ausschnitt des Selbst, um allein darüber Veränderung zu bewirken. Wir brauchen das sinnliche Erleben, die volle Bandbreite des Bewusstseins, um uns tatsächlich zu wandeln.

PRAKTISCH UNDENKBAR

Zeichnen Sie bitte die Figur in der Abb. 4 in einem Mal, ohne dass dabei die Spitze des Stiftes den Kontakt zum Papier verliert.

Wie ist das möglich?

Diese Aufgabe ist ein besonders schönes Exemplar der Gattung »Zaubertricks in Frageform«. Nehmen Sie sich ruhig einen Moment Zeit dafür.

(Hinweis unter »Kreis mit Punkt« auf Seite 190)

Dieses Buch handelt nicht nur davon, wie Sie der Musterbildung Ihres Gehirns entkommen und wieder mehr Freiheit in Ihrem Denken erfahren. En passant entstehen auch mehr Möglichkeiten im emotionalen Bereich, denn der Verstand und die Gefühle hängen eng zusammen. Wir können jederzeit den Wahrnehmungsbereich mithilfe des systematischen Perspektivenwechsels gezielt erweitern. Damit verändert sich unser Erleben.

Wenden wir uns im folgenden Kapitel zunächst den Grundlagen des Denkens und dem geheimnisvollsten Objekt im gesamten uns bekannten Universum zu: dem Gehirn und seiner Funktions- und Arbeitsweise.

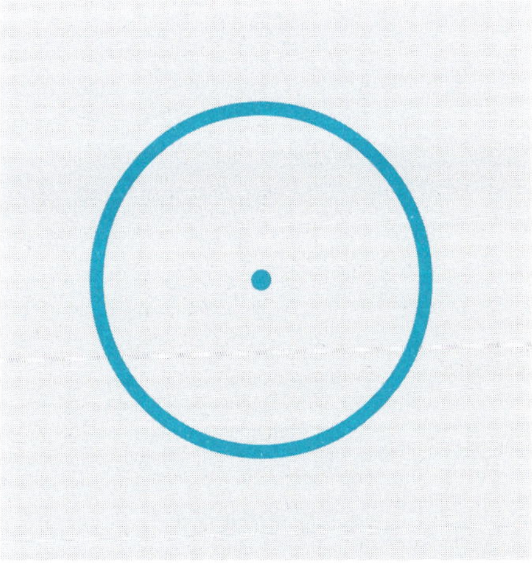

Abb. 4

Im Denkumdrehen

- Es ist leicht, Projekte und Ideen zu kritisieren und die Probleme darin zu erkennen. Es ist viel schwieriger, solche Vorhaben ins Leben zu rufen und umzusetzen.
- Richten wir die Wahrnehmung auf Bereiche, auf die wir keinen Einfluss haben, entsteht das Gefühl der Frustration – wir fühlen uns als Opfer.
- Lenken wir die Aufmerksamkeit auf Aspekte, die wir beeinflussen können, erhöht sich das Gefühl für Selbstwirksamkeit.
- Wir haben Emotionen, sind diese aber nicht. Deshalb sollten sie nicht die alleinige Grundlage für unsere Überlegungen sein.
- Wir haben das Denken als Fähigkeit nie explizit gelernt. Intelligenz hat nichts mit der Fertigkeit zu tun, effektiv zu denken.
- Das Gehirn neigt zur Musterbildung und zu vorschnellen Urteilen.
- Es gilt, dieser Reaktionsbildung eine Verlangsamung des Denkens entgegenzusetzen.
- Das Kurzzeitgedächtnis kann nur mit einer sehr begrenzten Anzahl von Informationen innerhalb eines gegebenen Zeitraums umgehen.
- Wissen allein ändert keine Gewohnheiten. Wir lernen erst durch Übung, das Fahrzeug des Denkens zu steuern.
- Weiterbildung bedarf der Kontinuität.
- Zu den wichtigsten Kompetenzen eines sich entwickelnden Bewusstseins gehört die Fähigkeit, auf die Metaebene zu wechseln.
- Die Denkwerkzeuge sorgen für eine Erschütterung unserer Bewertungen. Nach der Destabilisierung bilden sich neue Muster auf einer höheren Organisationsebene aus. Es entstehen neue Möglichkeiten des Denkens und Handelns.
- Ab drei Verhaltensmöglichkeiten fängt die Freiheit der Wahl an.
- Das Denken und die Emotionen stehen in enger Verbindung zueinander.
- Wir können die Wahrnehmung mithilfe des systematischen Perspektivenwechsels jederzeit gezielt erweitern. Damit verändert sich unser Erleben.

DIE HARDWARE DES DENKENS ODER: WAS WIR MIT REPTILIEN GEMEINSAM HABEN

Am Anfang war … ein Konstruktionsfehler

> Sollen die Biologen so weit wie möglich gehen,
> und gehen wir selbst so weit wie möglich.
> Eines Tages werden wir uns begegnen.
> *Sigmund Freud (1856–1939), österreichischer Arzt und Begründer der Psychoanalyse*

Homo homini lupus

Wir sind zutiefst gespaltene Kreaturen. Es gibt zahlreiche Beispiele dafür, wie viel Großmut, Würde und Mitgefühl ein menschliches Wesen aufbringen kann. In anderen Momenten ist der »Mensch dem Menschen ein Wolf« – dann fügt er seinesgleichen unvorstellbare Grausamkeiten zu. Es hat immer nur entsprechende Umstände gebraucht, um Menschen innerhalb kürzester Zeit von netten Personen zu mordenden Bestien zu machen. Stellen Sie sich vor, dass jemand Ihrer Familie etwas Furchtbares antut und Sie anschließend die Möglichkeit hätten, sich für diese Tat zu rächen. Einzelne Menschen, Gemeinschaften, ja ganze Nationen haben sich vom blinden »Auge um Auge, Zahn um Zahn« hinreißen lassen.

Manchmal braucht es nur geringfügige Erschütterungen, vielleicht einen kleinen Wortwechsel in der Partnerschaft, schon bricht sich trotz aller zivilisatorischen Errungenschaften unser biologisches Erbe Bahn. Wie wir noch sehen werden, hat dieses Verhalten tief reichende Wurzeln in der Konstruktionsweise des Gehirns.

Und natürlich: Wir haben immer die Wahl. Menschen wie Sie und ich konnten – selbst unter extremsten Bedingungen – andere Wege einschlagen: Wege des Verzeihens, Pfade des Mitgefühls.

Sein oder nicht sein ...

PRAKTISCH UNDENKBAR

Addieren Sie die folgenden Zahlen bitte so schnell wie möglich im Kopf, ohne Papier und Stift zu verwenden:

1000

40

1000

30

1000

20

1000

10

Wie lautet die korrekte Antwort?

(Lösung unter »Simple Addition« auf Seite 210)

Der vorzeitliche Mensch ist in einer feindlichen Umgebung groß geworden, die ihn unablässig mit der realen Möglichkeit des Todes bedroht hat. Diese Konfrontation mit einem gewaltsamen und frühzeitigen Ende hat tiefe Spuren in uns hinterlassen. Wir sind Organismen mit einem uralten biologischen Erbe. Am Hirnstamm – dem entwicklungsgeschichtlich ältesten Teil des Gehirns – befinden sich Elemente, die wir mit Reptilien teilen. Dieser Bereich nimmt erheblichen Einfluss auf das Denken und Fühlen, ja auf unser gesamtes Sein.

Stellen Sie sich einen Steinzeitmenschen vor, der aus dem Nichts von einer ausgewachsenen Raubkatze bedroht wird: Welch enormer Aufruhr muss in seinem Organismus in so einem Augenblick herrschen! Alles, was er dann tun will – was »es« in ihm tun will –, ist kämpfen oder fliehen. Es gibt nichts zu überlegen. Bis hinunter auf die Zellebene laufen in Bruchteilen von Sekunden komplexe chemische Prozesse ab. Unser Urahn befindet sich in höchster Alarmbereitschaft: Kampf oder Flucht – *das* ist hier die Frage.

Diese elementaren Funktionen sind viel älter als unsere Fähigkeit, vernunftbegabt zu denken. Obwohl wir uns für zivilisiert halten, sind wir in vielerlei Hinsicht noch regiert von einer steinzeitlichen Alarmreaktion.

In der modernen Welt sehen wir uns eher keinen wilden Tieren gegenüber. Heutzutage ist es ein aggressiver Kunde oder ein autoritärer Chef, der die gleichen Muster anstößt. Der hohe Anteil an stressbedingten Krankheiten in der industrialisierten Gesellschaft liefert dafür beredtes Zeugnis.

In jedem Augenblick sitzt das Potenzial in uns, ein Raubtier zu sein. Es ist in mir, so wie es in Ihnen ist. Es schlummert. Es döst. Doch es braucht nicht viel, um es zu wecken; es hat einen leichten Schlaf.

Dieses natürliche Drama ist bereits im Aufbau und der Entwicklungsgeschichte des Gehirns angelegt.

Zivilisation ist nur ein dünner Mantel

Vom Hirnforscher Paul D. MacLean stammt der Begriff des dreieinigen Gehirns. Das menschliche Denkorgan besteht nach MacLean aus dem Hirnstamm (Reptiliengehirn), dem limbischen System (Altsäugergehirn) und dem Neokortex (Neusäugergehirn), s. Abb. 5. Diese verschiedenen Gehirnareale gehören entwicklungsgeschichtlich zu unterschiedlichen Zeitphasen. Die drei Sektoren bilden den langen Weg ab, den das Gehirn während seiner Evolution durchlaufen hat (s. Abb. 6).

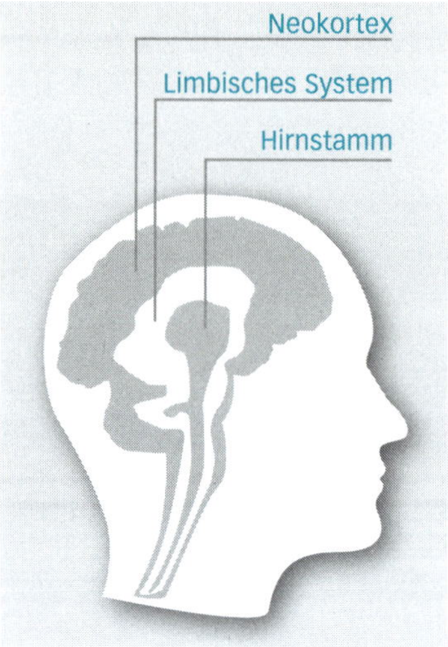

Abb. 5

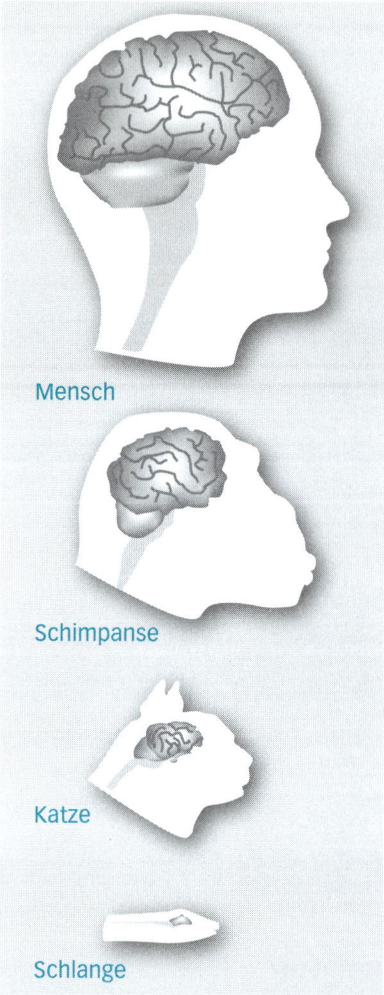

Abb

Die älteste Region ist das »Reptiliengehirn« (Hirnstamm), das grundlegende Weichen für unser Verhalten stellt. Hier geht es um das Überleben und die Arterhaltung. Viele Programme aus diesem Bereich sind starr und determiniert. Hier herrscht kein Bewusstsein vom »anderen« als möglichem Partner. Das Gegenüber ist eher der Konkurrent und Feind, der besiegt werden muss, bevor man selbst geschlagen wird.

Das limbische System umschließt den Hirnstamm wie ein Saum; Paul MacLean bezeichnet es daher als eine Art Denkkappe. So wird eine rudimentäre Steuerung der instinktiven Reaktionen des Reptiliengehirns gewährleistet. Damit einher gehen eine erhöhte Flexibilität und eine erste Abkehr von allzu roboterhaften Entgegnungen auf Situationen, mit denen uns die Umwelt konfrontiert.

Entwicklungsgeschichtlich gesehen spät hat sich der Neokortex entwickelt, der uns am deutlichsten von den meisten Tierarten unterscheidet. Hier können wir planen und abstrahieren und sind den instinktiven und emotionalen Reaktionen nicht mehr hilflos ausgeliefert.

Alle diese Gehirnteile stehen in Wechselwirkung zueinander. Die Tiefen des Gehirns beeinflussen in manchen Momenten den Kortex – das bewusste Denken – vollständig. Es kommt zu irrationalem, archaischem Verhalten ansonsten kultiviert erscheinender Menschen. Das Modell des dreieinigen Gehirns zeigt uns auf, dass der Mantel der Zivilisation, der über unsere tierhaften Aspekte gleichsam ausgebreitet liegt, nach wie vor recht knapp bemessen ist.

Des Pudels Kern: Die Amygdala

Namhafte Forscher zogen vor einiger Zeit in Zweifel, dass das limbische System der alleinige Sitz der Gefühle ist. Man war zwischenzeitlich davon abgekommen, nach einem umfassenden Gehirnbereich für *alle* Emotionen zu suchen. Stattdessen ging man nun von der Annahme aus, dass separate Regionen für ganz bestimmte Gefühle zuständig sind. Für die Forschung war es naheliegend, eine Empfindung auszuwählen, die eine große Rolle in unserem Erleben spielt: Angst. Der Baustein im Gehirn, der dafür verantwortlich ist, konnte gut lokalisiert werden – es ist der Mandelkern (s. Abb. 7). Menschen, bei denen diese Komponente während einer Hirnoperation künstlich gereizt wird, berichten von Gefühlen der drohenden Gefahr und Furcht. Der Mandelkern ist ein bedeutender Teil des limbischen Systems und wird auch Amygdala (griechisch für »Mandel«) genannt, weil er eine Art mandelförmiges Gebilde ist, das oberhalb des Hirnstammes sitzt. Von den Mandelkernen besitzen wir in jeder Gehirnhälfte einen, insgesamt also zwei.

Abb. 7

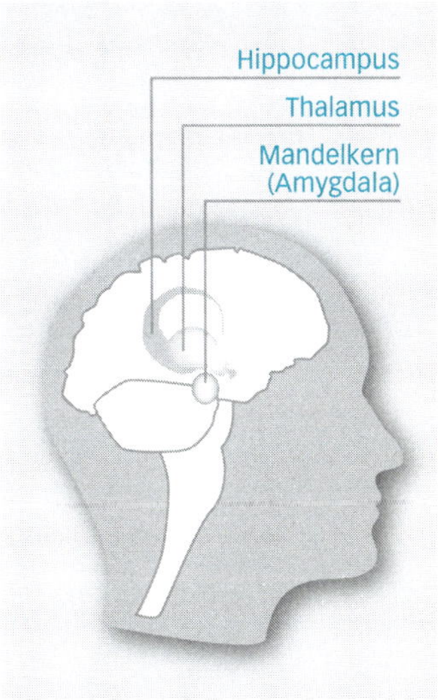

ZEIT, NEU ZU DENKEN

Getümmel in der S-Bahn (Teil 1)

Stellen Sie sich vor, Sie befinden sich nach einem anstrengenden Arbeitstag in einer überfüllten S-Bahn auf dem Weg in Ihren Feierabend. Das Wetter ist mies und einen Sitzplatz gab es auch keinen mehr. Sie hatten keinen guten Tag und das Geschrei der anderen Fahrgäste geht Ihnen gerade schwer auf die Nerven. Um dem Ganzen noch die Krone aufzusetzen, werden Sie plötzlich recht kräftig von hinten angerempelt. Wie könnte Ihre (emotionale) Reaktion darauf sein? Nehmen Sie sich bitte für diese Fantasie einen Moment Zeit, bevor Sie weiterlesen.

Der psychische Wachposten

Haben Sie in der Folge auf Ihre Vorstellung so etwas wie Ärger empfunden? Die erste, vermutlich unwillkürlich einsetzende Erwiderung auf diesen Rempler könnte man als eine Art »neuralen Überfall« titulieren.

Verschiedene Untersuchungen haben gezeigt, dass der Mandelkern den Rest des Gehirns in Notlagen unter seine Kontrolle stellt und den Ausnahmezustand deklariert. Gehen wir für diesen Moment davon aus, dass es eine Art Krisensituation ist, in einer überfüllten S-Bahn zu stehen, um einen herum Enge und lärmende Mitmenschen.

In gewissem Sinne kann man den Mandelkern als den Spezialisten für sämtliche affektiven Angelegenheiten bezeichnen. Wird er entfernt, kommt es zu einem Unvermögen, die emotionale Bedeutung von Ereignissen zu erkennen. Inzwischen wird der Amygdala eine entscheidende Rolle in unserem Seelenleben zugesprochen. Sie gilt als eine Art psychischer Wachposten, der alles, was uns widerfährt, kritisch überprüft. Den Fokus, den der Mandelkern dabei vor allem im Auge hat, ist die Frage: Handelt es sich hier um etwas, was ich fürchten muss?

Kommt er zu diesem Schluss, schickt er Hinweise an sämtliche Bereiche des Gehirns und kann diese damit ausgesprochen dominieren.

PRAKTISCH UNDENKBAR

Beantworten Sie die folgenden Fragen bitte laut und zügig:

Welche Farbe hat Schnee?

Welche Farbe haben Wolken?

Welche Farbe haben Polarbären?

Was trinken Kühe?

(Lösung unter »... wie die Unschuld« auf Seite 196)

Neurale Machtübernahme

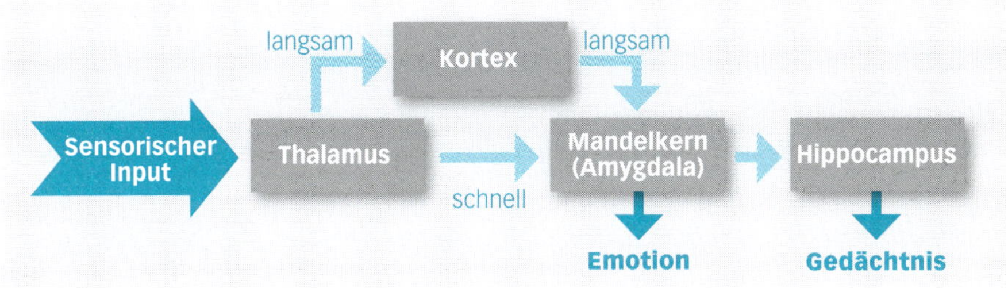

Abb. 8

Betrachten Sie bitte zunächst einmal die Abb. 8. Treffen sensorische Reize auf unseren Wahrnehmungsapparat, wandern diese zum Thalamus. Von hier gelangen die Inputs zum Mandelkern. Außerdem sendet der Thalamus ein weiteres Signal zum Neokortex, der die Botschaft auf ihre Bedeutung hin analysiert. Stuft sie der Kortex als emotional relevant ein, aktiviert er die Amygdala und damit bestimmte Emotionen. Die Übertragung zwischen Thalamus und Amygdala ist schneller als zum Kortex, dafür aber ungenauer. Sie erlaubt dem Mandelkern zu reagieren, noch bevor der Neokortex Zeit hatte, sich zu orientieren; er braucht für die Informationsverarbeitung einfach länger. Das bedeutet, dass es neurale Bahnen für Gefühle gibt, die den Kortex schlichtweg umgehen. Das ist mit dem Begriff der »neuralen Machtübernahme« gemeint; sie hat ihren Sitz und Ursprung im Mandelkern.

Was hat die Evolution veranlasst, diese Prozesse so tief in unserem Organismus zu verankern? Ein entscheidender Vorteil an der Geschwindigkeit der Reaktionen des Mandelkerns ist seine Überlegenheit in Gefahrensituationen. Oder wie es der Hirnforscher Joseph LeDoux ausgedrückt hat: »Man braucht nicht genau zu erkennen, was etwas ist, um zu wissen, dass es gefährlich sein könnte.« Der Preis für diese *Schnelligkeit* ist seine Uignenakieugt.

Diese mangelnde Präzision im Gefühlsleben kann verheerende Folgen für unsere Beziehungen nach sich ziehen. Der Mandelkern spricht bereits auf eine Situation an, obwohl zunächst nur grobe Informationen zur Verfügung stehen. *Wir haben Gefühle, noch bevor wir in der Lage sind, die Sachlage differenzierter zu betrachten.* Es liegt geradezu in der Natur der Sache, dass wir uns so leicht im Dickicht der Emotionen verheddern.

Wir reagieren auf Erinnerungen

Viele Leute glauben, dass sie denken,
wenn sie lediglich ihre Vorurteile neu ordnen.

William James (1842–1910),
Begründer der amerikanischen Psychologie

ZEIT, NEU ZU DENKEN

Getümmel in der S-Bahn (Teil 2)

Denken Sie jetzt bitte noch einmal an das Gedankenexperiment in der überfüllten S-Bahn. Sie sind nach dem heftigen Schupser vermutlich richtig sauer, als Sie sich umdrehen und dem Rempler ordentlich die Leviten lesen wollen. Da bemerken Sie, dass hinter Ihnen eine blinde Person steht, die Sie aus Versehen gestoßen hat. Stellen Sie sich auch dieses Szenario kurz vor Ihrem geistigen Auge vor.

Wie könnte nun Ihre innere Reaktion aussehen?

Haben Sie noch einen kleinen Augenblick Geduld, in den nächsten Abschnitten werden wir die Implikationen dieses Experiments nach und nach auflösen.

Denn es wird noch erstaunlicher: Der Mandelkern prüft unsere momentane Erfahrung und vergleicht sie ständig assoziativ mit früheren Erlebnissen, die ihren Sitz im Hippocampus haben (rechte Hälfte von Abb. 8). Hat das Geschehen auch nur im Entferntesten Ähnlichkeit mit etwas Bekanntem, kann es sein, dass er sofort Emotionen einbestellt, die zu den damaligen Ereignissen passten. Diese Reaktion erfolgt so schnell, dass noch gar keine umfassende Prüfung der Gegenwart vorgenommen werden konnte. Häufig ist Verhalten eine Erwiderung auf eine zurückliegende Situation und den Erfordernissen der aktuellen Situation völlig unangepasst.

Wir reagieren mit unseren Gefühlen nicht so sehr auf die Gegenwart, sondern auf die Vergangenheit. Diese ist im Mandelkern abgespeichert und dient seither als Referenzmaterial. Neue Erfahrungen haben es damit schwer, wertneutral betrachtet zu werden. Deshalb reagieren wir in manchen Situationen so unangemessen: Wir springen innerlich auf eine lange zurückliegende Begebenheit an, in der das Überleben gefährdet oder zumindest unser Wohlbefinden massiv beeinträchtigt war. In der aktuellen Lage ist diese Gefahrenlage gar nicht existent. Sie erinnert uns aber stark genug an die Vergangenheit, um diese alten Muster ein ums andere Mal abzurufen.Eine Chance, aus diesem Kreislauf zu entkommen, besteht in der Verzögerung der Reaktion auf die Ereignisse. Es geht nicht so sehr um das Hemmen der Aktivität des Mandelkerns – die läuft zunächst weitestgehend autonom ab. Entscheidend ist das V e r l a n g s a m e n der automatischen Entgegnung. Dann erst haben die anderen Bereiche im Gehirn ebenfalls die Möglichkeit, einzugreifen und die Situation zu entschärfen.

Auf eine Art sind wir durchaus »Opfer« der Gefühle – denn was der Mandelkern an Aktivitäten hervorbringt, untersteht zunächst nicht unserer Kontrolle. Dann wiederum sind wir aber auch Schöpfer der Emotionen: Wie wir auf die ersten Impulse ansprechen – also die Entgegnung auf die (instinktive) Reaktion –, hängt von unseren Fähigkeiten und Werten ab. Wir sind »Gestalter 2. Ordnung«.

Exkurs: Von Wirklichkeiten 1. und 2. Ordnung

An den Grundfesten des Denkens liegen Konzepte wie »Raum« und »Zeit«. Sie geben uns bereits eine bestimmte Struktur vor, die »Wirklichkeit« zu erfassen. Es handelt sich um Grundbedingungen der Wahrnehmung, die wir so gut wie nie hinterfragen. Weil nun alle Sinneswahrnehmungen diese Grundkategorien und Filter passieren müssen, hat Immanuel Kant postuliert, dass wir niemals in der Lage sein werden, die »Wirklichkeit« als solche zu erkennen. Wir können die uns umgebende Realität immer nur mithilfe von Landkarten erfassen.

Man kann diese zu keiner Zeit allumfassend wahrnehmbare Wirklichkeit auch als »Wirklichkeit 1. Ordnung« bezeichnen. Davon abgrenzend entsteht die »Wirklichkeit 2. Ordnung« infolge unserer Bedeutungszuschreibungen. Es handelt sich dabei um *Interpretationen* der »Wirklichkeit 1. Ordnung«. Wir Menschen sind vor allem Gestalter der »Wirklichkeiten 2. Ordnung«. In diesem Bereich liegt unserer Existenz ein großes Maß an Freiheit zugrunde.

Ein berühmtes Beispiel für diese Zusammenhänge kennen Sie sicher schon: das zur Hälfte gefüllte Weinglas. Ein Optimist sagt: »Dieses Glas ist halb voll.« Der Pessimist entgegnet: »Dieses Glas ist halb leer.«*

Wir verleihen unserer Wahrnehmung Be-Deutung, indem wir das Wahrgenommene (aktiv) deuten. Damit konstruieren wir die Realität. Unsere Lesart hat großen Einfluss darauf, wie wir uns anschließend fühlen und in der Welt bewegen. Die Zuschreibung »halb voll« löst vermutlich positivere, optimistischere Gefühle aus als die Aussage »halb leer«.

Hier noch eine bezaubernde Variation dieses Motivs:

---

* Und was sagt ein Ingenieur? – »Das Glas ist doppelt so groß, wie es sein müsste.«

Der Pessimist sieht Schwierigkeiten bei jeder Gelegenheit.
Der Optimist sieht Gelegenheiten bei jeder Schwierigkeit.

Der implizite Assoziationstest (IAT)

Eine weitere wichtige Entdeckung der Neurowissenschaften war, dass der Mandelkern gefühlsgeladene Erinnerungen speichern kann, die das Bewusstsein niemals zur Kenntnis genommen hat. Affektive Reaktionen können ohne irgendeine bewusste kognitive Beteiligung entstehen, weil das emotionale System anatomisch unabhängig vom Neokortex agieren kann.

Diese Erkenntnisse besitzen große Tragweite. Wir sind im Denken nicht nur enorm von den Emotionen geprägt, die mitunter archaischer Natur sind; wir realisieren obendrein in vielen Fällen noch nicht einmal, dass sie uns so massiv dirigieren. Wir halten die Gedanken für neutral, in Wirklichkeit sind sie aber untrennbar verbunden mit anderen Anteilen in unserem Bewusstsein, die wir an uns selbst nicht kennen.

Wir sind uns nicht bewusst, dass wir uns nicht bewusst sind.

Im folgenden Experiment erleben wir diese Mechanismen in flagranti.

PRAKTISCH UNDENKBAR

Besorgen Sie sich bitte eine Uhr mit Sekundenzeiger und lesen Sie die Instruktionen erst dann weiter. Ich verspreche Ihnen, es wird interessant.

Halten Sie das Buch mit zwei Händen, sodass Sie mit Ihrem rechten Zeigefinger auf die rechte Seite tippen können und mit Ihrem linken Zeigefinger auf die linke Seite. Ihre Aufgabe wird es gleich sein, bei jedem *positiven Begriff* und *typisch deutschen Namen* mit dem linken Zeigefinger auf das Buch zu klopfen und bei jedem *negativen Wort* und *typisch arabischen Namen* auf die rechte Seite.

Versuchen Sie die Aufgabe möglichst sorgfältig durchzuführen und nehmen Sie sich so viel Zeit wie nötig. Stoppen Sie die genaue Zeitspanne, die Sie brauchen. Machen Sie das bitte jetzt.

Frieden
Peter
Tod
Karl
Achmed
Liebe
gesund
Ibrahim
Vergnügen
Mustafa
Krebs
Rudolf
Krieg
Hans
sicher
Schmerz
Abdul
Johannes
foltern
Glück
Sharif
Martin
froh
Kummer
Mohammed

Wiederholen Sie die Übung nun noch einmal. Sie klopfen wieder bei jedem *positiven Wort* auf den *linken Rand* des Buches, diesmal aber auch bei jedem *typisch arabischen Namen.* Bei *negativen Begriffen* klopfen Sie bitte auf den *rechten Rand* und bei jedem *typisch deutschen Namen* ebenfalls. Schauen Sie auch bei diesem Durchgang auf die Uhr. Machen Sie das bitte jetzt.

(Wenn Sie den kompletten Test durchgeführt haben, finden Sie unter »Impliziter Assoziationstest« auf Seite 182 die Auswertung dazu.)

Moderne Welt – antiquiertes Gehirn

Der Geist ist eine Welt für sich, in der die Hölle zum Himmel und der Himmel zur Hölle werden kann.

John Milton (1608–1674), englischer Dichter und Staatsphilosoph

All die oben aufgeführten Zusammenhänge machen deutlich, warum die Verzögerung der Urteilsbildung so bedeutsam ist. Es gibt Bereiche im Gehirn, die bei emotional eingeschätzten Situationen schnell und ungenau reagieren. Wenn ein Tiger in der eigenen Höhle steht, spielt es keine Rolle, welch schöne Maserung sein Fell hat. Es geht zu diesem Zeitpunkt nur um eines: überleben. Ein kleiner Vorsprung entscheidet über Leben und Tod. Das Problem daran ist, dass diese Schaltkreise noch heute in unverminderter Wucht ablaufen. Und zwar in Momenten, die der Begegnung mit einem Tiger nur geringfügig gleichen – wenn überhaupt. Die Situationen sind modern, die Reaktionen des Gehirns aber archaisch.

Das Gehirn ist für die Erfordernisse der heutigen Zivilisation nur unzureichend eingestellt, unsere Hardware ist veraltet. Das Denken hat zwar Riesenfortschritte gemacht – allein, unsere Emotionalität hat bis heute viele Gemeinsamkeiten mit der einer Raubkatze. Der Hirnforscher Paul MacLean hat dies den grundlegenden Konstruktionsfehler des Gehirns genannt. Er meint damit die quasi schizophrene Spaltung von Verstand und Emotion, die in der schlechten Koordination von Neokortex und älteren Gehirnen begründet liegt.

PRAKTISCH UNDENKBAR

Die Epidemie

Stellen Sie sich ein Szenario vor, in dem eine seltene Krankheit zum Ausbruch kommt, bei der die Regierung mit dem Tod von 600 Menschen rechnet. Es gibt zwei Programme, mit denen die Epidemie bekämpft werden soll:

- ✗ Wenn Programm A durchgeführt wird, werden 200 Menschen gerettet.
- ✗ Wenn Programm B durchgeführt wird, besteht eine Wahrscheinlichkeit von einem Drittel, dass 600 Menschen gerettet werden, und eine Wahrscheinlichkeit von zwei Dritteln, dass niemand gerettet wird.

Welches Programm wählen Sie?

(Entscheiden Sie sich bitte zunächst einfach für eine der beiden Varianten und markieren Sie sie mit einem Stift. Wir kommen später noch einmal auf diese Aufgabenstellung zurück.)

Warum fühlen wir Dinge, die wir gar nicht empfinden wollen? Wieso können wir unpassende Stimmungslagen nicht einfach ausknipsen?

Die Gehirnforschung liefert uns auf diese Fragen eine ebenso einleuchtende wie erschütternde Erklärung: Die Bahnen, die vom Mandelkern zum Kortex laufen, besitzen eine größere Bandbreite als die Verbindungen vom Kortex zum Mandelkern. Das heißt in der Konsequenz, dass die Amygdala den Neokortex weit stärker beeinflusst als der Neokortex die Amygdala.

Das ist der gehirnphysiologische Grund, warum wir bisweilen von Gefühlen dominiert werden. Diese Gegebenheit teilen wir mit sämtlichen Säugetieren.

Wir alle wissen, wie leicht es ist, mit den eigenen Gedanken (zum Beispiel im Kino oder bei einem spannenden Krimi) intensive Gemütsbewegungen in uns auszulösen. Haben wir diese Empfindungen aber erst einmal, ist es weit schwieriger, sie auch wieder loszuwerden.

Bei den Primaten sind die Verbindungsstränge vom Neokortex zum Mandelkern um einiges stärker als bei anderen Säugetieren. Das deutet darauf hin, dass der Kortex im Laufe seiner Fortentwicklung ein Mehr an Kontrolle über die Amygdala gewonnen hat.

Die Spezies Mensch hat ihren Entwicklungsprozess noch längst nicht abgeschlossen. Die Evolution scheint in Richtung der weitergehenden Harmonisierung und gleichberechtigten Balance zwischen dem Verstand und den Emotionen voranzuschreiten.

Das kleine Ich

> Was unser Denken begreifen kann, ist kaum ein Punkt, fast gar nichts im Verhältnis zu dem, was es nicht begreifen kann.
>
> *John Locke (1632–1704), englischer Philosoph*

80 Prozent des Eisbergs liegen unter Wasser

PRAKTISCH UNDENKBAR

Versuchen Sie bitte die folgende Übung:
Schließen Sie das Buch mit Ihrem Daumen auf dieser Seite. Schauen Sie sich den Umschlag des Buches ca. fünf bis zehn Sekunden lang an. Merken Sie sich, was Sie sehen. Kommen Sie dann wieder zurück an diese Stelle im Buch. Machen Sie das am besten jetzt, bevor Sie weiterlesen.

Woran haben Sie gedacht, als Sie das Experiment durchführten? Hören Sie kurz auf zu lesen und denken Sie kurz darüber nach. Wo waren Ihre Gedanken, als Ihr Blick auf das Cover gerichtet war? Der Einband war nur ein Vorwand, es geht ausschließlich darum, was Ihnen während dieser Zeit durch den Kopf ging. Vielleicht Sachen wie: »Der Umschlag gefällt mir«, oder »Ich habe gerade wenig Lust auf diesen Firlefanz« oder »Ich bekomme allmählich Hunger«.

Es spielt letztlich keine Rolle, was in Ihrem Verstand alles passiert ist. Viel wichtiger ist es, dass Sie viel länger dazu brauchen, sich vor Augen zu führen, woran Sie gedacht haben, als das tatsächliche Denken dieser Gedanken an Zeit in Anspruch genommen hat. Unser Bewusstsein ist um etliches langsamer als die mentalen Prozesse. In unserem Geist geschieht weit mehr, als uns bewusst ist. Außer wir denken darüber nach und machen es uns klar.

In der Abb. 9 sehen Sie das in psychologischen Kreisen weitverbreitete »Eisberg-Modell« des Bewusstseins. Einige Autoren führen dieses Konzept bis auf Sigmund Freud zurück, den Begründer der Psychoanalyse. Im Wesentlichen besagt das Eisberg-Modell, dass der weitaus größte Teil unseres Geistes (sechs Siebtel) »unter Wasser« liegt, das heißt dem bewussten Verstand zunächst nicht zugänglich ist. Das gewinnt eine gewisse Plausibilität, wenn man bedenkt, dass komplexe körperliche Vorgänge nicht bewusst gesteuert werden. Wenn wir einen Arm heben, wissen wir nicht, was wir da eigentlich tun. Wir brauchen keine Kenntnis davon, welcher Muskel und Knochen als Nächstes bewegt werden muss. Es geschieht von ganz allein. Wir geben nur den »Befehl« dazu und bestimmte Kräfte in uns sorgen dafür, dass diese Aufgabe in die Tat umgesetzt wird. Sigmund Freud vermutete, dass nicht nur körperliche Vorgänge ohne bewusstes Zutun ablaufen, sondern dass es eine ganze Reihe an geistigen und seelischen Inhalten gibt, von denen der Verstand nichts

Abb. 9

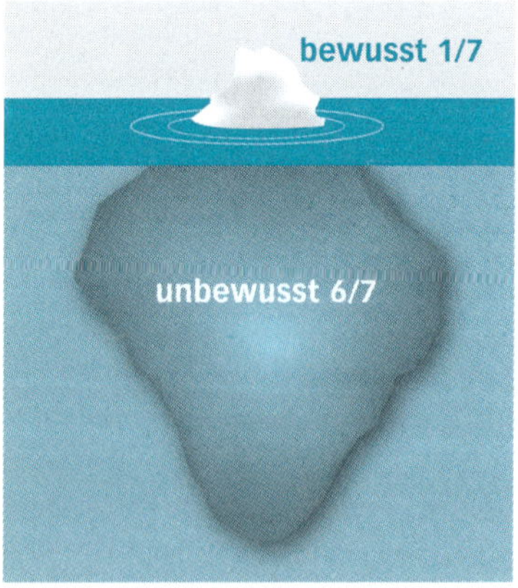

weiß. Im Bild des Eisbergs liegt sogar der weitaus größte Teil des Geistes »unter Wasser«: Er ist unbewusst. Berühmt ist der Satz von Freud: »Es soll Ich werden.«*

Die Metapher des Eisbergs lässt sich im gleichen Sinne auf unser Denken übertragen: Wir sind lange nicht so frei, wie wir es uns vielleicht wünschen. Unser Geist wird gesteuert von unterhalb der Oberfläche liegenden Kräften, die der Ratio schwer bis gar nicht zugänglich sind.

Deshalb ist es für den Denkprozess so hilfreich, wenn wir mit passenden Werkzeugen arbeiten. Sie geben uns definierte Schritte vor, die wir systematisch durchlaufen, und zwar unabhängig davon, was unseren Überzeugungen entspricht. Die Methoden des Undenkbaren Denkens setzen den Verstand auf Bahnen, die er von allein vermutlich nicht beschreiten würde, ja gar nicht beschreiten könnte. Wir erweitern Stück für Stück unseren Horizont und nehmen Dinge in den Blick, die der eigenen Grundeinstellung verborgen geblieben wären.

Wahrnehmung, die eigentlich Wahrgebung ist

PRAKTISCH UNDENKBAR

Abb. 10

Was sehen Sie auf der Abb. 10?

(Hinweis unter »Mal so, mal so« auf Seite 190)

* Mit dem »Es« sind unterschwellige Anteile gemeint, Bereiche, die wir abgespalten und ins Unbewusste verdrängt haben. Dort – so die psychoanalytische Theorie – können sie mit durchaus fataler Wirkung das »Ich« beeinflussen und stören. Erst wenn erkannt wird, was da in den Tiefen der Psyche lauert und warum, verändert sich die Lage: »Es« ist dann zu »Ich« geworden.

Wahrnehmung ist immer schon Interpretation. Es gibt keine »reinen« Sinnesdaten, die von uns 1:1 abgebildet werden. Noch während unser Gehirn diese Informationen verarbeitet, entstehen erste Deutungen. Wenn man es genau nimmt, könnte man behaupten, dass auf der Abb. 10 weder eine Vase noch Gesichter zu sehen sind. Es ist nur eine helle inmitten einer dunklen Fläche. Unser Denkapparat macht aber einigermaßen klar erkennbare Objekte daraus. Bereits die Wahrnehmung eines solchen Bildes ist eine hochkomplexe Interpretation. Diese Auslegungen sind nur auf der Grundlage von Vorwissen möglich. Hätten wir noch nie eine Vase oder ein Gesicht gesehen, wären wir nicht in der Lage, die Farbflächen der obigen Abbildung dementsprechend aufzufassen. Ein führender Gehirnforscher – Jeremy Hayward – hat es wie folgt ausgedrückt: »Wahrnehmung erzeugt sich aufgrund vorgefasster Begriffe (Muster) weitestgehend selbst.«

Für den praktischen Umgang lehren uns diese Bilder außerdem, dass es sinnvoll sein kann, die eigene Sicht der Welt zwar ernst zu nehmen, andere Anschauungsweisen aber nicht vorschnell abzulehnen. Es könnte sein, dass wir nur einen Ausschnitt des Ganzen für das komplette Bild halten.

PRAKTISCH UNDENKBAR

Eine Frau kauft zwölf Kokosnüsse für fünf Euro ein und verkauft dieselben zwölf Kokosnüsse für drei Euro. Infolge etlicher solcher Transaktionen wird die Frau zur Millionärin.

Wie kann das sein?

(Hinweis unter »Kokosnüsse« auf Seite 192)

Wie durch den obigen Zaubertrick in Frageform deutlich geworden ist, liefert uns das Denken *Repräsentationen* unserer Erfahrung. Es handelt sich immer nur um eine Art Landkarte. Solche Pläne sind Symbole des Gebiets, für das sie stehen. Sie dürfen aber nicht mit dem Territorium selbst verwechselt werden.

Abb. 11

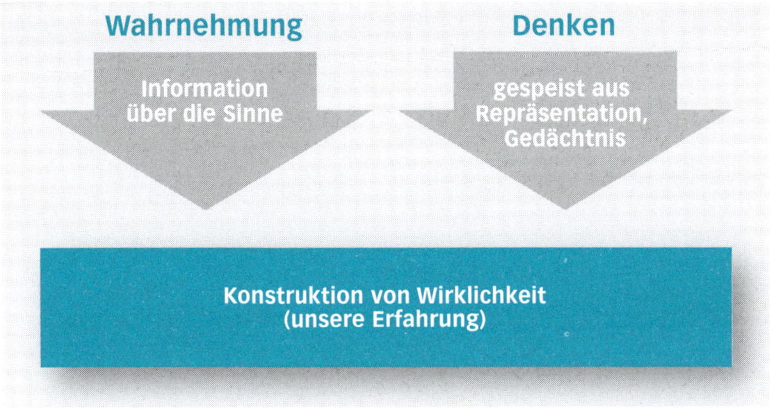

Wenn Sie zum Beispiel diese Zeilen studieren, fängt Ihr Geist an, Repräsentationen des Gelesenen auszubilden. Sie speichern nicht exakt das ab, was Sie lesen. Und schon gar nicht in der Bedeutung, in der es womöglich vom Autor gemeint wurde. Sie verleihen den Zeichen und Symbolen aufgrund Ihrer eigenen Erfahrung und Lebensgeschichte Be-*Deutung* – Sie interpretieren die Wörter. Das ist kein bewusster, aber doch ein aktiver Prozess. Ich möchte noch einen Schritt weitergehen. Das alles findet nämlich nicht nur im Denken, sondern ebenfalls während der tatsächlichen Rezeption statt. Das heißt, Wahrnehmung (die Sinneseindrücke) und die Repräsentation dieser Wahrnehmung (das Gedächtnis) verschmelzen im gegenwärtigen Augenblick zu unserer Konstruktion von Wirklichkeit. Noch einmal: *Jede Kognition ist bereits Interpretation.* Was in der Abb. 11 so lapidar als »Konstruktion« bezeichnet wird (unser Erleben), ist das, was wir für faktisch gegeben annehmen – also für wahr *halten.** Das Problem dabei ist, dass wir diesen Vorgang nicht mehr bewusst gestalten. Die Vermischung aus Wahrnehmung und vor langer Zeit gespeicherten Gedächtnisinhalten findet maßgeblich ohne unser Zutun statt. Am Ende dieses Prozesses

* Spannend: Die lateinische Wurzel vom Wort »Fakt« bedeutet (wie auch im Begriff Manufaktur) »das Machen« und deutet auf den aktiven Part hin, den wir einnehmen, wenn wir Fakten schaffen.

deuten wir bestimmte Dinge als »wahr« oder »feststehend«. Es handelt sich aber nur um eine Kombination aus Sinneseindrücken und höchstpersönlichen Auslegungen. Genau hierin liegt die Wurzel zahlreicher Schwierigkeiten. In Wirklichkeit sind viele der Fakten, die wir für solche halten, gar keine. *Alles Gesagte wird von jemandem gesagt.*

Realität ist eine Konstruktion

> Es ist falsch zu glauben, die Aufgabe der Physik bestünde darin, herauszufinden, wie die Natur ist. Die Physik hat mit dem zu tun, was wir über die Natur sagen können.
>
> *Niels Bohr (1885–1962), Nobelpreis für Physik (1922)*

PRAKTISCH UNDENKBAR

Abb. 12

Richten Sie Ihren Blick eine Zeit lang auf diesen »Necker«-Würfel (Abb. 12).

Was sehen Sie? Und vor allem: Wie erleben Sie diese Anschauung?

(Mehr dazu unter »Man kann nicht nicht deuten« auf Seite 186)

Im Gehirn gibt es eine Art Schaltstelle, die wir im Folgenden kurz CGL (für *Corpus geniculatum laterale*) nennen wollen. Alle Informationen, die von den Augen zu den Sehzentren im Hinterkopf geleitet werden, müssen dieses Relais passieren (s. Abb. 13). Das Interessante daran ist, dass der weitaus größte Teil dessen, was in diesem CGL empfangen wird, gar nicht von der Netzhaut stammt, sondern aus ganz anderen Zentren des Gehirns. Was zum Schluss an Informationen bei den Sehzentren ankommt, ist eher als eine Art leichte Störung anzusehen. Das Auge und die von ihm stammenden Daten können das Sehen nicht »instruieren«, das heißt festlegen. Es handelt sich vielmehr um einen Akt der Modulation.

Wenn Sie an das Experiment mit den Kokosnüssen zurückdenken, leuchtet das unmittelbar ein: Es hängt eine Menge davon ab, auf welchem Hintergrund wir Informationen interpretieren. Als Milliardär wird das auf eine andere Weise geschehen als bei einem »Normalverdiener«. Exakt so muss man es sich beim Vorgang des Sehens auch vorstellen, nur dass es sich um die Verarbeitung von Sinnesreizen handelt. Unser Denkorgan verarbeitet die eintreffenden Signale auf der Basis bereits vorhandener Parameter.

Das Gehirn ist »selbstorganisiert«. Es ordnet die zur Verfügung stehenden Daten aus seiner Umwelt nicht wie eine möglichst genaue Abbildung an, sondern konstruiert aufgrund seiner ureigenen Rahmenbedingungen die Realität.

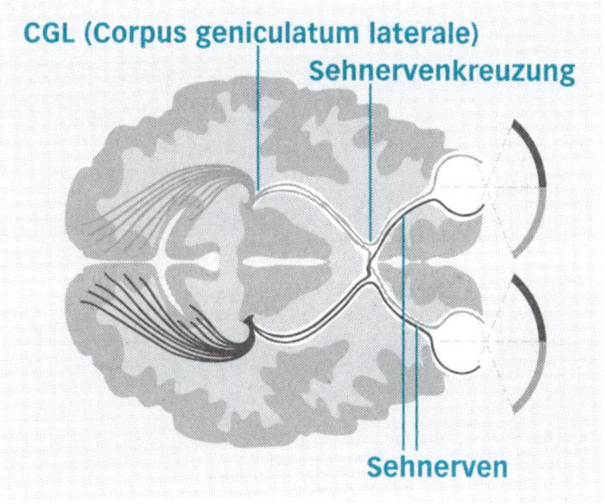

Abb. 13

Die magische Formel 7 +/- 2

PRAKTISCH UNDENKBAR

Maria ist schöner als Bettina.
Wer ist hässlicher?
Kein Problem, oder? Legen wir noch eine Schippe drauf.

Felix ist kleiner als Martin.
Lukas ist größer als Toni.
Felix ist größer als Lukas.
Wer ist der Größte?

Bitte bearbeiten Sie diese Aufgabe, ohne dabei Papier und Stift zu benutzen.

(Lösung unter »Rasselbande« auf Seite 198)

Das war gar nicht so einfach, oder? Entscheidend bei dieser Fragestellung ist, dass man sie nur im Kopf und ohne Hilfsmittel lösen soll. Unser Gehirn kommt rasch an seine Kapazitätsgrenze, obwohl die Anzahl der Informationen vergleichsweise überschaubar ist.

Eine wichtige Studie für das Verständnis von Denk- und Lernprozessen hat diese Zusammenhänge schon vor einiger Zeit aufgezeigt – das mittlerweile berühmte Konzept der »Magical Number Seven Plus or Minus Two«. Dieses Modell besagt, dass das menschliche Bewusstsein durchschnittlich in der Lage ist, maximal 7 +/- 2 Informationseinheiten gleichzeitig im Arbeitsgedächtnis zu halten. Diese Theorie besitzt für das Denken weitreichende Konsequenzen.

Wir verfügen nur über ein begrenztes Fassungsvermögen, verschiedene Informationen parallel zu handhaben. Es ist diese physiologische Beschaffenheit des Gehirns, welche die *Reduktion von Komplexität* so wichtig macht. Damit werden wir uns im Laufe des Buches noch einige Male befassen.

Das Spektrum des Bewusstseins

PRAKTISCH UNDENKBAR

Lesen Sie bitte die folgende Anleitung. Sie werden gleich die Augen schließen und dann den Kopf ein wenig zur Seite wenden, sodass Sie nicht mehr in das Buch schauen.
Öffnen Sie Ihre Augen für ca. eine Sekunde und machen Sie sie erneut zu. Dann versuchen Sie sich daran zu erinnern, was Sie gesehen haben. Wiederholen Sie die Übung noch ein zweites oder drittes Mal: Machen Sie die Augen noch einmal zu, drehen Sie den Kopf auf eine Stelle neben dem Buch und öffnen Sie sie ganz kurz. Dann rufen Sie sich in Erinnerung, was alles in diesem kurzen Augenblick in Ihren Wahrnehmungsbereich getreten ist. Tun Sie das bitte jetzt.

Was zeigt uns dieses Experiment? Wenn Sie die Augen kurz öffnen, sehen Sie einen bestimmten Ausschnitt des Raumes, in dem Sie sich gerade befinden. Sie nehmen vielleicht ein paar Bücher oder einen Tisch oder einen Stuhl wahr.

Wenn Sie die Augen nach kürzester Zeit wieder geschlossen haben, können Sie auch Dinge im mentalen Bild entdecken, die Sie im ersten Augenblick gar nicht bewusst wahrgenommen haben. Um dieses innere Bild vollständig zu erforschen und die Objekte darin wiederzuentdecken, die Sie tatsächlich gesehen haben, brauchen Sie wesentlich länger, als der ursprüngliche Blick gedauert hat. Ihr Bewusstsein ist zunächst nicht imstande, das ganze Bild zu erfassen, das aufgenommen wurde. Das Bewusstsein arbeitet verglichen mit den Sinnesorganen sehr langsam.

Es gibt einen maximalen Informationsfluss bewusster Sinneswahrnehmung von 40 Bit pro Sekunde. Über die Sinne vermittelt werden ca. 11.000.000 Bit pro Sekunde. Das ist ein Verhältnis von ca. 0,0004 Prozent. Die Sinnesorgane liefern uns pro Sekunde Millionen von Bit, aber der bewusste Geist verarbeitet davon nur ca. drei Dutzend.

Das Spektrum des Bewusstseins ist um viele Größenordnungen geringer als die Sinneswahrnehmung. Der Mensch entledigt sich in jedem Augenblick ungezählter Daten, um jenen Zustand zu erreichen, der Bewusstsein genannt wird.

Um die auf uns einströmenden Informationen angemessen zu verarbeiten, benötigen wir ausreichend Zeit. Das Entschleunigen des Denkens gehört aus diesen Gründen zu den zentralen Anliegen des vorliegenden Textes.

Im Denkumdrehen

- ✗ Wir sind in erster Linie Organismen, die ein uraltes biologisches Erbe besitzen.
- ✗ Es gibt neurale Bahnen für Emotionen, die den Neokortex umgehen.
- ✗ Wir reagieren mit unseren Gefühlen häufig nicht auf die Gegenwart, sondern auf die Vergangenheit.
- ✗ Der Mandelkern kann emotionale Erinnerungen speichern, die das Bewusstsein niemals zur Kenntnis genommen hat.
- ✗ Wir haben Emotionen, noch bevor wir in der Lage sind, eine Sachlage differenzierter zu betrachten.
- ✗ Der Preis für die Schnelligkeit der Antworten ist die damit verbundene Ungenauigkeit.
- ✗ Wir leben in einer modernen Welt. Die Reaktionen des Gehirns sind aber in wichtigen Aspekten archaisch.
- ✗ Der Mandelkern beeinflusst den Kortex weit stärker als umgekehrt.
- ✗ In der ursprünglichen Reaktion sind wir Opfer, in der Reaktion auf die Reaktion sind wir Gestalter. Wir sind Gestalter 2. Ordnung.
- ✗ Das Denken ist gefärbt von Vorurteilen, von denen wir noch nicht einmal bewusste Kenntnis besitzen.
- ✗ Der Geist wird gesteuert von unter der Oberfläche liegenden Kräften, die dem denkenden Verstand schwer bis gar nicht zugänglich sind.
- ✗ Wahrnehmung erzeugt sich aufgrund vorgefasster Muster weitestgehend selbst.
- ✗ Wahrnehmung (die Sinnesreize) und die Repräsentation dieser Wahrnehmung (Gedächtnis) verschmelzen im gegenwärtigen Augenblick zu unserer Konstruktion von Wirklichkeit.
- ✗ Wir verfügen nur über ein begrenztes Fassungsvermögen, verschiedene Informationen gleichzeitig zu handhaben.
- ✗ Das Spektrum des Bewusstseins ist um viele Größenordnungen geringer als die Sinneswahrnehmung.
- ✗ Wir benötigen Zeit, um die Dinge, die wir wahrgenommen haben, auch wirklich zu verarbeiten. »Entschleunigung« heißt das Gebot der Stunde.

MUSTERBILDUNG IM GEHIRN

Das Gehirn als selbstorganisierendes System

> Wahnsinn: Wenn man dasselbe immer und immer wieder tut und abweichende Resultate erwartet.
>
> *Albert Einstein (1879–1955), Nobelpreis für Physik (1921)*

Provokation – Triebfeder der Evolution

PRAKTISCH UNDENKBAR

Kopieren Sie bitte die Figuren auf der Seite 181 im Anhang und schneiden Sie sie aus, damit Sie die sogenannte Zeitfolgenfalle selbst in Aktion erleben.

Nehmen Sie sich zunächst die zwei Puzzlestücke »A« und »B« zur Hand. Ihre Aufgabe ist es nun, diese Teile auf eine Art und Weise anzuordnen, dass die dabei entstehende neue Form auf eine möglichst einfache Art symmetrisch ist und jemandem nur über das Telefon sehr leicht erklärt werden könnte. Der Gesprächspartner sollte in der Lage sein, nur anhand Ihrer Schilderung das Objekt mühelos nachzuvollziehen. Legen Sie eine solche Figur mit den beiden ersten Bauteilen bitte jetzt. Beschreiben Sie sie anschließend einem imaginären Gegenüber.

(Hinweis unter »Die Zeitfolgenfalle« auf Seite 184)

Nun nehmen Sie das Teil »C« und fügen Sie es so hinzu, dass wieder eine möglichst einfach zu beschreibende Form entsteht, die Sie jemandem nur durch mündliche Darstellung leicht erklären könnten.

(Hinweis unter »Die Zeitfolgenfalle [Teil 2]« auf Seite 188)

Jetzt kommen die Teile »D« und »E« hinzu. Legen Sie diese bitte wieder so, dass eine einfach zu beschreibende Figur entsteht, die jemand unmittelbar verstehen würde, ohne dass er oder sie die Bauteile sieht und kennt. Die Hauptsache ist, dass Ihr Gesprächspartner die gebildete Form sofort vor Augen hat. Wie könnte man dabei vorgehen?

(Hinweis unter »Die Zeitfolgenfalle [Teil 3]« auf Seite 191)

Lesen Sie bitte erst weiter, wenn Sie die Aufgabe gelöst haben.

Erst wenn die alte Ordnung aufgelöst ist, kann mit den neuen Informationen wieder sinnvoll gearbeitet werden. Die alte Anordnung war zu ihrer Zeit die bestmögliche. *Wir können die Zukunft nicht kennen.* Wenn neue Fakten hinzukommen, kann es sein, dass die alten Lösungen keine optimale Passung mehr mit den aktuellen Umständen aufweisen. Im Prinzip handelt es sich dabei um einen evolutionären Prozess.

In unserem Beispiel ist ein neues Arrangement entstanden, welches die alte Form transzendiert. Die neue Organisationsstruktur hat wiederum eigene Beschränkungen, die aber erst im Laufe der Zeit deutlich werden, wenn neue Informationen hinzukommen. Es kann sein, dass wir sogar die scheinbar perfekt passende Struktur des Quadrats eines Tages wieder zerstören müssen, um neuartigen Rahmenbedingungen sinnvoll zu entsprechen.

Interessant bei dieser Aufgabe ist die rasante Entstehung von Paradigmen. Nachdem wir die ersten drei Teile zusammengefügt haben, nehmen wir die gewachsene Form bereits als gegeben hin; wir hinterfragen sie nicht weiter. Davon ist aber in der Aufgabenstellung nicht die Rede gewesen. Diese Vorgehensweise ist typisch für das Gehirn und unsere Art zu denken: Wir bilden Muster aus, und sobald sie sich als sinn- und bedeutungsvoll herausstellen, bauen wir auf ihnen auf.

Sind diese Denkmuster erst einmal etabliert, besteht die Neigung, dass sie sich immer weiter vertiefen. Aufgrund dieser Eigenschaften wird das Gehirn als »selbstorganisierendes System« bezeichnet. Jede Information hat die Tendenz, die Art und Weise zu beeinflussen, wie wir die nachfolgenden Daten interpretieren. Unsere grauen Zellen sind kein unbeschriebenes Blatt, sondern verarbeiten alle Fakten auf der Basis gemachter Erfahrungen. So entstehen in unserem Denkorgan Muster, die zwar die eintreffenden Datenströme nicht korrekt einsortieren, dafür aber schnell sinnhafte Strukturen in einer chaotischen und komplexen Welt erzeugen. Wir sind durch diesen Effekt stark an die Vergangenheit gebunden. Sie gibt eine klare Richtung vor, wie die darauffolgenden Geschehnisse zu verarbeiten sind. Informationen sortieren sich rund um bestimmte Muster und diese organisieren sich zu immer größeren Netzen. So beeinflusst zum Beispiel die Kultur, in der wir aufwachsen, massiv das, was wir später wahrnehmen und denken können.

Um nicht in immer gleichen Schemata gefangen zu bleiben, müssen wir bereit sein, die alte Regelmäßigkeit zu verlassen und neue Anordnungen zuzulassen. Dies ist ein natürlicher Prozess, der im Leben selbst begründet liegt. Dabei spielt es keine Rolle, wie gut das alte Arrangement durchdacht war. Solange wir kein komplettes Wissen über zukünftige Entwicklungen besitzen, bleibt uns nur die Möglichkeit, die alte Ordnung immer wieder zu verwerfen und neue Leitbilder zu erschaffen. Dieses Loslassen ist oft alles andere als leicht, denn wir haben uns diese Strukturen bisweilen hart erarbeitet.

So ähnlich wie bei den oben beschriebenen Abläufen kann man sich auch die Entstehung von Charakterstrukturen vorstellen. Die vertieften Bahnen symbolisieren bestimmte Glaubenssätze und das, was wir für gegeben und wahr halten. Solche Leitvorstellungen organisieren unsere Erfahrung und machen sie verständlich und handhabbar. Sie bilden die stabilisierenden Einheiten in einem komplex verflochtenen Netz aus Gedanken und Gefühlen.

Am Ende stehen leider bisweilen recht starr ausgeprägte Charakterzüge. Neue Ideen haben wenig Chancen, alte Denkmuster zu verändern – sie werden schlicht in bestehende Muster eingefügt. Manchmal sind es erst größere Krisen, die dahin führen, dass eingefahrene Sichtweisen infrage gestellt werden. Leid und Schmerz sind für unser System so eindeutig negativ besetzt, dass wir erst in Not die Motivation aufbringen, alte Beschränkungen zu überprüfen und neue Möglichkeiten zu erkunden. Um den Unzulänglichkeiten eines sich selbst organisierenden Systems weniger leidvoll zu entkommen, wird im Laufe dieses Buchs das Prinzip der Provokation zu einer wichtigen Schlüsseltechnik. Sie ist deshalb unverzichtbar, weil sie absolut logisch auf den oben genannten Mängeln einer selbstorganisierenden Struktur aufbaut. Gezielte Irritation und Musterverstörung sind nicht nur eine Option im Undenkbaren Denken – *sie sind eine Notwendigkeit.*

Vom Sinn der Musterbildung

> Wir sollten darauf achten, einer Erfahrung nur so viel Weisheit zu entnehmen, wie in ihr steckt – mehr nicht. Damit wir nicht dem Kater gleichen, der sich auf eine heiße Ofenplatte setzt. Er wird sich nie wieder auf eine heiße Ofenplatte setzen – und das ist richtig. Aber er wird sich auch nie wieder auf eine kalte setzen.
>
> *Mark Twain (1835–1910), amerikanischer Schriftsteller*

PRAKTISCH UNDENKBAR

Das folgende Experiment stammt aus der Verkaufspsychologie. Forscher auf diesem Gebiet überlegen seit vielen Jahren, wo und wie Produkte platziert sein müssen, damit ihre Verkaufschancen steigen. Bitte wählen Sie möglichst spontan eine der Spielkarten in Abb. 14 und merken Sie sich diese. Die Karten wurden bewusst so angeordnet, dass es eine hohe Wahrscheinlichkeit (ca. 85 Prozent) dafür gibt, dass Sie eine ganz bestimmte bevorzugen. Sie haben natürlich trotzdem die freie Wahl. Entscheiden Sie sich bitte jetzt ein für alle Mal für eine Karte und prägen Sie sich diese ein.

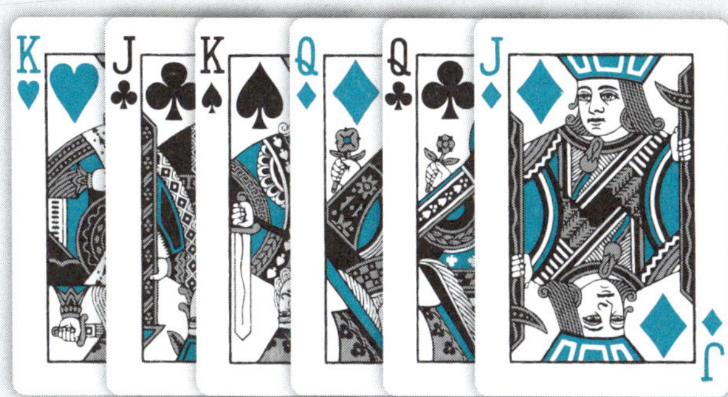

Abb. 14

Haben Sie sich eine ausgesucht?

Dann blättern Sie zur Vorhersage »Verkaufsförderung« auf Seite 185.

Trotz aller Anfälligkeit für Täuschung: Aus verschiedenen Gründen ist die Musterbildung in unserem Gehirn äußerst sinnvoll. Weil wir nur über ein begrenztes Arbeitsgedächtnis verfügen, besteht eine Notwendigkeit, bestimmte Prozesse zu automatisieren. In manchen Situationen ist das sekundenschnelle Aussondern von Informationen und die damit verbundene Entlastung des Gehirns von entscheidender Bedeutung.

Stellen Sie sich wieder einen Menschen vor, der in einer gefährlichen Umgebung von einem wilden Tier bedroht wird. Der gesamte Organismus befindet sich in Alarmbereitschaft. In Sekundenbruchteilen müssen weitreichende Entscheidungen getroffen werden: kämpfen, fliehen oder verstecken? Die Wahrnehmung ist extrem reduziert und fokussiert. Details aus der Peripherie spielen im Moment nicht die geringste Rolle. Alles, was nicht unmittelbar zu unserem Fortbestehen beiträgt, wird gar nicht erst registriert.

Die Mechanismen der Musterbildung haben uns das Überleben in einer feindlichen Umwelt erst ermöglicht.

Wir sehen nicht, dass wir nicht sehen

PRAKTISCH UNDENKBAR

Fixieren Sie bitte das Kreuz in der Abb. 15 und schließen Sie dann Ihr linkes Auge bzw. bedecken Sie es mit einer Hand. Halten Sie das Buch in einer Entfernung von ca. 25 Zentimetern vor Ihr Gesicht. An einer bestimmten Stelle verschwindet der schwarze Punkt vollständig. Experimentieren Sie ein wenig mit dem Abstand Ihrer Augen vom Buch, falls es nicht sofort klappt.

Abb. 15

Wir können den Kreis genau dann nicht mehr sehen, wenn die Abbildung auf einen Teil der Netzhaut trifft, der für Licht unempfindlich ist. Dieses Phänomen wird in der Wahrnehmungsphysiologie auch »blinder Fleck« genannt.

Dieses Experiment ist in mehrfacher Hinsicht höchst erstaunlich. Denn wir sehen einen recht großen Bereich in unserem Gesichtsfeld nicht einfach nur nicht, sondern wir haben nicht einmal bewusste Kenntnis davon. Unser Denkorgan ergänzt den Ausschnitt mit Informationen, sodass der Eindruck einer kontinuierlichen Wahrnehmungsfläche entsteht.

Wir haben blinde Flecken, können diese aber nicht sofort wahrnehmen, da das Gehirn Konsistenz erzeugt, wo gar keine vorliegt. *Wir sehen nicht, dass wir nicht sehen.*

So auch in unserem Denken: Wir haben Vorannahmen, die uns massiv beeinflussen – und zunächst einmal keinerlei bewusste Ahnung davon. Diese Grundannahmen ergänzen unsere Art zu denken ohne aktives Zutun. *Die größte Unfreiheit besteht darin, nicht zu erkennen, dass man unfrei ist.*

Tischlein, deck dich

PRAKTISCH UNDENKBAR

Nein, ich erzähle Ihnen keine Märchen: Die beiden in Abb. 16 gezeigten Tischplatten sind in Größe und Form absolut identisch. Das nehmen Sie mir nicht ab? Ich kann Sie verstehen, ich kann es selbst kaum glauben, obwohl ich es *weiß*. Messen Sie bitte nach, wir haben es hier mit einem selten eindrucksvollen Beispiel einer optischen Täuschung zu tun. Und natürlich dafür, wie anfällig unser Gehirn für solche Trugbilder ist.
Weil diese Illusion so einzigartig ist, möchte ich für diesen Moment auf meine gewohnten Ausführungen verzichten und Ihnen stattdessen eine Frage stellen:

Abb. 16

Welche Schlussfolgerungen für unser Denken ergeben sich aus diesem beeindruckenden Phänomen? Schauen Sie ruhig noch einmal hin – ist es nicht sagenhaft?

Wie man Manipulation erkennt und sich davor schützt

Es ist nicht wünschenswert, an eine Behauptung zu glauben, wenn kein Grund vorliegt, sie für wahr zu halten.

Bertrand Russell (1872–1970), Nobelpreis für Literatur (1950)

Warum wir so leicht zu manipulieren sind

PRAKTISCH UNDENKBAR

Sie erinnern sich noch an das Katastrophen-Szenario aus einem der letzten Abschnitte? Es wurden zwei neue Programme entwickelt: Für welche der beiden Varianten entscheiden Sie sich nun? (Bitte zunächst, ohne zurückzublättern.)

- ✗ Wenn Programm C durchgeführt wird, werden 400 Menschen sterben.
- ✗ Wenn Programm D durchgeführt wird, besteht eine Wahrscheinlichkeit von einem Drittel, dass niemand sterben wird und eine Wahrscheinlichkeit von zwei Dritteln, dass 600 Menschen sterben werden.

(Lösung unter »Die Epidemie« auf Seite 193)

Die meisten Menschen würden der Behauptung zustimmen, dass wir sehr beeinflussbar sind. Nur sich selbst halten viele für nicht manipulierbar. Und genau hier liegt ein schwerwiegendes Problem. Je überheblicher wir in Bezug auf unsere eigene Steuerbarkeit sind, desto leichter werden wir zum Opfer von Manipulation. Jedes Rätsel, jeder Trick in diesem Buch stellt im Grunde genommen ein vorsätzliches Täuschungsmanöver dar. Ständig wird versucht, Ihre Aufmerksamkeit auf hinterlistige Art fehlzuleiten. Man kann sich das wie eine Art Impfung vorstellen: Durch die Konfrontation und direkte Erfahrung der eigenen Anfälligkeit werden wir paradoxerweise eher immun gegen neuere Täuschungen. Wie wir bereits erfahren haben, hat das Gehirn eine äußerst begrenzte Kapazität, viele Daten gleichzeitig zu verarbeiten. Bei einer hohen Datenfülle stellt sich schnell Überforderung ein. Dazu gesellt sich die Tendenz, Informationen in Mustern zu bündeln, um effizienter mit ihnen umgehen zu können. Das ist durchaus sinnvoll, wenn man nur über beschränkte Verarbeitungskapazitäten verfügt. Genau diese Limitierung unseres Wahrnehmungs- und Denkapparates aber nützen Manipulatoren schamlos aus. Bei gelungener Irreführung ist zumeist eine Kombination aus Informationsüberreizung, Informationsverknappung, Ablenkung und der Aktivierung von musterhaften Reflexen im Spiel. Für den Prozess der Wahrnehmung benötigt das Gehirn einen Großteil seiner Kapazitäten. Ca. 85 Prozent des alltäglichen

Denkens sind damit beschäftigt, die Kognition zu sortieren, nur ca. 15 Prozent kümmern sich um das sogenannte logische Denken. Das heißt aber auch, dass die meisten Denkfehler eigentlich Wahrnehmungsfehler sind. Manipulation kann als das genaue Gegenteil des Undenkbaren Denkens definiert werden. Die Denkwerkzeuge weiten den Trichter der Wahrnehmung, gezielte Täuschung verengt ihn. Die Techniken des Undenkbaren Denkens sind im Grunde genommen keine Denk-, sondern Wahrnehmungstechniken. Wir öffnen den Wahrnehmungsfokus, lassen für eine gewisse Zeit sämtliche Urteile außen vor und bewegen uns absichtlich auf ungewöhnlichen Denkbahnen. Ein Manipulator will vermeiden, dass wir bestimmte Aspekte einer Situation sehen. Er lenkt das Augenmerk in eine vorgegebene Richtung, um wesentliche Informationen vor uns zu verstecken. Auch ein Zauberkünstler richtet die Wahrnehmung gezielt auf Nebenschauplätze, die für den Sachverhalt unerheblich sind. Die gesamte Werbeindustrie und jede Form der politischen und weltanschaulichen Propaganda geht so vor: Die Aufmerksamkeit des Verbrauchers wird nur auf Stellen gelenkt, die der Reputation des eigenen »Produkts« zuträglich sind. Alles, was Zweifel daran aufkommen lassen könnte, wird versteckt. Selbst zentrale Kriterien werden überspielt, wenn sie nicht in das Gesamtbild passen.

PRAKTISCH UNDENKBAR

Eine Mutter kommt mit ihrer fünfjährigen Tochter in eine Bank, um ein Gespräch mit dem Bankdirektor zu führen. Damit sie dabei ungestört sind, gibt die Frau ihre Tochter bei einer Schreibkraft ab. Nach dem Gespräch mit dem Direktor holt sie die Tochter wieder ab. Als die beiden dann Hand in Hand zur Tür hinausgehen, sagt die Schreibkraft zu einer Kollegin (und deutet dabei auf das kleine Mädchen): »Ist sie nicht süß, meine kleine Tochter?«

Wie kann das sein?

(Hinweis unter »Die Schreibkraft« auf Seite 187)

Manipulation in Reinkultur erleben wir bei Zauberkünstlern. Illusionisten bringen ihre Zuschauer dazu, in eine bestimmte Richtung zu schauen. Es ist die falsche. Zauberer nennen diesen Teil ihres Werkzeugkoffers »Misdirection«, die bewusste Ausrichtung der Wahrnehmung auf einen irreführenden Kurs. Wenn diese Ablenkung gelingt, entsteht eine Illusion oder wie bei obiger Fragestellung ein Trickrätsel.

Auch kleine, offenbar bedeutungslose Bewegungen maskieren bei Trickkünstlern bestimmte Manöver, die in der Folge atemberaubende Effekte produzieren. Ein Magier kann zum Beispiel eine in seiner Hand versteckte Karte verschwinden lassen, indem er »schnell mal« in seiner Hose nach einem Bleistift sucht. Er klopft auf beide Taschen, findet ihn und händigt ihn jemandem aus dem Publikum aus – der ganze Vorgang erscheint wie zufällig. Und verschwindet deshalb häufig sogar aus dem Bewusstsein des Beobachters. Niemand erinnert sich mehr daran, dass der Magier seine Hand in die Hosentasche gesteckt hat. Man sieht es nicht mehr, weil die Handlung keine eigene »Gestalt« hat. Sie ist ein Teil des Hintergrundes geworden, sie wurde »maskiert«. Das Handwerk, der Trick des Illusionskünstlers besteht darin, wichtige Manöver trivial erscheinen zu lassen (»… *sagt die Schreibkraft zu einer Kollegin* …«).

Zum Schutz vor Irreführung ist es entscheidend, immer wieder nach zusätzlichen Betrachtungsweisen Ausschau zu halten. Hochstapler reduzieren den Bestand an Optionen auf das Maß, das augenblicklich zur vorherrschenden Interessenlage passt. Die zentralen Werkzeuge der Manipulatoren sind

- ✗ Informationsverknappung
- ✗ Informationsverzerrung
- ✗ Informationstilgung
- ✗ Informationen in einen solchen Kontext zu stellen, dass sie bedeutsam/unbedeutsam erscheinen, je nachdem, wie es die Täuschung gerade erfordert
- ✗ Überlasten des Arbeitsspeichers mit unwesentlichen Aussagen
- ✗ Stimulation des Gehirns, reflexhafte Muster abzurufen
- ✗ Forcieren – das Vorgaukeln einer freien »Wahl«
- ✗ Fehllenken der Aufmerksamkeit (Misdirection)
- ✗ Aktivieren der Tendenz, blinde Flecken in der Wahrnehmung zu schließen und Informationen zu ergänzen, wo keine waren

Übrigens: Ist Ihnen aufgefallen, dass die Überschrift dieses Abschnitts einen Fehler beinhaltet?

Was Manipulation und das Undenkbare Denken verbindet

PRAKTISCH UNDENKBAR

Drei Freunde gehen in ein Lokal und nehmen eine Mahlzeit für 30 Euro ein. Jeder bezahlt zehn Euro. Kaum verlassen die Herren das Restaurant, stellt sich heraus, dass in der Speisekarte ein Druckfehler war und das Gericht nur 25 Euro gekostet hätte. Der Geschäftsführer schickt den Männern einen Kellner hinterher, der ihnen die fünf Euro zurückgeben soll. Dieser denkt sich: So ein bisschen Trinkgeld kann nicht schaden. Er behält zwei Euro und gibt den Freunden drei Euro zurück. Nun haben die drei jeweils neun Euro für das Essen ausgegeben, das sind zusammen 27 Euro. Der Ober hat zwei Euro zurückbehalten, macht 29 Euro.

Wo ist der eine Euro geblieben?

(Hinweis unter »Der verschwundene Euro« auf Seite 192)

Der menschliche Kognitionsapparat hat viele kleine Schwächen, die sich ein Zauberer zunutze macht, um seine Illusionen zu erzeugen. Erst bei mehrmaligem Hinschauen und Reflektieren gelingt es, diese Fallstricke zu umschiffen.

Wenn man die Gelegenheit hat, einen Zaubertrick häufiger zu sehen, kommt man der Lösung meist schnell auf die Spur. Deshalb zeigen Illusionisten ihre Tricks niemals zweimal hintereinander.

Das ist in gewisser Weise so, als würden Sie einen Witz zum zweiten oder gar dritten Mal hören – wenn Sie die Pointe kennen, entsteht keine frappierende Musterunterbrechung mehr. Diese ist aber das eigentlich Besondere an einem Witz und löst das aus, was wir als Lachen und Humor bezeichnen.

Wie können wir uns bei all diesen Erkenntnissen nun möglichst sinnvoll vor Manipulation schützen? Eine Illusion setzt sich in aller Regel aus mehreren Kriterien zusammen. Deshalb gilt es bei ihrer Überwindung etliche Faktoren zu berücksichtigen:

Das mentale ABS: Schutz vor Schummelei

- ✗ Alle in diesem Buch vorgestellten Denkwerkzeuge handeln von unserem mentalen ABS: dem *Anti-Bewertungs-System*. Da bei einer Manipulation immer vorschnelle Urteile im Spiel sind, unterstützen uns alle Techniken, die die Schnelligkeit des Denkens verzögern.
- ✗ Weil jeder Schwindel mit Informationsverknappung agiert, folgt daraus, dass alle Verfahren, die uns bei der Informationssammlung behilflich sind, einen wirksamen Schutz darstellen.
- ✗ Wir sollten möglichst mehrmals und mit unterschiedlichen Fragestellungen auf das Thema blicken. So erhöhen wir die Wahrscheinlichkeit, die wirklich wichtigen Aspekte des Problems zu erfassen. Ansonsten laufen wir Gefahr, wesentliche Punkte zu übersehen.
- ✗ Als Schutz vor Manipulation verlangsamen wir unser Denk- und Entscheidungstempo und schauen in verschiedene Richtungen, die auch unbestimmt und zufällig sein dürfen, ja sogar sein sollten. Für solche Zufallseinstiege können Sie zum Beispiel die im Anhang unter dem Kapitel »36 Denkimpulse« (Seite 212) aufgeführten Techniken einsetzen.
- ✗ Manipulatoren benutzen das auf den ersten Blick Triviale (Bleistift), um wesentliche Vorgänge zu verschleiern (das Verschwindenlassen einer Karte). Das scheinbar Banale zu hinterfragen, ist ein wichtiger Schritt bei der Manipulationsprävention. Trivial ist alles, was wir für selbstverständlich halten.
- ✗ Dazu gehören vor allem unsere Vorannahmen und Glaubenssätze. Weil sie für uns so klar auf der Hand liegen, gehört es zu den größten Herausforderungen des Undenkbaren Denkens, sie infrage zu stellen. Dazu müssen wir die Annahmen zunächst einmal nur identifizieren. Machen wir uns solche Prämissen bewusst, haben wir schon ein Stück Freiheit von ihnen gewonnen. Damit trennen wir sie von ihrem Hintergrund und betrachten sie für sich genommen (so wie wir die Handbewegung des Zauberers, der in seine Tasche greift, nicht mehr als Suchen nach einem Bleistift interpretieren, sondern sie als eigenständige Handlung begreifen, die mit der Illusion zutiefst gekoppelt sein könnte).

- ✗ Das Aufspüren alternativer Betrachtungsweisen gehört mit zum wirkungsvollsten Schutz vor Manipulation. Wenn wir hinters Licht geführt werden sollen, wird uns vor allem suggeriert, dass es nur eine begrenzte Anzahl an Optionen gibt. Das zu hinterfragen und auf die Suche nach neuen Möglichkeiten zu gehen, hilft uns zuverlässig, nicht in die Fallen eines Muster bildenden Systems zu tappen.

Im Denkumdrehen

- ✗ Unser Gehirn ist »selbstorganisiert«, das heißt, es ordnet die zur Verfügung stehenden Daten aus seiner Umwelt nicht wie eine Art möglichst genaue Abbildung an, sondern konstruiert aufgrund seiner ureigenen Rahmenbedingungen die Realität.
- ✗ Die meisten Denkfehler sind eigentlich Wahrnehmungsfehler.
- ✗ Die Musterbildung im Gehirn ist sehr sinnvoll, um in einer gefährlichen Umgebung überleben zu können.
- ✗ Wir müssen zu bestimmten Zeitpunkten bereit sein, die alte Ordnung zu verlassen und neue Anordnungen zuzulassen. Dieser Prozess wird auch Evolution genannt.
- ✗ Provokation ist eine Notwendigkeit und eine logische Konsequenz aus den Mängeln eines sich selbst organisierenden Systems.
- ✗ Je hochmütiger wir in Bezug auf die eigene Beeinflussbarkeit sind, desto leichter werden wir zum Opfer von Manipulation.
- ✗ Irreführung kann als das genaue Gegenteil vom Undenkbaren Denken definiert werden. Das Undenkbare Denken öffnet den Trichter unserer Wahrnehmung, gezielte Täuschung verengt ihn.
- ✗ Durch die Konfrontation und direkte Erfahrung der eigenen Anfälligkeit impfen wir uns gegen neuerlichen Schwindel.
- ✗ Weil jede Manipulation mit Informationsverknappung agiert, folgt daraus, dass alle Verfahren, die uns bei der Informationssammlung behilflich sind, einen wirksamen Schutz darstellen.
- ✗ Dazu verlangsamen wir unser Denk- und Entscheidungstempo und suchen beständig nach alternativen Betrachtungsweisen.

DAS UNDENKBARE DENKEN – WIE MAN DEN FALLEN DER MUSTERBILDUNG ENTKOMMT

Aus der eigenen Box ausbrechen

Immer versucht. Immer gescheitert. Einerlei.
Wieder versuchen. Wieder scheitern. Besser scheitern.*

Samuel Beckett (1906–1989), Nobelpreis für Literatur (1969)

Reduktion von Komplexität: Raus aus der ständigen Überforderung

PRAKTISCH UNDENKBAR

Eine Frau schaut auf ein Porträtbild und sagt: »Ich habe weder Brüder noch Schwestern, aber die Mutter dieser Frau ist meiner Mutter Tochter.«

Wer ist auf dem Bild zu sehen?

(Hinweis unter »Spiegel im Spiegel« auf Seite 187)

Die Denkwerkzeuge, die wir in diesem Buch besprechen, sind unter anderem dazu gedacht, das Gefühl der Überforderung zu reduzieren. Wenn wir versuchen, zu viele Dinge gleichzeitig zu bedenken, verzet-

---

* Das englische Original ist zu kunstvoll, um es Ihnen vorzuenthalten: »Ever tried. Ever failed. No matter. Try again. Fail again. Fail better.«

teln wir uns. Das Resultat wird sein, dass wir so einiges schlicht übersehen. Es geht bei all den Techniken um die gezielte Verlangsamung des Denkprozesses. Manche nennen das *Entschleunigung*. Das Undenkbare Denken reduziert die Komplexität *und* verlangsamt das Denken.

Das größte Problem des Denkens – und somit unserer Kommunikation – ist der Versuch, zu viel auf einmal bewältigen zu wollen. Es ist wie der Versuch, mit zu vielen Bällen auf einmal zu jonglieren. Das wahrscheinliche Ergebnis: Nach kürzester Zeit landen die Bälle auf dem Boden – das Potenzial des Denkprozesses bricht in sich zusammen.

Die Matrix des Partizipativen Denkens (Seite 220) hilft uns dabei, das Durcheinander der verschiedenen Modi unseres Geistes bewusst auseinanderzuhalten und das damit verbundene Chaos zu minimieren. Das ist der doppelte Nutzen dieser mentalen Strategie: *Komplexität wird reduziert, wo möglich. Die eigene Landkarte wird erweitert, wo nötig.*

Kontext ist König

> Nicht die Dinge beunruhigen die Menschen, sondern ihre Meinungen darüber.
>
> *Epikur (341–270 v. Chr.), griechischer Philosoph*

PRAKTISCH UNDENKBAR

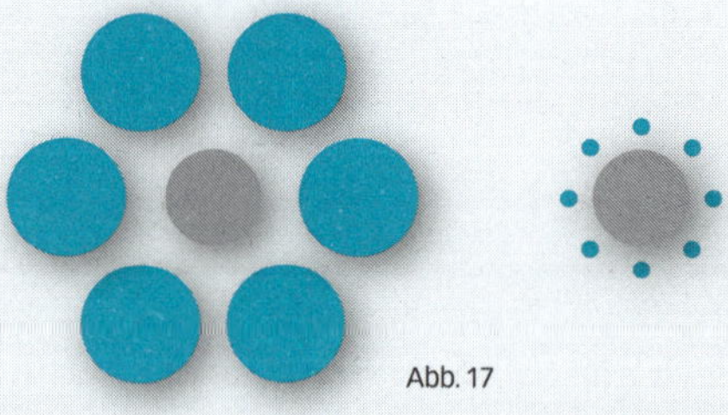

Abb. 17

Welche der in der Abb. 17 gezeigten Innenkreise ist größer: der linke oder rechte?

(Auflösung unter »Die beiden Kreise« auf Seite 205)

Der Kontext einer Situation bestimmt ganz entscheidend über die Art unserer Wahrnehmung und damit auch über die Schlussfolgerungen, die wir daraus ziehen. Die Werkzeuge des Undenkbaren Denkens ste-

hen für willentliche Veränderungen des Kontextes. Mit dem Rahmen verändert sich immer auch die Bedeutungsgebung.
Dieser Wechsel des Rahmens ist im Grunde genommen ein aktives Deuten. Wir interpretieren eine Sachlage auf verschiedene Weisen und erhalten unvermeidlich neue Be-*Deutungen*. Die Brisanz des Kontextes für die Konstruktion von Wirklichkeit (und das willentliche Wechseln desselben) ist vielleicht *das* zentrale Thema dieses Buches. Wenn wir den Kontext zielgerichtet wechseln können und nachher die Wahrnehmung, Gedanken und Gefühle anders sind, müssen wir zumindest teilweise die Schöpfer unserer Realität sein.

Die Säulen des Undenkbaren Denkens

> Nein, nein. Sie denken nicht, Sie sind nur logisch.
>
> *Niels Bohr (1885–1962), Nobelpreis für Physik (1922)*

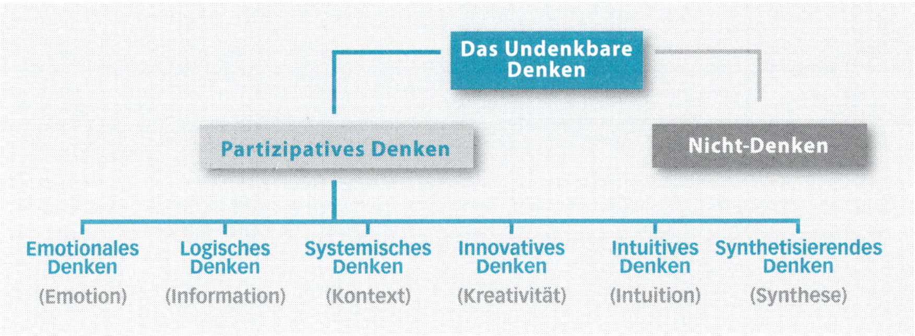

Abb. 18

Die beiden großen Säulen, auf denen das Undenkbare Denken ruht, sind das *Partizipative Denken* und das *Nicht-Denken*.

Das *Partizipative Denken* setzt sich aus mehreren Denkweisen zusammen. Zunächst einmal muss natürlich das uns so vertraute *Logische Denken* genannt werden – die Fähigkeit, folgerichtige Schlüsse und Ableitungen zu ziehen. Seit geraumer Zeit dominiert diese Art des Denkens die westliche Hemisphäre und prägt unsere Gesellschaft. In Ergänzung dazu untersucht das relativ junge *Systemische Denken* vor allem die Interaktion der einzelnen Bestandteile und nicht so sehr die Komponenten selbst. Das Denken ist zutiefst geprägt und beeinflusst von den Emotionen, ja hängt untrennbar mit ihnen zusammen. Dieser Aspekt unseres Daseins findet seinen Niederschlag im *Emotionalen Denken*. Das *Innovative Denken* könnte man auch als den »Rückwärtsgang« des Denkens bezeichnen: Wir brauchen es, um der Muster bildenden Natur des Verstandes etwas entgegenzusetzen. Das *Intuitive Denken* steht für den Bereich, der gemeinhin als »Bauchgefühl« bezeichnet wird. Viele Entscheidungen werden auf dieser Grundlage getroffen, ohne dass es den Betreffenden bewusst ist. Hier erlangen wir Zugang zu einem Wissen, das durch rationales Denken allein nicht erschlossen werden kann. Im *Synthetisierenden Denken* wird das Zusammenspiel der verschiedenen Blickwinkel betrachtet.

Das *Nicht-Denken* als Gegenspieler zum Partizipativen Denken erinnert uns daran, dass die Ratio zwar ein mächtiges Werkzeug ist, aber längst nicht alles, was unsere Existenz ausmacht. Das Nicht-Denken ist ein wichtiger Gegenpol zur dauernden und zwanghaften Aktivität des musterdominierten Verstandes.

Alle genannten Denkarten zusammen bilden das, was in diesem Buch als das *Undenkbare Denken* bezeichnet wird.

Innovatives vs. Logisches Denken

> Nichts ist gefährlicher als eine Idee, wenn sie die einzige ist, die Sie haben.
>
> *Émile-Auguste Chartier (1868–1951), französischer Philosoph, Schriftsteller und Journalist*

PRAKTISCH UNDENKBAR

Was muss man an der Leerstelle (zwischen der 10 und der 11) einsetzen, damit die folgende Aussage Sinn ergibt?

10:50 = 10   11

(Hinweis unter »Höhere Mathematik« auf Seite 184)

Logisch-kontrovers zu denken – also die Schwächen in der Argumentation des Gegenübers aufzudecken – hat in unserer Geistesgeschichte eine lange Tradition. Diese Art des Denkens ist über 2 000 Jahre alt und lässt sich bis auf Denker wie Platon, Sokrates und Aristoteles zurückverfolgen. Unsere ganze Gesprächs- und Denkkultur ist geprägt durch die Diskussion (von lat. discutio = zerschlagen, zertrümmern, abschütteln, prüfen, untersuchen, verhören).

In letzter Konsequenz legt diese Form des Austausches den späteren Konflikt bereits an, denn es geht vor allem darum, den Gesprächspartner von der Stichhaltigkeit der eigenen Argumente zu überzeugen und schließt ein Nichthörenwollen der Gegenseite bereits mit ein.

So nützlich diese Form der Auseinandersetzung in bestimmten Kontexten auch sein mag: Als alleinige Gesprächskultur ist sie vollkommen unzureichend und wird den Anforderungen einer komplexen Welt nicht einmal annähernd gerecht.

Das Innovative und das Logische Denken stehen sich nicht als »Feinde« gegenüber, wir benötigen beide. Es ist nur wichtig, die Unterschiede zwischen ihnen zu kennen, damit man weiß, welche dieser Denkarten in welchem Kontext nützlich ist.

Die herkömmliche Art des Denkens untersucht vor allem die Vor- und Nachteile einer Sache, das »Was *ist?*« Beim Innovativen Denken werden diese Aspekte um die Frage erweitert: »Was *könnte sein?*« Dieser Ansatz ist ziel- und lösungsorientiert, fragt nach Möglichkeiten, die uns zur Verfügung stehen, statt nach Problemen, die uns lähmen. Das Hauptaugenmerk liegt auf alternativen Betrachtungsweisen und neuen Optionen.

Argumentativ zu denken und zu kommunizieren, kann eine wunderbare Sache sein. So wie es eine tolle Sache ist, einen ersten Gang beim eigenen Auto zu haben: großartig, aber nicht ausreichend. Wir brauchen zum Autofahren mehrere Gänge und geben uns nicht mit nur einem zufrieden. Bisweilen benötigen wir sogar den Rückwärtsgang. Das ebenfalls wichtige »Auskuppeln« wird uns zu einem späteren Zeitpunkt im Rahmen des Nicht-Denkens noch ausführlicher beschäftigen.

Lassen Sie uns eine kleine Gegenüberstellung zwischen dem Innovativen und Logischen Denken betrachten:

Innovatives Denken	Logisches Denken
ist ergebnisoffen	ist zielorientiert und sucht nach Lösungen
springt von einem Punkt zu einem ganz anderen	baut einen Gedankengang schlüssig von einem Punkt zum nächsten
hat keine Scheu, unvollkommen zu sein, lässt auch »fehlerhafte« Gedanken zu	sucht nach Stringenz und Perfektion
lässt zu, sagt Ja, ist in Bewegung	grenzt aus, urteilt und versucht, »auf den Punkt« zu kommen
ist irritierend und provokativ und stellt allgemein akzeptierte Begriffe infrage	ist folgerichtig; Belangloses und Absurdes wird ausgeklammert
heißt jeden zufälligen Gedanken willkommen	hat bestimmte Werte und Denkkategorien bereits festgelegt
kann verschiedene Ideen nebeneinander stehen lassen, sucht alternative Ansatzpunkte	lässt verschiedene Gedankengänge nur nacheinander zu
bedeutet auch einmal, einen Umweg zu gehen, der bekanntlich die Ortskenntnis erhöht	ist geradlinig und zielstrebig
erzeugt möglichst viele Lösungswege und Alternativen	sucht und wählt den vielversprechendsten Lösungsweg

lässt dem Denken Platz, sich zu entfalten, so wie ein Baum in ganz verschiedene Richtungen wächst	baut Gedanken auf, so wie bei einem Gebäude ein Stockwerk auf das andere folgt
verzögert Urteile	bewertet schnell und bildet sich rasch eine Meinung
verändert Muster und schafft Neuanordnungen von Informationen	sucht nach der richtigen Antwort

Wer nur einen Hammer hat, sieht jedes Problem als Nagel

Es ist mitten in der Nacht. Ein Polizist sieht den leicht angetrunkenen Mullah Nasrudin kniend unter einer Laterne und fragt ihn: »Was suchst du denn?«

Darauf der Mullah: »Ach, ich habe meinen Schlüssel verloren, ohne ihn komme ich aber nicht in mein Haus.« Der Polizist kniet sich ebenfalls hin und hilft ihm beim Suchen. Nach einer Weile fragt er den Mullah: »Bist du dir wirklich sicher, dass du den Schlüssel hier verloren hast?«

»Aber nein, gar nicht, ich denke eher, es war dort drüben bei den Sträuchern.«

»Aber warum suchst du dann hier unter der Laterne?«

»Na ja, hier ist es hell und sauber und dort drüben ganz dunkel und unbequem!«

Das Verhalten des Mullahs mutet seltsam an, oder? Er sucht an einer Stelle, von der er weiß, dass er seinen Schlüssel dort nicht verloren hat. Ziemlich töricht, könnte man einwenden. Wäre aber das verschollene Objekt tatsächlich hier, hätte er durch die Beleuchtung natürlich einen großen Vorteil. Diesen Nutzen möchte er nicht aufgeben, koste es ihn auch die Chance, den Schlüssel zu finden.

Das Komische an dieser Geschichte ist gleichzeitig tragisch: Wir neigen in der Tat dazu, mit überholten Denkweisen an Orten zu suchen, die hell (also vertraut) sind, nur leider unpassend, weil längst nicht mehr zielführend. Es gibt eine Tendenz im Denken, noch mehr von »dem da« auszuprobieren (weil es gewohnt ist), statt ein wenig nur von »jenem dort« (allerdings unbekannt) zu berücksichtigen. Wir graben unser Loch immer tiefer, anstatt an einem ganz anderen Platz ein neues zu buddeln. Das eben Gehörte gleich in die Tat umzusetzen, ließe sich hervorragend bei diesem Zaubertrick in Frageform:

PRAKTISCH UNDENKBAR

Welcher Buchstabe ist der nächste in dieser Reihenfolge?

WBIDNID …

(Tipp unter »Frage mit Hinweis« auf Seite 192)

Problemraum erkunden – Lösungsfixiertheit loslassen

Ich würde 55 Minuten auf die Formulierung des Problems verwenden und fünf Minuten für die Lösung.

Albert Einstein (1879–1955), Nobelpreis für Physik (1921), auf die Frage, was er täte, wenn es eine Prognose gäbe, dass in einer Stunde ein riesiger Komet die Erde zerstören würde

In früheren Raumfahrtzeiten hatten die Ingenieure folgendes Problem: Beim Wiedereintritt in die Erdatmosphäre entsteht große Hitze. Um den sicheren Tod der Astronauten abzuwenden, ging man auf die Suche nach einem Material, welches ca. 2 000 Grad überstehen könnte. Aber auch nach längerem Forschen gelang es nicht, einen geeigneten Werkstoff zu finden. Da kam ein beteiligter Wissenschaftler auf die Idee, die Ausgangsfrage noch einmal zu überprüfen. Es ging ja letzten Endes darum, die Unversehrtheit für die an Bord befindlichen Menschen zu gewährleisten und weniger um den Erhalt eines bestimmten

Materials. Also veränderten die Ingenieure ihre Fragestellung von: »Wie können wir etwas ausfindig machen, das fähig ist, ca. 2 000 Grad unbeschadet zu überstehen?« zu: »Wie kann man sicherstellen, dass die Raumfahrer wieder sicher auf der Erde landen?«

Mit der so abgeänderten Frage kamen die Wissenschaftler auf die Idee, eine Art Hitzeschild zu konstruieren, der zwar beim Eintritt in die Atmosphäre verglühte, aber die dabei entstehende Hitze vom Raumschiff und den Astronauten fernhielt.

Die Art der Aufgabenstellung entscheidet in hohem Maße darüber, an welchen Stellen wir nach Lösungen Ausschau halten. Wenn wir zu schnell auf einen Lösungsraum fokussiert sind, entgehen uns möglicherweise andere Optionen, die dem ursprünglichen Zweck genauso dienlich gewesen wären.

Lösungsfixiertheit lässt uns blitzschnell auf die gewohnten Gleise des Denkens aufspringen. Wir überlegen dann in Kategorien, die offensichtlich sind und überwiegend unseren Vorannahmen entsprechen. Um von dieser starren Ausrichtung loszukommen, müssen wir uns immer wieder fragen: »Welches Problem soll hier eigentlich gelöst werden? Welche Konzepte nehme ich hier als gegeben an? Ist das angemessen? Gibt es eventuell andere Betrachtungsweisen für diese Fragestellung?«

Wenn eine Aufgabe neu definiert wird, tauchen oftmals unvermutete Lösungen auf. Diese Ideen können Sie bei folgender Aufgabenstellung in der Praxis ausprobieren.

PRAKTISCH UNDENKBAR

In einem Büro-Hochhaus gibt es ein Problem: Es herrscht ein hohes Besucheraufkommen, es gibt aber nur einen veralteten Fahrstuhl. Somit entstehen lange Wartezeiten vor den Fahrstuhltüren. Die Besucher fangen an, sich darüber zu beschweren. Die Eigentümer des Gebäudes lassen die Möglichkeit überprüfen, einen moderneren Aufzug einzubauen, verwerfen diese Idee aber aufgrund der exorbitanten Kosten wieder.

Was könnte man außerdem tun, um mit der Situation umzugehen?

(Hinweis unter »Das Fahrstuhlproblem« auf Seite 185)

Provokation ist die Mutter der Innovation

Eine wesentliche Kraft im menschlichen Geist ist die Bewegungsenergie. Wir können uns in viele Richtungen bewegen, zahlreiche Kontexte erkunden und Verbindungen herstellen, die so noch nie gedacht wurden. Das funktioniert aber nur, wenn wir den Verstand nicht zu früh eingrenzen. In gewissem Sinne stellen wir in dieser Phase des Denkprozesses bewusst Mannigfaltigkeit her, indem wir einem Thema eine Vielzahl an Assoziationen entlocken. Reagieren wir auf eine Idee zu schnell mit einer Bewertung (die häufig eine *Ab*wertung darstellt), verharren wir in einem eng eingegrenzten Denkraum. Das ist im Prinzip völlig in Ordnung. Eine gute Analyse macht ja genau das: Sie bleibt an einem definierten Punkt stehen und verfolgt die Gedanken in die Tiefe ihrer Implikationen.

Verlangt es uns danach, Überlegungen hervorzubringen, die originell sind, benötigen wir einen alternativen Modus Operandi. Denn zunächst wollen wir mit unseren Gedanken nicht in die Tiefe gehen, sondern in die Breite. Dazu brauchen wir Bewegungsenergie. Wir erhalten diese Energie dank der Kraft der Provokation, in der Abb. 19 symbolisiert durch das Stoppschild. Die gleichgeschalteten Pfeile stehen für die Tendenz des Muster bildenden Verstandes, in einmal angelegten Bahnen zu verharren. Erst eine gezielte Irritation unterbricht dieses Muster und katapultiert die konventionellen Gedanken in die Umlaufbahn. Dort haben sie nun Gelegenheit, neue oder kaum benutzte Pfade zu beschreiten. Provokation verstört und schafft damit Raum für |Wahrnehmen|Denken|Fühlen|Intuition| jenseits bekannter Denkmuster. Sie übertreibt, vergrößert, verzerrt. Wir ziehen plötzlich gänzlich neue Bereiche in Betracht.

Abb. 19

Wir nutzen solche Irritationen ausschließlich zum Zweck der Bewegung: Wohin führt mich dieser Gedanke? Wir halten nicht Ausschau danach, wie gut und richtig und sinnvoll ein Einfall ist, sondern bringen einfach die Bereitschaft mit, fortlaufend neue Räume zu betreten.

PRAKTISCH UNDENKBAR

Ein zweibändiges Lexikon steht wie üblich in einem Bücherregal: links Band 1, rechts Band 2. Es handelt sich um sehr dicke Bücher: Der Papierteil ist jeweils 4,5 Zentimeter dick; der schwere Ledereinband auf jeder Seite jeweils 0,5 Zentimeter.
Ein Bücherwurm frisst sich nun auf kürzestem Wege von der ersten Seite des ersten Buches zur letzten Seite des zweiten Buches.

Welche Wegstrecke muss er dafür zurücklegen?

(Hinweis unter »Der Bücherwurm« auf Seite 191)

Business as (un-)usual

> Wie kommt man an gute Ideen? Man hat eine ganze Menge Ideen und verwirft die schlechten.
>
> *Linus C. Pauling (1901–1994), Nobelpreis für Chemie (1954) und Frieden (1962)*

Um die im letzten Abschnitt eingeführten Prinzipien zu erläutern, möchte ich Ihnen von einem Beispiel aus dem Geschäftsleben erzählen.

Stellen Sie sich den Besitzer eines Gastronomiebetriebes vor, der nach interessanten Ideen zur Vermarktung seines Lokals sucht. Dabei verwendet er das Prinzip der Provokation, eine Schlüsseltechnik des Innovativen Denkens. Zunächst überprüft der Geschäftsführer seine Vorannahmen. Wir alle haben zu einer Fragestellung eine ganze Reihe solcher Grundannahmen im Kopf, die tief in unserem Wertesystem und damit in der Persönlichkeitsstruktur verwurzelt sind. Diese Annahmen sind wie starke Glaubenssätze darüber, wie die Welt »nun einmal ist«. Wir hinterfragen bestimmte Ansichten nicht mehr. Erst wenn wir uns gezielt Zeit nehmen, um nach ihnen Ausschau zu halten, werden uns einige wieder zugänglich. In diesem Beispiel könnten die Vorannahmen des Geschäftsführers wie auf Seite 75 oben aussehen.

Wohin führt mich dieser Gedanke?

Nun gilt es in unserem konkreten Beispiel, zunächst eine dieser Vorannahmen herauszugreifen und sie auf den Kopf zu stellen, das heißt in ihrer Bedeutung umzukehren.

Die Aussage »Meine Gäste zahlen für die verzehrten Speisen und Getränke« wird jetzt zu: »In meinem Restaurant zahlen die Gäste *nichts* für die verzehrten Speisen und Getränke.« Und da wir uns von nun an in der Ideenfindungs-Phase befinden (und nicht im Beurteilungsmodus), suchen wir nicht nach der inhaltlichen Qualität dieser und der folgenden Äußerungen. Eine Zeit lang interessiert uns nur die Frage: »Wohin führt mich dieser Gedanke?« Jeder Impuls wird als Trittbrettstein zu einem neuen Einfall gesehen.

Eine Idee lässt zunächst einmal keinerlei Rückschluss auf ihre Güte zu, weil sich ihr wahrer Wert erst im Kontext des ablaufenden Prozesses enthüllt. Eine Idee steht nie für sich. Sie ist nur im Gesamtzusammenhang mit allen anderen zu verstehen.

Und das ist vielleicht die entscheidende Sichtweise im Umgang mit Kreativität und Innovation. Mit dieser Haltung bleibt man nicht bei einer Idee hängen, sondern nimmt ihren Bewegungsimpuls auf und springt w

- ✗ In meinem Restaurant gibt es zu essen und zu trinken.
- ✗ In mein Restaurant kommen Gäste.
- ✗ Es stehen Tische und Stühle in meinem Lokal.
- ✗ Die Gäste zahlen für die verzehrten Speisen und Getränke.

achsten. Die zu frühe Suche nach Qualität verhindert die andauernde Bewegung. In der Erkundungsphase geht es uns jedoch um Aktivität und Quantität. Es geht einzig und allein um die Impulskraft einer Idee, nicht um ihren Gehalt. Diese Unterscheidung gehört zu den wesentlichen Theorien von Innovation.

Je abwegiger ein Gedanke, desto höher ist die ihm innewohnende Innovationskraft. Im Grunde suchen wir in dieser Phase des kreativen Prozesses nach wirklich verrückten Einfällen, weil sie uns aus unseren altvertrauten Mustern herausschleudern. Dann und nur dann besteht die Chance, dass Ideen entstehen, die die Welt noch nicht gesehen hat.

PRAKTISCH UNDENKBAR

Wie kann man aus sechs gleich langen Streichhölzern vier gleichseitige Dreiecke bilden?

Für diesen Trick ist es extrem hilfreich, wenn Sie tatsächlich sechs Zündhölzer (oder gleich lange Stäbchen) verwenden.

(Hinweis unter »Streichholzspiele« auf Seite 193)

Erkunden ja, bewerten (vorerst) nein

Im kreativen Prozess gilt die Formel Quantität = Qualität. Es handelt sich um eine der wichtigsten Regeln innovativer Verfahren. Bereits das Ausschauhalten nach inhaltlichem Wert impliziert, dass man bestimmte Maßstäbe an die Einfälle anlegt. Zum Zeitpunkt der Ideengenerierung ist das aber höchst kontraproduktiv. Zu Beginn des Ideenfindungsprozesses dürfen, nein *müssen* Bewertungen draußen bleiben.

Quantität erreicht man vor allem durch die strikte Trennung der Erkundungs- von der Bewertungsphase (s. Abb. 20). Diese Separation ist fundamental und *jeder* Kreativitätstechnik inhärent. Werden neue Gedanken zu früh bewertet, verliert man sich im Diskutieren des Für und Wider *einer* Idee, statt in derselben Zeit noch eine und noch eine und noch eine weitere hervorzubringen. Gegen das Bewerten an und für sich ist nichts zu sagen. Es ist allerdings von entscheidender Bedeutung, zu welchem Zeitpunkt es erfolgt.

Abb. 20

Von den erzeugten 100 Geistesblitzen sind möglicherweise 99 *auf den ersten Blick* unbrauchbar. Aber eine davon birgt – ungeschliffen, wie sie ist – innovatives Potenzial.

Im Abschnitt »Das Konzept-Netz« (Seite 80) finden Sie darüber hinaus eine

Verfahrensweise, um noch aus den merkwürdigsten Ideen die dahinterliegenden Prinzipien zu extrahieren. Damit lassen sich auch abseitige Einfälle auf ihren pragmatischen Gehalt hin untersuchen.

Doch zurück zu unserem konkreten Beispiel: Wohin führt nun die Provokation »In meinem Restaurant zahlen die Gäste nichts für die verzehrten Speisen und Getränke«?

Lesen wir dazu die Aufzeichnungen des Geschäftsführers: »das ist ja völliger unsinn [Anm. d. Autors: Achtung Urteil – ein gefährlicher Moment] aber irgendwie eine lustige vorstellung [… gerade noch die Kurve gekriegt …] den gästen würde das sicher gefallen kommen bestimmt viele schmarotzer da habe ich wahrscheinlich die hütte jeden tag voll ich verdien ja gar nichts das spricht sich schnell herum wie soll ich das bloß alles bezahlen ich bin ruck-zuck ausgebucht weiß gar nicht mehr wo ich die kapazitäten hernehmen soll meine konkurrenten werden neidisch und beschweren sich ist das überhaupt legal bekomm ich da ärger mit irgendeiner aufsicht die leute rennen mir die bude ein die gäste sind froh es ist eine tolle stimmung es kommen leute zu mir die ich ansonsten niemals kennengelernt hätte ich werde zwar arm dabei aber bekannt ich kann die menschen wenn sie erst mal hier sind von der qualität meines angebots überzeugen …«. Und so weiter. Und so weiter. Und so fort.

PRAKTISCH UNDENKBAR

Wie kann man einen runden Nusskuchen durch drei gerade Schnitte in acht gleich große Stücke unterteilen?

(Hinweis unter »Über den Tellerrand schauen« auf Seite 188)

Erst säen, dann ernten

Haben Sie keine Angst, exzentrische Meinungen zu vertreten, denn jede mittlerweile anerkannte Meinung war einst exzentrisch.

Bertrand Russell (1872–1970), Nobelpreis für Literatur (1950)

PRAKTISCH UNDENKBAR

Zwei Frauen laufen auf der Straße, die eine groß, schlank und dunkelhaarig, die andere eher klein, gedrungen und blond. Dennoch sieht man auf den ersten Blick, dass die beiden Frauen Schwestern sind.

Wie ist das möglich?

(Hinweis unter »Die liebe Verwandtschaft« auf Seite 189)

Unser Geschäftsführer hat aus seinen zahlreichen Ideen die folgende Vorgehensweise entwickelt: Er ließ verbreiten, dass jeder Gast, der im Laufe der nächsten vier Wochen sein Lokal besuchen würde, selbst entscheiden könne, was er für den Verzehr von Speis und Trank ausgeben wolle. Gar nichts zu bezahlen war genauso in Ordnung wie den üblichen Preis zu entrichten, aber eben freiwillig. Das Resultat dieser Kampagne war überwältigend: Die Presse, das Radio, das Lokalfernsehen, sogar überregionale Fernsehsender berichteten von unserem Gastronom und seiner höchst ungewöhnlichen Aktion. Sein Angebot war in der Tat für Wochen Stadtgespräch, sein Lokal jeden Abend ausgebucht. Und überraschend war zudem, dass viele Gäste freiwillig durchaus realistische Preise bezahlten. Diese Maßnahme war für den Geschäftsführer ein toller Erfolg, der ihm PR und Marketing in einer Dimension einbrachte, die er sich auf konventionellem Weg unter keinen Umständen hätte leisten können. Und das alles, weil er für ein paar Minuten bereit war, seine Vorannahmen zu hinterfragen.

Um diese Methode selbst zu erleben, schlage ich Ihnen die folgende Übung vor. Aber Achtung – es könnte durchaus sein, dass Sie dabei Gedanken haben, die neu und, nun ja, ein wenig ungewöhnlich sind.

Die Provokative Operation Schritt für Schritt

Notieren Sie bitte alles schriftlich. Allein im Kopf funktioniert diese Methode nicht.
Welches Thema liegt Ihnen augenblicklich am Herzen? Bei welcher Frage könnte sich ein frischer Blick lohnen?
Hier die Vorgehensweise der Provokativen Operation im Einzelnen:

1. Was genau ist Ihre Frage, für welche Problemstellung benötigen Sie neue Gedanken? Schreiben Sie sie auf. (Zum Beispiel: »Ich möchte ein neues Lokal eröffnen. Wie richte ich es am besten ein?«)
2. Notieren Sie mindestens fünf Vorannahmen/Grundüberzeugungen, die Sie in Bezug auf Ihre Fragestellung haben. Zum Beispiel: »Es stehen Tische und Stühle in meinem Lokal«.
3. Suchen Sie eine davon aus und verkehren Sie deren Aussage ins genaue Gegenteil. (»In meinem Lokal gibt es keine Tische und Stühle.«)
4. Folgen Sie ein paar Minuten lang der Frage »Wohin führt mich dieser Gedanke?«. Vermeiden Sie Urteile über Ihre Ideen und bleiben Sie vor allem ständig in Bewegung. Die Ernte ist zu einem späteren Zeitpunkt dran – zunächst einmal gilt es zu säen.
5. Wenn Sie Zeit und Muße haben, verfahren Sie mit den restlichen Vorannahmen ebenso.
6. Schauen Sie Ihre Notizen durch und überprüfen Sie sie erst jetzt auf ihren möglichen Gehalt – ist etwas dabei, das Sie interessiert, amüsiert, nachdenklich macht, Ihnen irgendwie neuartig erscheint? Vielleicht verspüren Sie den Impuls, ein paar Gedankengänge weiterzuverfolgen. Und sie wie ungeschliffene Diamanten zu behandeln …

Das Konzept-Netz

Hinter jeder Idee ist ein bestimmtes Prinzip wirksam. Lassen Sie mich das an einem Beispiel verdeutlichen:

Stellen Sie sich vor, Sie sind auf Ideensuche für Ihr neues Projekt, es geht um eine Großveranstaltung zu einem Jubiläumstag. Ihr Team ist beauftragt worden, dieses Fest zu organisieren. Sie starten mit der Methode des Brainstormings, springen dabei von einem Gedanken zum nächsten und generieren im Verlauf dieses Prozesses zwölf Ideen (s. Abb. 21). Zwölf Einfälle sind nicht umwerfend viel, aber halten wir das Ganze an dieser Stelle so einfach wie möglich, damit das angewandte Verfahren deutlich wird. Es liegen nun zwölf Gedanken vor, die – wenn Sie die Regeln des Innovativen Denkens beherzigt haben – zum Teil einigermaßen abwegig sind. Wir sind damit an einem entscheidenden Punkt angelangt. Die wenigsten Menschen verstehen die nachfolgenden Zusammenhänge, denn häufig werden die entstandenen Ideen augenblicklich auf ihre Qualität hin überprüft. So kann man natürlich vorgehen. Erfolgversprechender scheint mir jedoch dieser Schritt zu sein: Überlegen Sie bitte, was das hinter einer »verrückten« Idee liegende Prinzip bzw. Konzept ist (s. Abb. 22, obere Hälfte). Man könnte sich auch die Frage stellen: »Dieser (ungewöhnliche) Einfall ist *ein* Weg, um was genau zu tun?«

Abb. 21

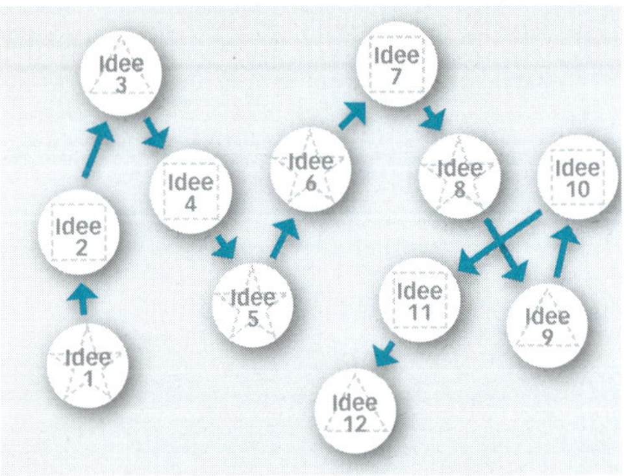

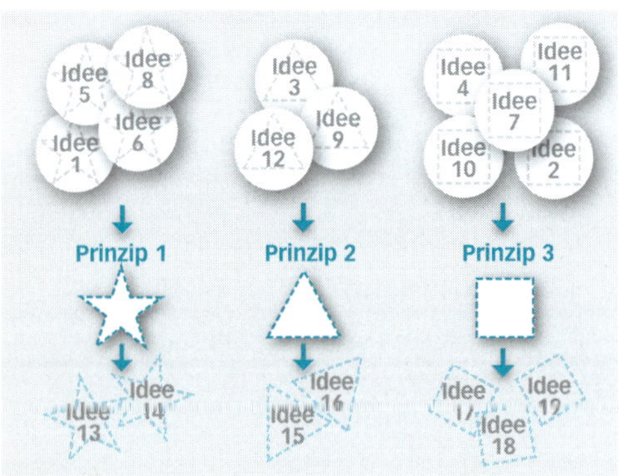

Abb. 22

Bleiben wir bei unserem Beispiel. Ihr Team hat den folgenden ungewöhnlichen Ansatz entwickelt: »Nicht wir organisieren das Ganze, sondern die Besucher!« Statt diese Idee unverzüglich zu verwerfen (und die Versuchung ist groß, nicht wahr? Sie ist ja wirklich »total verrückt« …), fragen Sie nach dem dahinterliegenden Prinzip. Wie lautet es in diesem Fall? Nun, ein mögliches Konzept ist es, die Verantwortung auf andere Schultern zu legen bzw. zusätzliche *Ressourcen* hinzuzuziehen. Sie stellen unversehens fest, dass diese Richtung durchaus ihren Reiz hat …

Außerdem gerät kraft dieser Eingebung die *Zielgruppe* in den Fokus. Man könnte diese in die Organisation einbinden, indem man potenzielle Besucher fragt, was sie an einem solchen Tag gerne erleben würden. Auch darauf ließen sich ein oder zwei Momente der eigenen Zeit verschwenden, nicht wahr? Diese Beispiele sind beliebig fortführbar. Edward de Bono hat diese Überlegungen in dem Satz verdichtet: »Eine Idee ist ein Konzept in Aktion.«

Mit einem Mal stehen ganz neue Kategorien zur Verfügung, an die man ursprünglich nicht gedacht hat.

Von hier aus startend erzeugen wir weitere Einfälle, die für das Projekt relevant sein könnten (s. Abb. 22, untere Hälfte). Damit haben wir uns die Kraft selbst der »verrücktesten« Gedanken zunutze gemacht.

Es ist von elementarer Bedeutung, den Unterschied zwischen den Ebenen »Idee« und »Prinzip« zu verstehen und sie auseinanderzuhalten. Erst dann können wir die durch die Denktechniken herangewachsenen Früchte ernten. Sonst entwickelt man eine Menge Ansätze und verwirft sie – vorschnell – als unbrauchbar. Wenn man jedoch das dahinterliegende Konzept identifizieren kann, finden sich häufig mehr und bessere Wege, es umzusetzen. Faszinierend an diesem Verfahren ist zudem, dass der ursprüngliche Bewegungsimpuls der abseitigen Ideen immer noch nachwirkt, diesmal in Richtung der im Hintergrund liegenden Prinzipien.

ZEIT, NEU ZU DENKEN

Konzept Netz Brainstorming (KNB)

- ✗ Welche Fragestellung würden Sie gerne einmal näher beleuchten? Notieren Sie sie kurz auf.
- ✗ Sammeln Sie dann in einem Brainstorming alle Einfälle, die Ihnen in den Sinn kommen. Erlauben Sie sich auch fantastische Gedanken und nutzen Sie die dabei frei werdende Energie. Bewegen Sie sich einige Minuten lang nur von einer Idee zur nächsten.
- ✗ Identifizieren Sie dann die Prinzipien hinter den einzelnen Ideen. Erstellen Sie ein Konzept-Netz.
- ✗ Springen Sie flexibel entlang dieser Knotenpunkte, fügen Sie weitere Einfälle an, suchen Sie fortlaufend alternative Gedanken in Bezug auf Ihre Fragestellung.

Was Witze und das Undenkbare Denken gemeinsam haben

Eine Frau ist bei ihrem Psychoanalytiker. Sie sagt: »Herr Doktor, Herr Doktor – bitte küssen Sie mich!« Daraufhin der Arzt: »Das darf ich nicht. Streng genommen dürfte ich nicht einmal neben Ihnen auf der Couch liegen!«

Bei einem Witz treffen im letzten Satz mindestens zwei Deutungsebenen aufeinander, die im Verlauf der Geschichte nicht offensichtlich waren. Im Gegenteil: Man vermutete einen gänzlich anderen Kontext. In dem Moment, da die Erzählung ihre Pointe offenbart, wird auch die alternative Deutung sichtbar. Meistens sind es völlig unerwartete Sinnzusammenhänge, die im Schlusseffekt auftauchen; Wechselbeziehungen, die wir beispielsweise als absurd, unmöglich oder bemitleidenswert interpretieren. Weil diese aber zunächst unsichtbar für uns sind, empfinden wir die plötzliche Enthüllung als komisch. Im Grunde genommen haben wir einfach in kürzester Zeit einen Perspektivwechsel vorgenommen.

Unvorhergesehene Umdeutungen passieren auch im kreativen Prozess. Wenn wir innovative Ideen hervorbringen, fügen wir Dinge zusammen, die vormals unvereinbar schienen. Neue Informationen treten in Erscheinung, alte werden auf neue Weise betrachtet. Neue Querverbindungen blitzen auf und es gelingt uns nunmehr, »um die Ecke zu denken«. Es wird unvermittelt eine Lösung gesehen, die die ganze Zeit über im Verborgenen lag – so wie die Pointe in einem Witz. Diese neue Betrachtungsweise ergibt nun mehr Sinn, verleiht der Situation einen neuen und originellen Rahmen. Diese Be-*Deutung* wird bei einem Witz als humorvoll und während des innovativen Geschehens als zutiefst befriedigend erlebt. In beiden Fällen macht unsere Wahrnehmung einen plötzlichen Quantensprung.* So wie hier: Sagt eine Kundin zum Verkäufer: »Ich möchte gerne das blaue Kleid da im Schaufenster anprobieren.« Meint der Verkäufer: »Sehr wohl, gnädige Frau, Sie dürfen aber auch eine Kabine benutzen.«

Wir verlagern den Aufmerksamkeitsfokus *in einem Moment* auf eine andere Ebene. Es bereitet uns Vergnügen, vorher unvereinbare Dinge miteinander in Beziehung zu setzen – deshalb müssen wir lachen.

Wir sind mit einem im Gehirn eingebauten Belohnungsmechanismus für kreative Neuordnungen ausgestattet. Unser Geist führt uns dahin, unsere Bedeutungsgebung immer wieder zu transzendieren.

---

* Darunter wird in der Physik ein plötzlicher und diskontinuierlicher Übergang eines mikrophysikalischen Systems aus einem Quantenstand in einen anderen bezeichnet.

Die Angst vor dem Unbekannten

> Du siehst Dinge und fragst: »Warum?« Ich aber träume Dinge, die niemals waren, und ich sage: »Warum nicht?«
>
> *George Bernard Shaw (1856–1950), Nobelpreis für Literatur (1925)*

PRAKTISCH UNDENKBAR

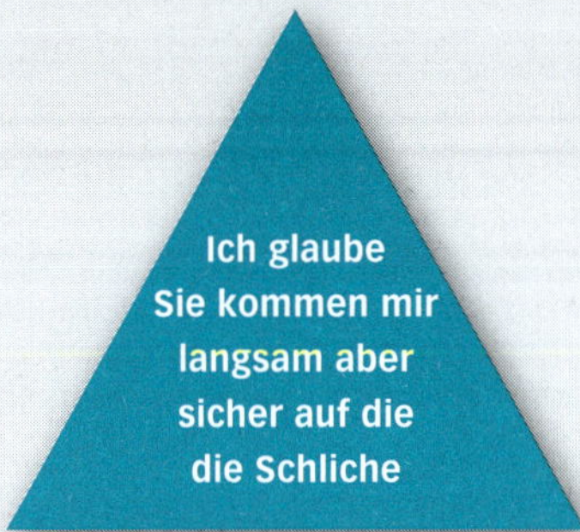

Abb. 23

Was lesen Sie hier?

(Hinweis unter »Das Auge in der Pyramide« auf Seite 190)

Kommen wir am Ende dieses Kapitels noch einmal auf die Geschichte des Mullah Nasrudin zurück, der seinen Schlüssel bei der Laterne sucht, obwohl ihm klar ist, dass er ihn an einer anderen Stelle verloren hat.

Die Handlungsweise unseres Protagonisten erscheint uns auf den ersten Blick unvernünftig, ja geradezu absurd. Wir müssen darüber lachen und schütteln vielleicht den Kopf. Dabei gibt es ja einen guten Grund dafür, wie der Mullah sich verhält – es ist hell an dem Platz, an dem er sucht. Und das Helle steht hier stellvertretend für das Geläufige und Sichere.

Das Dunkle bei den Sträuchern symbolisiert hingegen das uns fremde, ungewohnte Terrain. Und obwohl das Suchen an eben dieser »unbequemen« Stelle mit hoher Wahrscheinlichkeit zum Erfolg führen würde, zieht der Mullah es vor, auf vertrautem Boden zu bleiben. Allerdings auch ohne die geringste Aussicht darauf, seinen Schlüssel tatsächlich wiederzufinden. *Die Angst vor dem Unbekannten ist größer als sein Verlangen, das Problem wirklich zu lösen.*

Es gibt eine Tendenz in unserem Denken, noch mehr desselben anzuwenden, weil wir das Gewohnte mit einem Gefühl der Geborgenheit gleichsetzen. Wir wiederholen alte mentale und emotionale Gewohnheiten, obwohl wir vielleicht bereits erkannt haben, dass sie uns nicht guttun. Allein die Empfindung des Althergebrachten hält uns gefangen, weil sie uns in einer trügerischen Sicherheit wiegt. Einer Gewissheit, bei der nur eines ganz klar ist: dass wir das Vermisste so niemals finden werden.

Wenn wir Undenkbares denken, verlassen wir gewohntes Gebiet und begeben uns an Stellen, an denen wir uns noch nicht auskennen, ja die uns mitunter sogar ängstigen mögen.

So zeigt diese Geschichte unter anderem, dass es viel Mut verlangt, bis dahin nicht Wahrgenommenes wahrzunehmen, Undenkbares zu denken und vielleicht noch nie Gefühltes zu empfinden.

Wie absurd unsere Angst und unser Tun von außen betrachtet auch aussehen mögen: Es gibt meist gute Gründe für dieses Verhalten. Es braucht aufrichtiges Mitgefühl mit uns selbst, um gewohnte Bahnen zu verlassen und uns in eine bisher noch unbekannte, offenere Welt hinauszubewegen.

Und das ist es eigentlich, was uns über den Mullah den Kopf schütteln lässt: Wir sehen uns selbst im Spiegel dieser tragikomischen Geschichte.

Das Partizipative Denken oder: Wie sicher steht man auf nur einem Punkt?

> Meine Erfahrung besteht aus dem, was ich wahrzunehmen beschließe. Nur was ich bemerke, formt mein Denken.
>
> *William James (1842–1910), Begründer der amerikanischen Psychologie*

Wir sind auf unserer gemeinsamen Entdeckungsreise nun bei einem zentralen Punkt angelangt. Für die kommenden Erläuterungen zum Partizipativen Denken wäre es äußerst hilfreich, Sie würden zunächst die folgende Übung durchführen. Sie brauchen ca. 10 bis 15 Minuten Zeit dafür. Ich kann Ihnen versichern: Der Aufwand lohnt sich.

ZEIT, NEU ZU DENKEN

Das Partizipative Denken

Stellen Sie sich bitte vor, Sie müssten als hochdekorierter politischer Berater des Bundesinnenministeriums zu folgendem Thema Stellung beziehen: »Sollte die NPD als Partei verboten werden?«*

Bevor Sie starten, unterziehen Sie bitte Ihren augenblicklichen Standpunkt einer kurzen Bestandsaufnahme. Wozu tendieren Sie? Zu einem Verbot? Oder eher zur Legalisierung der Partei? Auf der unten stehenden Skala: Wo sehen Sie sich mit Ihrer Einschätzung?
Notieren Sie Ihre Haltung kurz auf.

---

* Wenn Ihnen dieser spezielle Vorschlag nicht gefällt, können Sie gerne jedes andere kontrovers diskutierte Thema nehmen. Zum Beispiel »Bewertung von Ärzten durch Patienten über das Internet«, »Gehaltslimit für Manager«, »Ehen auf Zeit«, »Türkei in die EU (oder nicht)«, »Eine Art Führerschein, um überhaupt wählen zu dürfen«, »Autofreie Tage«, »Liter Benzin kostet fünf Euro«, »Begrenztes Flugkontingent für Reisende« usw. Entscheidend ist nicht der Themenbereich, sondern dass Sie den Prozess in Aktion erleben.

Legalisierung **Verbot**

5 0 5

Schätzen Sie dann bitte noch ein, für wie qualifiziert Sie Ihre eigene Einschätzung zum momentanen Zeitpunkt halten:

niedrig **hoch**

0 10

Durchlaufen Sie jetzt bitte den folgenden Prozess. Nehmen Sie sich pro Frage ca. eine Minute Zeit und schreiben Sie Ihre Ideen am besten auf:

- ✗ Welche Gefühle haben Sie in Bezug auf das Thema? (Seien Sie ehrlich zu sich selbst. Sie brauchen Ihre Emotionen, wie auch immer sie sein mögen, vor niemandem zu rechtfertigen.)
- ✗ Welches Ziel würde man mit einem eventuellen Parteiverbot verfolgen?
- ✗ Welche Informationen stehen zur Verfügung? Welche fehlen noch?
- ✗ Welche Personen und Gruppierungen spielen bei dieser Frage noch eine Rolle? Welche Haltung haben diese vermutlich dem Thema gegenüber?
- ✗ Was wäre das Positive an einem Verbot?
- ✗ Was wären die Risiken?
- ✗ Welche alternativen Gesichtspunkte der Situation fallen Ihnen noch ein? Welche verrückten oder ungewöhnlichen Ideen gibt es im Zusammenhang mit dieser Frage?
- ✗ Wie würde ein weiser und gerechter Richter in dieser Fragestellung vorgehen?

- ✗ Wie sieht das vorläufige Fazit am Ende dieses Prozesses aus? Welche neuen Aspekte haben sich herauskristallisiert? Bräuchte es eventuell eine weitere Auseinandersetzung mit einer der vorgenannten Perspektiven?
- ✗ Welche Wechselwirkung der einzelnen Sichtweisen hat sich ergeben?

Bewerten Sie jetzt bitte noch einmal Ihre Einschätzungen auf den bereits oben eingeführten Skalen: Wo würden Sie sich aktuell verorten? Hat sich Ihr Urteil verändert? Wenn ja, in welche Richtung und wie weit? Wie schätzen Sie nun die Qualität Ihrer Beurteilung ein?

Nehmen Sie sich bitte jetzt kurz Zeit, die vorangegangenen Schritte zu reflektieren.

- ✗ Was war interessant an diesem Prozess?
- ✗ Was war nützlich?
- ✗ Wie hat sich der Ablauf auf Ihre Meinungsbildung ausgewirkt?
- ✗ Welche Fragen sind aufgetaucht?

Die Elemente des Partizipativen Denkens

> Bei einem Denker sollte man nicht fragen: welchen Standpunkt nimmt er ein, sondern: wie viele Standpunkte nimmt er ein? Mit anderen Worten: Hat er einen geräumigen Denkapparat oder leidet er an Platzmangel, das heißt: an einem »System«?
>
> *Egon Friedell (1878–1938), österreichischer Schriftsteller und Kulturphilosoph*

Nachdem Sie nun eine Kurzform des Partizipativen Denkens in Aktion erlebt haben, möchte ich Ihnen die Hintergründe dieses Werkzeugs vorstellen.

Sehen wir uns dafür die Abb. 24 an: Das Partizipative Denken setzt sich aus insgesamt sechs Hauptdenkfiltern zusammen: Kontext, Kreativität, Information, Emotion, Intuition und Synthese. Diese Filter stehen für die Ausrichtung der Wahrnehmung auf verschiedene Bereiche der Wirklichkeit. Sie berücksichtigen das Menschsein in seiner Vielfalt und Komplexität. Unsere Emotionen sind ebenso vertreten wie das Logische und Systemische Denken, die Intuition spielt eine gleichermaßen große Rolle wie unsere Kreativität. Doch partizipativ ist das Denken erst dann, wenn alle Denkrichtungen voneinander profitieren und sich wechselseitig an ihrer Unterschiedlichkeit teilhaben lassen. Diese Idee wird durch das Zentrum der Abbildung symbolisiert: die Synthese des Denkens. Nachdem wir alle Wahrnehmungspositionen durchlaufen haben, ist Raum für etwas Neues entstanden. Unsere innere Vielfalt durfte zum Ausdruck kommen, alle Anteile unseres Selbst wurden gehört. Durch diesen Austausch der verschiedenen Denkweisen wird eine Schnittmenge gebildet (dargestellt durch die Kreise), die größer ist als die ursprünglichen Sichtweisen für sich allein genommen. Im Zentrum steht nun die *Synthese* dieses facettenreichen Spektrums: Die einzelnen Wahrnehmungsbereiche haben aneinander *partizipiert* und werden zu einem sinnvollen Ganzen verknüpft.

Häufig starten wir einen solchen Erkundungsprozess mit dem Fokus *Emotion*. Das Denken wird mitunter recht massiv von Gefühlen und damit verbundenen Wertvorstellungen beeinflusst. Um diesen »unter Wasser« liegenden Strömungen nicht einfach ausgeliefert zu sein, sehen wir uns zunächst einmal an, wie die emotionale Haltung zu einer Fragestellung ist. Wenn wir von bestimmten Emp-

Abb. 24

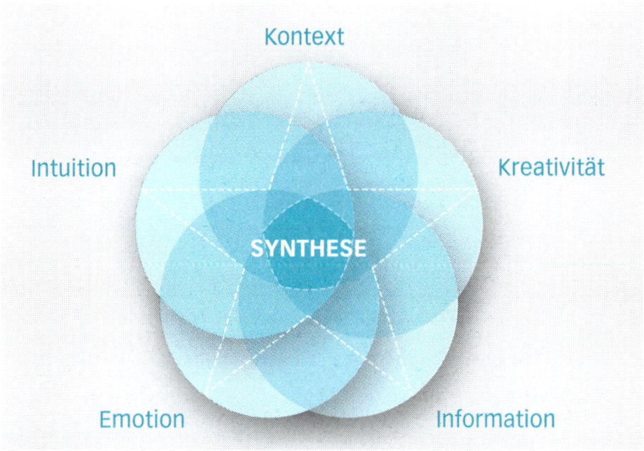

findlichkeiten wissen, verlieren sie bereits ein Stück Macht über uns. Hier darf man sich erlauben, *alles* zu spüren, ohne dass man sich selbst oder anderen dafür Rechenschaft ablegen muss. Zu Beginn einer gedanklichen oder tatsächlichen Auseinandersetzung mit einem Thema oder einer Person kann dieser Wahrnehmungsbereich helfen, die entwicklungsgeschichtlich gesehen wesentlich älteren Teile des Gehirns einzubeziehen. Schichten, in denen die Ratio keine Rolle spielt, sondern Gefühle von Macht und Sicherheit, Behauptung und Angst um das Überleben die Oberhand haben.

In einer gefühlsmäßig aufgeladenen Lage kann genau dieser Filter den entscheidenden Unterschied machen. Wenn Menschen die Gelegenheit gegeben wird, sich emotional einzubringen, ohne dass das zu einer großen Sache aufgebauscht wird, gelangt man paradoxerweise viel schneller zu den Inhalten. Wird der Bereich der Gefühle vernachlässigt, hat das meist fatale Auswirkungen.

Vor allem in Gruppen wird diesem Aspekt aus einer diffusen Angst vor Emotionen häufig kein Raum zugestanden. Die Teilnehmer tragen ihre Befindlichkeiten dann an anderen Stellen in das Gespräch hinein, blockieren vielleicht eine sachliche Diskussion oder beharren auf merkwürdigen Standpunkten – die Gefühlsebene dominiert die Inhaltsebene.

Unter dem Blickwinkel *Information* beleuchten wir alle Aspekte, die zur Faktenlage einer Situation gehören. Unsere Ziele finden hier genauso Berücksichtigung wie alle positiven und negativen Kriterien einer Sachlage. An dieser Stelle halten wir unter anderem Ausschau danach, ob alle Daten vorliegen und welche Fragen noch zu klären sind.

Wir benötigen als Ausgleich zum Fokus auf die Einzelheiten den Blick für die Zusammenhänge: den Filter *Kontext*. Auf dieser Wahrnehmungsposition betrachten wir weniger die einzelnen Bestandteile einer Situation als vielmehr deren Beziehungen: Das Ganze ist mehr als die Summe seiner Teile. »Wie hängt alles miteinander zusammen?«, »Wo liegen mögliche Ansatzpunkte mit hoher Hebelwirkung?« und »Welche Konsequenzen hätte mein Handeln auf andere Menschen?« sind nur einige der Fragen, die uns hier beschäftigen.

Weil eine rein logisch-analytische Anschauung aufgrund der Muster bildenden Natur des Verstandes nicht ausreicht, um komplexe Zusammenhänge zu ergründen, bedürfen wir des Filters *Kreativität*. Mit diesem Schwerpunkt öffnen wir uns einer rundherum anderen Art zu denken – wir suchen nach Bewegung und Vielfalt statt nach Logik und Qualität. Wir lassen alte Betrachtungsweisen hinter uns und geben der Vielzahl alternativer Sichtweisen genügend Raum. Wir benötigen diese Denkrichtung, um jenseits des inneren Richters zu unseren ureigenen Talenten und Stärken zu finden. Hier können wir wirklich das bedenken, was zunächst undenkbar erscheint. Unter diesem Filter schenken wir uns selbst die Erlaubnis, wieder zu werden wie Kinder. Speziell diese Haltung kann uns die tiefe Freude und Befriedigung am Denken zurückgeben. Wir dürfen einfach alles erwägen und sind frei wie die Vögel am Himmel, die Gedanken von hier nach dort schweifen zu lassen.

Der Fokus *Intuition* gibt Bereichen in uns Raum, die wir herkömmlicherweise mit »Inspiration« beschreiben. Wir fragen uns hier zum Beispiel, was die Situation von uns verlangt oder was wir tun würden, wenn wir keinerlei Angst hätten.

Ein Denkstil, dem eine besondere Stellung zukommt und der deshalb im Zentrum des Partizipativen Denkens steht, ist die *Synthese*. Von hier aus überblicken wir alle anderen Wahrnehmungspositionen in einer Gesamtschau. Wir gehen auf den Berg, halten inne und ziehen Fazit. Es ist der Aufmerksamkeitsbereich, der alle übrigen Blickwinkel mit einschließt und transzendiert. »Welche Beziehung haben die einzelnen Sichtweisen untereinander?« und »Wie beeinflussen sie sich wechselseitig?« sind die Fragen, die hier im Mittelpunkt der Aufmerksamkeit stehen. Dieser Fokus nimmt diejenigen Qualitäten in den Blick, die durch das Zusammenspiel der anderen Positionen entstanden sind.

Alle diese Hauptfilter fächern sich später noch in Unterbereiche auf, wie es in der Matrix des Partizipativen Denkens (Seite 220) dargestellt ist. Diese Unterbereiche repräsentieren die verschiedenen Facetten eines Hauptfilters. Sie können sich je nach Situation auf die Kurzform der Matrix beschränken oder feinere Unterscheidungen vornehmen.

Sie finden die Aufstellung der kürzeren Variante ebenso im Anhang wie auch die vollständige Struktur.

Für viele Belange reicht die geraffte Fassung des Partizipativen Denkens gut aus.*

Die Reihenfolge der verschiedenen Filter

PRAKTISCH UNDENKBAR

Womit wird die Sequenz passenderweise fortgesetzt?

A B C D _

(Hinweis unter »Nur allzu leicht« auf Seite 186)

Viele Anwender des Partizipativen Denkens fragen sich, in welcher Reihenfolge man die einzelnen Wahrnehmungspositionen durchlaufen sollte. Ich habe dazu vor allem die folgenden Hypothesen: Die letzte Perspektive – Synthese – macht nur Sinn, wenn man die vorausgegangenen Filter erkundet hat, sodass ich diesen Blickwinkel immer an das Ende eines Zyklus stellen würde. Selbstverständlich kann diese Synthese zum Ausgangspunkt eines neuerlichen Erkundungsprozesses werden.

Bei komplexen und affektiv aufgeladenen Themen ist es meiner Erfahrung nach sinnvoll, mit dem Wahrnehmungsbereich »Emotion« zu starten. Erst wenn wir uns klargemacht haben, inwieweit wir von einer Sache gefühlsmäßig betroffen sind, gewinnen wir die Freiheit, sachlich darüber nachzudenken. Umgekehrt funktioniert es nicht. Den Blickwinkel »Information« als nächsten Schritt zu wählen, ist deshalb wichtig, weil wir uns zunächst einmal bewusst werden müssen, was das Ziel in einer Angelegenheit ist. Sind wir diesbezüglich unpräzise,

* Um das Partizipative Denken in alltäglichen Situationen gut anwenden zu können, ist es hilfreich, visuellen Zugriff darauf zu haben. Unter www.das-waere-doch-gedacht.de haben Sie die Möglichkeit, ein farbiges Kartenset zu erwerben. Hier sind alle Aspekte der Matrix anschaulich zusammengefasst und mit Beispielen versehen.

fehlt der erforderliche Kontext, um unser Wissen sinnvoll einsortieren zu können.

Nachdem wir überprüft haben, welche Daten uns zur Verfügung stehen, gehen wir unter dem Fokus »Kreativität« auf Ideensuche. Diese Reihenfolge ist wichtig, weil wir nur so dem Chaos des innovativen Prozesses ein Mindestmaß an Struktur verleihen. Das Ziel und die Faktenlage werden zur Basisstation des schöpferischen Höhenflugs.

Nach dem Sammeln von Ideen und dem damit verbundenen »Gedankensturm« könnte es hilfreich sein, das Denken erst einmal wieder zu beruhigen und Kontakt zu Bereichen in uns aufzunehmen, die wir herkömmlicherweise mit »Inspiration« oder »Muse« beschreiben. Im kreativen Prozess gibt es das Phänomen der Inkubationszeit – neue Blickwinkel brauchen Zeit, um in ihren Implikationen wirklich verstanden zu werden. Deshalb kommt an dieser Stelle die Sichtweise »Intuition« zum Tragen.

Und natürlich kann man auch alles ganz anders machen und erzielt damit verschiedenartige Ergebnisse. Experimentieren Sie mit der Reihenfolge, werfen Sie all meine Vorschläge über den Haufen und erfinden Sie neue Schritte und Bezüge. Es geht beim Undenkbaren Denken nicht um ein abgeschlossenes System, sondern um ein Prinzip namens *Flexibilität*.

Energy flows, where attention goes

ZEIT, NEU ZU DENKEN

Scharf sehen

Fokussieren Sie bitte irgendeine Stelle in diesem Buch – eine Abbildung oder ein Wort, einen Satzteil – und halten Sie Ihre Aufmerksamkeit einen Moment lang auf diesen Punkt gerichtet. Beziehen Sie dann – ohne den Blickwinkel zu verändern – auch Wörter, Satzteile neben Ihrem Fokus mit ein. Erweitern Sie den Blick rund um Ihren Brennpunkt.

Wir können nur einen sehr begrenzten Ausschnitt der visuellen Wahrnehmung scharf sehen, schon wenige Millimeter neben dem Fokuspunkt verschwimmen die anderen Bereiche. Das fällt uns normalerweise nicht auf, weil die Augen ständig in Bewegung sind und uns somit den Eindruck eines kontinuierlichen und deutlichen Bildes unserer Umgebung vermitteln. Dennoch ist diese Anmutung eine Illusion.

Unser Bewusstsein ist wie ein Scheinwerferstrahl, der über eine dunkle Bühne wandert. Das Spotlight nimmt einen engen Ausschnitt dessen, was auf dem Podium ist, ins Zentrum der Aufmerksamkeit. Das wird hell bis grell erleuchtet und gut erkannt. Was die anderen Facetten anbelangt – die liegen in diesem Moment in großer Dunkelheit. Der Zusammenhang zwischen dem fokussierten Objekt und den im Dunklen liegenden Zonen wird nicht hergestellt. Dazu müssen wir die Aufmerksamkeit bewusst auf die Beziehungen richten statt auf die isolierten Gegenstände.

Das »Individuum« (der Einzelne) erfährt in der westlichen Weltanschauung höchste Wertschätzung. Die Überbetonung des Individuellen in unserem Kulturkreis verliert allerdings häufig die Beziehung der Objekte und Menschen untereinander aus den Augen. Diesen Mangel versucht das Partizipative Denken auszugleichen. Es richtet die Aufmerksamkeit nicht ausschließlich auf eine bestimmte Sache, sondern wirft das Scheinwerferlicht gestreuter auf die Bühne. Mehr Details und Zusammenhänge werden sichtbar. Es zeigt sich nun eher, wie alles in Beziehung zueinander steht und das Gesamtbild beschaffen ist.*

Abb. 25

Aufgrund der Musterbildung unseres Gehirns gibt es eine Tendenz, den Scheinwerfer auf einzelne Stellen zu richten, ohne weitere Bereiche auf dem Podium überhaupt in Augenschein zu nehmen. Wir sehen nur einen kleinen Teil des Schauspiels und halten ihn für das gesamte Bild. Unser

* Insofern bezieht das Partizipative Denken einige Inspiration vom Systemischen Denken.

Bewusstsein *muss* so arbeiten. Es hat gar keine andere Möglichkeit, da es nur über eine eingeschränkte Bandbreite verfügt.

Analysiert man die Dinge durch eine zu scharfe Brille, verliert man die Gesamtzusammenhänge aus den Augen. Wenn man eine umfassende Sichtweise einnehmen will, muss man die Aufmerksamkeit bewusst schweifen lassen.*

Die Filter willentlich wechseln

PRAKTISCH UNDENKBAR

Ein Bauer war gerade auf seinem Feld, als plötzlich ein weißes Pferd auf ihn zukam. Sekunden später war der Bauer spurlos verschwunden und nur noch das Pferd war da.

Was ist hier passiert?

(Hinweis unter »Don Quichotte« auf Seite 185)

Das Partizipative Denken ist ein fortlaufender Reframing-Prozess.** Wir verändern unseren Rahmen und somit verändert sich die Bedeutung dieser Angelegenheit. Man wechselt absichtsvoll in verschiedene Standpunkte hinein, ohne Rücksicht darauf, ob man sich darin wiederfindet oder nicht. Man macht es einfach. Punkt. Durch diese beständige Fluktuation wird implizit klar, dass wir unmöglich eine bestimmte Auffassung sein können. Denn wie könnten wir sie sonst so leichtfüßig wechseln?

Verharren wir bei einer Sichtweise, stellt sich schnell ein Gefühl von Härte und Unbeweglichkeit ein. Im Prozess des Partizipativen Denkens

---

* Die Übereinstimmung mit den Aussagen der Quantenphysik zum Phänomen der Heisenbergschen Unschärferelation ist augenfällig: Wenn wir den Ort eines Teilchens exakt bestimmen wollen, können wir nichts mehr über seinen Impuls sagen. Wenn wir etwas über seinen Impuls in Erfahrung bringen wollen, verlieren wir die Möglichkeit, es genau zu lokalisieren. Beides zusammen geht nicht.

** Der Begriff »Re-Framing« meint übersetzt in etwa »einen neuen Rahmen setzen«. Man könnte auch »Re-Kontextualisieren« dazu sagen.

erleben wir nahezu beiläufig die Fähigkeit, unsere Identifikationen loszulassen, und die daraus resultierende Flexibilität. Wir *sind* nicht diese oder jene Meinung. Wir sind etwas, das viel größer ist als ein spezieller Blickwinkel. *Wir sind unter anderem die Freiheit, zwischen verschiedenen Anschauungen zu wechseln.*

Die Landkarte erweitern

> Eine Entdeckung besteht darin, dasselbe zu betrachten wie alle anderen und sich dabei etwas anderes zu denken.
>
> *Albert Szent-Györgyi (1893–1986), Nobelpreis für Medizin (1937)*

PRAKTISCH UNDENKBAR

Abb. 26

Vor Ihnen liegen vier Kärtchen (s. Abb. 26), die auf der Vorder- und Rückseite bedruckt sind. Jede hat auf der einen Seite einen Buchstaben und auf der anderen Seite eine Zahl. Die Karten folgen einer bestimmten Regel: Wenn auf der einen Seite der Karte ein Vokal steht, muss auf der anderen Seite eine gerade Zahl gedruckt sein.
Welche Karte(n) müssen Sie *auf jeden Fall* umdrehen, um herauszufinden, ob irgendeine der Karten nicht der Regel entspricht?
Wenn Sie die Lösung gefunden haben, notieren Sie sie bitte auf, wir kommen im nächsten Kapitel darauf zurück.

Viele der in diesem Buch vorgestellten Werkzeuge entschleunigen den Denkprozess und verschaffen uns die nötige Ruhe, um den Raum der Erkundung zu betreten. Wir nehmen uns die Zeit, in verschiedene Richtungen zu schauen, und verzögern die Urteilsbildung. Wir tun dies zumindest so lange, bis wir überzeugt sind, dass wir die zur Verfügung stehenden Informationen gesichtet und nötigenfalls berücksichtigt haben.

Sehen Sie sich bitte die Abb. 27 an. Wenn wir den Auftrag hätten, vom Standort zum Ziel zu marschieren, wären wir versucht, den direkten Weg einzuschlagen. Vergrößert sich die Landkarte, wird deutlich, dass er in eine Sackgasse führt (s. Abb. 28).

Mit dem Partizipativen Denken und dem damit verbundenen systematischen Wechsel der Perspektiven vergrößern wir unsere Weltsicht. Wir zoomen durch den Raum der Betrachtung und erhalten neue Einsichten in Zusammenhänge, die uns aufgrund des kleinen Ausschnitts der Wahrnehmung vorher nicht zugänglich waren. Natürlich bleibt eine Landkarte immer eine Landkarte. Sie ist nie das Territorium. Jeder Plan ist beschränkt und lückenhaft. Wir erweitern sie deshalb nur so lange, wie es sinnvoll und nützlich ist.

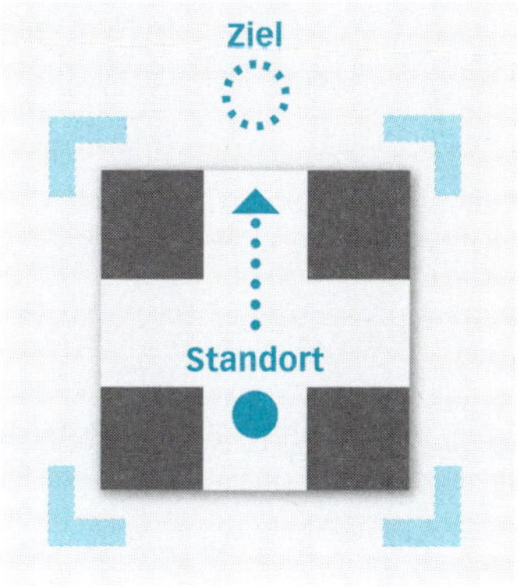

Abb. 27

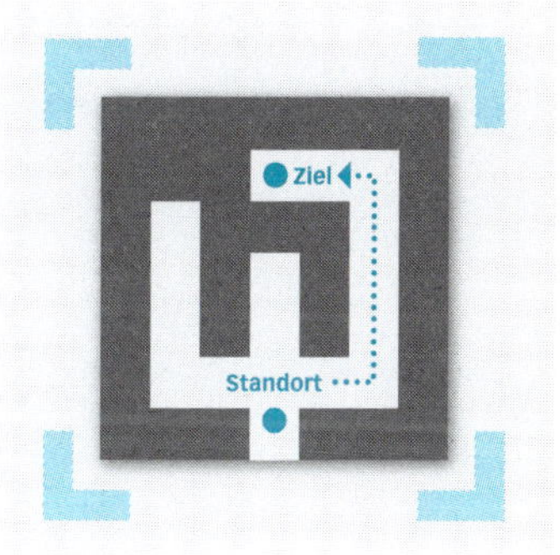

Abb. 28

Konflikt liegt in der Natur der Sache

Nach dem Physiker Niels Bohr müssen wir immer zwei Sichtweisen auf eine Sache haben, die sich zwar widersprechen mögen, aber dennoch zusammengehören und erst dadurch das Ganze ergeben.

Ernst Peter Fischer (geb. 1947), deutscher Wissenschaftshistoriker und Wissenschaftspublizist

In einem stockdunklen Raum sind vier Menschen, die berichten sollen, was sich an diesem Ort befindet. Der eine sagt: »Es handelt sich um einen Baum.« Eine andere Person meint: »Wir haben es hier mit einem dicken Seil zu tun.« Wieder ein anderer ist überzeugt: »Ich fühle einen Wasserschlauch.« Und der Vierte tut kund: »Ich nehme einen Fächer wahr.« Als im Zimmer das Licht angeknipst wird, stellen alle fest, dass sie mit einem Elefanten eingesperrt waren. Der eine hat die Beine ertastet, die anderen den Schwanz, Rüssel und ein Ohr.

Alle haben etwas anderes wahrgenommen. Alle haben recht. Keiner hat recht. Alle haben recht und unrecht. Alle haben weder recht noch unrecht.

Kompliziert? Durchaus. So komplex wie die Realität. Willkommen zu Hause.

Es gibt so etwas wie eine überpersönliche Natur einer jeden Auseinandersetzung. Wir leben in einer Welt der Dualität. Die verschiedenen Blickwinkel zweier Konfliktparteien sind in vielen Fällen jede für sich genommen angemessen und für Außenstehende oft leicht nachvollziehbar.

Die immer wieder entstehenden Differenzen liegen offenbar im Wesen der Wirklichkeit selbst begründet – nämlich in ihrer möglichen Vieldeutigkeit oder in der Abwesenheit von Eindeutigkeit in ihr. Bei Licht betrachtet ist es geradezu unvermeidlich, dass Konflikte* auftreten. Menschen können die Welt verschiedenartig wahrnehmen und machen ausgiebig Gebrauch davon. Ich nehme etwas anderes wahr als Sie. Unsere Auffassung stimmt in kleinen oder großen Teilen nicht überein. Möglicher Streit. Allein weil unsere Erfahrungshintergründe so verschieden sind, ist es nicht verwunderlich, dass wir den Dingen unterschiedliche Bedeutungen verleihen. Die multiperspektivische Welt fordert Auseinandersetzungen geradezu heraus, ist schon potenzieller Disput.

---

* Das Wort »Konflikt« stammt ursprünglich vom lateinischen »confligere« ab, was zunächst nur »zusammentreffen«, dann aber auch »kämpfen« heißt. Allein, man trifft sich also, und schon hat man einen Konflikt.

Das Partizipative Denken bricht mit den uns vertrauten Wahrnehmungsmustern und hält uns an, immer noch eine alternative Sichtweise zuzulassen. Gelingt es uns, diese Haltung auch in spannungsgeladenen Situationen einzunehmen, können wir uns ein Stück weit über die Natur des menschlichen Konflikts erheben und von da aus zum Übersetzer für uns und andere werden.

Im Denkumdrehen

- ✗ Komplexität reduzieren, wo möglich. Die eigene Landkarte erweitern, wo nötig.
- ✗ Unser Denken ist häufig ein heilloses Durcheinander.
- ✗ Das Wechseln des Kontextes ist ein aktives Deuten der Wirklichkeit. Wir interpretieren unsere Realität auf verschiedene Weisen und erhalten unvermeidlich neue Be-*Deutungen*.
- ✗ Die herkömmliche Art des Denkens untersucht vor allem das »*Was ist?*«. Das Innovative Denken fragt: »*Was könnte sein?*«
- ✗ Unser Geist führt uns in Richtung der Transzendierung von Bedeutung, er hat jedenfalls einen eingebauten Belohnungsmechanismus dafür.
- ✗ Der Zustand der Indifferenz ist oftmals der Boden für wirklich neue Ideen.
- ✗ Undenkbares Denken erfordert Mut von uns, weil wir auch lieb gewonnene Meinungen und Vorurteile loslassen müssen.
- ✗ In allen Formen des Undenkbaren Denkens geht es darum, die Ideenfindung und die Bewertung voneinander zu trennen.

- ✗ Der Prozess des Undenkbaren Denkens verlangt von uns den Mut, auch Unvollkommenes, Unfertiges, Rohes, Fehlerhaftes, Hässliches, Lächerliches, Absurdes, Verwerfliches und Unverschämtes zu denken.
- ✗ Eine wesentliche Kraft im menschlichen Geist ist die Bewegungsenergie.
- ✗ Wir sehen nicht, dass wir nicht sehen.
- ✗ Wir brauchen Wahrhaftigkeit, um das Ausmaß der eigenen Beschränkungen zu realisieren.
- ✗ Die größte Unfreiheit besteht darin, nicht zu erkennen, dass man unfrei ist.
- ✗ Provokation ist die Mutter der Innovation.
- ✗ Beim Entwickeln neuer Ideen geht es einzig und allein um den *Bewegungsimpuls* eines Gedankens, nicht um seinen Gehalt.
- ✗ Eine Vielzahl von Einfällen (und damit Qualität) erreicht man vor allem durch die Verzögerung der Urteilsbildung.
- ✗ Es ist wichtig, den Unterschied zwischen den Ebenen »Idee« und dahinterliegendem »Prinzip« zu verstehen. Mit diesem Wissen lassen sich auch abseitige Ideen verwerten.
- ✗ Eine Idee ist ein Prinzip in Aktion.
- ✗ Unsere Angst vor dem Unbekannten ist häufig größer als unser Verlangen, ein Problem wirklich zu lösen.
- ✗ Das Undenkbare Denken ist kein abgeschlossenes System, sondern dreht sich um ein Prinzip namens *Flexibilität*.
- ✗ Untersucht man die Dinge mit zu scharfem Blick, verliert man die Gesamtzusammenhänge aus den Augen.
- ✗ Wir sind viel größer als ein spezieller Blickwinkel. Wir sind unter anderem die Freiheit, zwischen verschiedenen Sichtweisen zu wechseln.
- ✗ Das Undenkbare Denken entschleunigt den Denkprozess und vergrößert unsere Landkarten.
- ✗ Konflikte sind nahezu unvermeidlich. Ihre Entstehung ist eine natürliche Konsequenz einer multiperspektivischen Welt.

WAS DENKEN MIT (SELBST-) FÜHRUNG ZU TUN HAT

Emotionale Intelligenz – intelligente Emotionalität

> Man kann das Gefühl nicht vom Denken trennen wie Schichten einer Torte. Vielmehr sind Vernunft und Gefühl immer ineinander verschlungen.
>
> *António R. Damásio (geb. 1944), Neurowissenschaftler und Buchautor*

Gefühle *sind* einfach

PRAKTISCH UNDENKBAR

Stellen Sie sich vor, Sie wollen sich einen neuen Taschenrechner kaufen, der 15 Euro kostet. Während Sie noch überlegen, erzählt Ihnen ein anderer Kunde, dass es das gleiche Gerät in einem anderen Geschäft für zehn Euro gibt. Sie müssen dazu ca. zehn Minuten mit dem Auto fahren. Würden Sie das tun?
Schreiben Sie bitte Ihre Antwort auf, wir kommen später darauf zurück.

Treffen wir gleich zu Beginn eine Unterscheidung für den Begriff der »Emotionalen Intelligenz«:

Sprechen wir vom *Umgang mit uns selbst*? Oder geht es um den *Kontakt mit anderen Menschen*?

Beide Kontexte benötigen unterschiedliche Formen von Emotionaler Intelligenz. In der Beziehung zu uns selbst geht es um innerpsychische Strategien, zum Beispiel, wie wir einen wohlwollenderen inneren Dialog führen können. Im Kontakt zu Mitmenschen stellt sich dahingegen eher die Frage, *ob* und *wie* man die eigenen Empfindungen ausdrückt. Keine Emotion ist für sich genommen schlecht oder gut. Gefühle *sind* einfach; wie wir damit verfahren, ist unserer Kreativität überlassen, jedenfalls haben wir großen Spielraum dabei.

Um emotional intelligent agieren zu können, braucht es einen gewissen Abstand zu den eigenen Reaktionen. Allerdings darf diese Distanzierung nicht auf eine Art erfolgen, dass man sich vollkommen von den Empfindungen abspaltet. Auch das wäre wieder ein Muster und würde uns unfrei zurücklassen. Es ist wichtig, Gefühle wirklich zu spüren – ohne sie zu dramatisieren, aber auch ohne sie abzuschwächen: *mit* ihnen zu sein, ohne *in* ihnen zu sein.

Denken und Fühlen gehören untrennbar zusammen

PRAKTISCH UNDENKBAR

Abb. 29

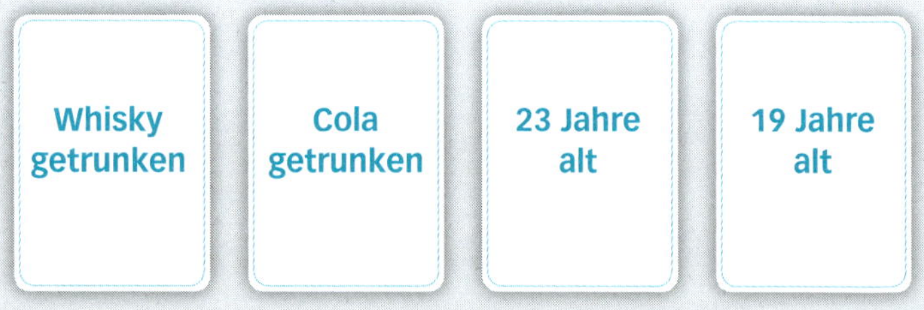

Stellen Sie sich vor, Sie sind stolzer Besitzer einer Kneipe und müssen strikt darauf achten, dass Minderjährige keinen Alkohol bei Ihnen trinken. Erst vor Kurzem gab es in dieser Sache einen riesigen Skandal und Sie wollen alles dafür tun, um sich nichts zuschulden kommen zu lassen. Laut Gesetz liegt das Mindestalter für Alkoholkonsum bei 21 Jahren.

Auf den abgebildeten Karten (Abb. 29) stehen Informationen über das Alter und die Konsumgewohnheiten von vier verschiedenen Besuchern Ihres Lokals. Auf der einen Seite ist das Lebensalter des jeweiligen Gasts abgedruckt, auf der anderen ihr Getränkekonsum.
Kreuzen Sie nun die Karte/n an, die Sie auf jeden Fall umdrehen müssen, um herauszufinden, ob irgendeiner der vier Gäste gegen das Gesetz des Mindestalters verstoßen hat. Machen Sie das bitte jetzt.

(Lösung unter »Eigentlich logisch« auf Seite 198)

Untersuchungen haben gezeigt, dass Menschen, deren präfrontaler Kortex (Hirnlappen) beschädigt ist, zwar noch immer einen ungetrübten Verstand besitzen; ihre Fähigkeit, Entscheidungen zu treffen, ist aber massiv beeinträchtigt. Und zwar dann, wenn der Teil des Kortex in Mitleidenschaft gezogen ist, der mit dem limbischen System und insbesondere dem Mandelkern verbunden ist. Das rationale Denken stützt sich nicht nur auf den Neokortex, sondern auf weit ältere Hirnbereiche. Forscher wie der Neurologe António R. Damásio kommen zu dem Schluss, dass für unsere Rationalität die Gefühle absolut unerlässlich sind. Erst weisen die Empfindungen uns den grundsätzlichen Weg, dann kommt die Logik ins Spiel, die ihre nüchternen Betrachtungen anstellt. Die Emotionen stellen uns in einer Welt der schier unüberschaubaren Komplexität erste Orientierungspunkte zur Verfügung; sie erlauben uns eine zumindest grobe Vorsortierung des Territoriums. Das rationale Denken kann dann die vorab getroffene Auswahl feiner ausdifferenzieren.

Das Denken und die Gefühle stehen in einem weit engeren Verhältnis, als wir es in einer Kultur des »Ich denke, also bin ich« bisher angenommen haben. Gefühle beeinflussen den Verstand zutiefst – häufig, ohne dass wir es bemerken. Andererseits können wir mittels der Gedanken tief greifenden Einfluss auf die Emotionen nehmen. *Unsere Fähigkeit, sinnvoll zu denken und zu entscheiden, entsteht erst im Zusammenspiel zwischen Vernunft und Gefühl.*

Wir haben immer die Wahl

Vermeiden Sie unter allen Umständen, sich die Rolle des Opfers anzueignen … Egal wie entsetzlich Ihre Umstände auch sein mögen, versuchen Sie nicht, die Schuld irgendjemandem oder irgendetwas anderem zuzuschieben.

Joseph Brodsky (1940–1996), Nobelpreis für Literatur (1987)

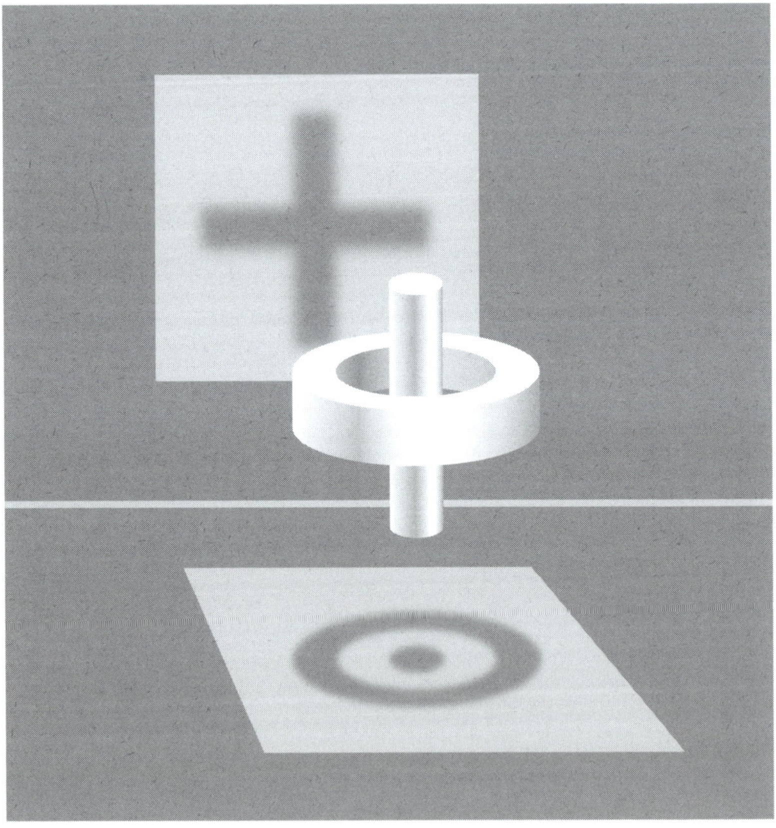

ZEIT, NEU ZU DENKEN

Schöne Momente

Rufen Sie sich bitte einen Augenblick in Erinnerung, in dem Sie das Gefühl hatten, sehr zufrieden mit sich und der Welt zu sein. Es muss kein ganzer Tag sein, sondern einfach nur ein bestimmter Moment. Versuchen Sie sich so genau wie möglich daran zu erinnern. Was hat diesen Augenblick so besonders gemacht? Und was noch? Sammeln Sie so viele konkrete Elemente, wie Sie können. Nehmen Sie sich dafür ca. zwei bis drei Minuten Zeit.

Wie ist Ihre Stimmung nach dieser Übung?

Der Fokus der Aufmerksamkeit spielt beim Undenkbaren Denken eine tragende Rolle. Auch im Umgang mit den Gefühlen kommt ihm entscheidende Bedeutung zu. Es gibt dazu eine interessante Untersuchung von Psychologen, die sich gefragt haben, welche Faktoren dazu führen, dass wir glücklich sind. Für diesen Versuch wurden verschiedene Gruppen gebeten, sich geraume Zeit lang Aufzeichnungen in Form eines Tagebuchs zu machen.

Die erste Gruppe war aufgefordert, täglich kurze Bemerkungen aufzuschreiben, die den jeweiligen Tag betrafen. Die zweite hatte ebenfalls den Auftrag, ein paarmal in der Woche Notizen anzufertigen. Allerdings sollte sie darüber reflektieren, womit sie in ihrem Leben zufrieden war, egal ob es sich um »große« oder »kleine« Dinge handelte. Die Kontrollgruppe machte nichts von alledem. Alle drei Gruppen wurden vor und nach der Versuchsdurchführung gebeten, sich selbst in ihrem subjektiven Glücksempfinden einzuschätzen.

Bei der Kontrollgruppe und der ersten Gruppe, die sich tagebuchartige Aufzeichnungen machen sollte, konnte kein signifikanter Unterschied in der persönlichen Glückseinschätzung festgestellt werden. Die Gruppe jedoch, die sich wiederholt Gedanken darüber gemacht hatte, womit sie in ihrem Leben zufrieden war, verzeichnete einen deutlichen Anstieg des eigenen Glücksempfindens.

Unabhängig von äußeren Gegebenheiten geht eine große Wirkung von der Ausrichtung der Wahrnehmung aus. Richten wir den Fokus auf Aspekte in unserem Leben, die zufriedenstellend sind, vertieft sich das Gefühl des Wohlbefindens. Halten wir dahingegen ständig Ausschau nach Dingen, die schwierig sind (ja, es gibt sie), werden die Emotionen auch darauf reagieren – diesmal mit spürbarer Frustration. Wir können unseren Eindruck von Glück und Zufriedenheit durch willentliche Ausrichtung des Blickpunkts erheblich beeinflussen. Wir müssen deshalb ja nicht blind dafür sein, was nicht in Ordnung ist.

Das sogenannte positive Denken halte ich für entschieden zu eindimensional, führt es in letzter Konsequenz doch nur zur Verdrängung von Leid, das nun einmal Bestandteil der menschlichen Existenz ist. Allerdings könnte es sein, dass wir gelernt haben, viel häufiger danach zu schauen, was schlecht läuft. Womöglich ist diese Haltung recht tief verwurzelt in unserer Gesellschaft. So soll es doch tatsächlich Völker geben, die einen weit niedrigeren Lebensstandard (definiert durch materielle Anhäufungen) ihr Eigen nennen, sich aber auf einer subjektiven Glücksskala höher einstufen als wir. Trotz (oder wegen?) allem Luxus gelingt es uns nur noch gelegentlich, auf Dinge zu schauen, die uns froh stimmen.

Wir haben immer die Wahl, das zu ändern. Jederzeit. Jetzt.

Im Spielraum geistiger Gesundheit

Denn an sich ist nichts weder gut noch schlimm; das Denken macht es erst dazu.

William Shakespeare (1564–1616): »Hamlet«

PRAKTISCH UNDENKBAR

Ein mittelalterlicher Spion will in eine gut bewachte Burg eindringen. Dazu muss er aber den Wächtern am Burgtor die richtige Parole nennen. Er versteckt sich also nahe am Eingang und wartet, bis jemand in die Burg hinein will.

Nach einiger Zeit kommt ein Händler auf einem Wagen und verlangt Einlass. Der Burgwächter sagt: »28. Was ist deine Antwort?« Der Händler antwortet mit »14« und wird eingelassen.

Danach kommt ein junges Bauernmädchen. Der Wächter sagt nun: »8. Was ist deine Antwort?« Das Mädchen antwortet mit »4« und wird eingelassen.

Später steht ein Mönch vor dem Burgtor und der Soldat fragt: »16. Was ist deine Antwort?« Der Mönch antwortet mit »8« und wird eingelassen.

Der Spion glaubt nun, alles zu wissen, und macht sich auf den Weg zum Burgtor. Der Wächter stellt sich ihm in den Weg und sagt: »14. Was ist deine Antwort?« Der Spion antwortet »7« und will weiterlaufen. Aber bevor er auch nur einen Schritt machen kann, wird er gepackt und ins Verlies geworfen.

Wie lautet die richtige Parole in diesem Fall?

(Hinweis unter »Parole bieten« auf Seite 185)

Den Aufmerksamkeitsfokus zu verengen, kann im Bereich der Emotionen geradewegs in die Neurose führen.

Nehmen wir einmal an, Sie sind auf einer Party in ein formvollendetes Fettnäpfchen getreten und haben dabei einen Bekannten gekränkt (so was soll vorkommen). Plötzlich können Sie nur noch Ihre eigene Unfähigkeit wahrnehmen, mit anderen Menschen in Beziehung zu treten (die es durchaus geben mag – in *manchen* Momenten). In diesem Augenblick ist es unvorstellbar, dass es jemals anders war oder je wieder anders sein könnte. Sie blenden in Ihrem Denken alle Ausnahmen aus, die es irgendwann einmal hinsichtlich dieser Selbstvorwürfe gegeben hat. Damit ist nur noch ein begrenzter Ausschnitt all Ihrer Fähigkeiten und Ressourcen verfügbar. Und da Sie jetzt tatsächlich das Gefühl haben, beschränkt zu sein, verhalten Sie sich auch so und … die Abwärtsspirale hat Fahrt aufgenommen. Wenn Sie nicht höllisch aufpassen, geraten Sie womöglich in extrem negative Gefühlszustände bis hin zu wahrhaft neurotischen Anwandlungen.

Auf diesem Hintergrund könnte man *geistige Gesundheit* definieren als *die Fähigkeit, verschiedene Bewusstseinsräume (= Gefühle, Gedanken) zu betreten, aber auch die Freiheit zu haben, sie wieder verlassen zu können.*

Es existieren Berichte von amerikanischen Soldaten, die – nach Krieg und Folter – traumatisiert in ihre Heimat zurückkehrten. Viele von ihnen erkrankten an einer sogenannten posttraumatischen Belastungsstörung (PTBS),* die sich in Symptomen wie Panikattacken, wiederkehrenden Albträumen und emotionaler Instabilität äußert. Diese Menschen leiden zum Teil bis an ihr Lebensende an diesen Folgeerscheinungen. Es gibt aber auch Berichte von tibetischen Mönchen, die ähnlichen Torturen in chinesischer Gefangenschaft ausgesetzt waren, jedoch keine PTBS entwickelten. Als einige Psychologen sich näher mit den Verarbeitungsstrategien dieser beiden Gruppen beschäftigten, machten sie eine erstaunliche Entdeckung:

Die Soldaten und die Mönche unterschieden sich vor allem in der Art der Gefühle, die sie in ihrer schwierigen Lage hatten. Die amerikanischen Soldaten brachten angesichts ihrer Ohnmacht in Folterhaft starke Emotionen wie Wut und Hass hervor. Die größte Sorge der Mönche jedoch war – selbst in dieser schrecklichen Situation –, Mitgefühl für ihre Peiniger zu behalten. Die Mönche zeigten wenig bis gar keine posttraumatischen Belastungsstörungen, nachdem sie wieder in

* Als posttraumatische Belastungsstörung (PTBS) werden unterschiedliche psychische und psychosomatische Symptome bezeichnet, die als Langzeitfolgen eines Traumas auftreten.

Freiheit waren. Es war also nicht so sehr der Schmerz, der die Soldaten traumatisierte, *sondern ihre eigene Reaktion auf die furchtbaren Umstände.*

Selbst unter schwierigsten Bedingungen haben wir die Wahl, wie wir denken und fühlen. Dieser Spielraum allerdings bewirkt einen großen Unterschied im Erleben und Bewältigen unserer Erfahrungen. Es ist trotz schlimmster Zustände möglich, sich nicht dem Hass zu ergeben. Der Freiraum, der uns immer bleibt und auf den keine Macht der Welt Einfluss nehmen kann, ist unser Umgang mit einer Situation.

Multimind

> Jeder von uns ist mehrere, ist viele, ist ein Übermaß an Selbsten. Deshalb ist, wer die Umgebung verachtet, nicht derselbe, der sich an ihr erfreut oder unter ihr leidet. In der weitläufigen Kolonie unseres Seins gibt es Leute von mancherlei Art, die auf unterschiedliche Weise denken und fühlen.
>
> *Fernando Pessoa (1888–1935), portugiesischer Dichter und Geisteswissenschaftler*

PRAKTISCH UNDENKBAR

Eine neue Lederjacke, die Sie kaufen wollen, kostet 400 Euro in einem Geschäft vor Ihrer Haustür. In einem Prospekt haben Sie aber gesehen, dass die gleiche Jacke in einem Laden, der ca. zehn Minuten Fahrt mit dem Auto entfernt ist, nur 395 Euro kostet.
Nehmen Sie die Anfahrt in Kauf, um die fünf Euro zu sparen?

(Lösung unter »Homo oeconomicus« auf Seite 203)

Menschen benehmen sich nicht immer gleich. Unser Verhalten ist stark abhängig vom sozialen Rahmen, in dem wir uns bewegen. Manche von uns können die liebevollsten Familienväter sein, sich aber im Büro in einen Tyrannen verwandeln.

Die modernen Kognitionswissenschaften haben uns gezeigt, dass ein durchgängiges, immer gleichbleibendes Ich eine Illusion ist. Ein Trugschluss, der bestenfalls in dem Sinne nützlich ist, dass er uns das

Überleben erleichtert. Betrachten wir unser Verhalten in den verschiedenen Kontexten (während einer Geschäftsverhandlung, als liebende Mutter, ehrgeiziger Sportler usw.), wird deutlich, dass wir weit zersplitterter sind als gemeinhin angenommen. Wir bestehen aus zahlreichen inneren Anteilen. Konsistent erscheint uns das Ich hauptsächlich deshalb, weil wir immer mit dem gerade an der Spitze liegenden Teilselbst identifiziert sind. Gelingt es uns, davon Abstand zu nehmen, erkennt man schnell, dass es ein ständiges Kommen und Gehen verschiedener Teilpersönlichkeiten ist, das uns tagaus, tagein begleitet. Permanent ist ein anderer Ausschnitt unseres Selbst im Kommandostand und bestimmt darüber, wie wir denken, fühlen und handeln. Tritt etwas Unvorhergesehenes ein, wechselt die Besetzung mitunter in Sekundenschnelle. In dieser Offensichtlichkeit ist es unglaublich, dass diese Erfahrungsdimension bis heute in vielen psychologischen Richtungen nicht angemessen berücksichtigt wird.

Wohin aber führt diese Vorstellung des inneren Plenarsaals mit zahlreichen Abgeordneten? Wer regiert, wer moderiert den vielstimmigen Chor?

Die Parts-Party: Unseren Teilselbsten Gehör verschaffen

> Der Geist ist wie ein Fernseher mit Hunderten von Kanälen.
> Welchen Kanal schalten Sie ein?
>
> *Thich Nhat Hanh (geb. 1926), buddhistischer Mönch und Autor*

ZEIT, NEU ZU DENKEN

Let's (Parts-)Party!

Gibt es zum momentanen Zeitpunkt eine Situation in Ihrem Leben, die Sie emotional aufwühlt, besorgt oder einfach nur beschäftigt? Das könnte eine Begebenheit aus der Vergangenheit sein wie auch etwas Zukünftiges. Halten Sie den Sachverhalt bitte in einem Satz kurz schriftlich fest.

Auf einer Skala von 0 bis 10 (wenn 0 wenig berauschend und 10 das höchste der Gefühle wäre): Wo verorten Sie sich zum momentanen Zeitpunkt auf der Emotionsskala?
Durchlaufen Sie dann die folgenden Perspektiven:

- ✗ Was sind eigentlich genau Ihre Gefühle in Bezug auf das Thema? Welche (verschiedenen) inneren Anteile melden sich zu Wort? Welche Botschaften bringen sie ein?
- ✗ Was ist Ihr Ziel in dieser Lage? Was ist nicht Ihr Ziel? Was möchten Sie unbedingt so beibehalten?
- ✗ Welche Informationen stehen Ihnen zur Verfügung? Welche fehlen noch?
- ✗ Welche anderen Personen spielen bei dieser Frage noch eine Rolle? Welche Haltung haben diese vermutlich der Situation gegenüber?
- ✗ Was ist positiv an den Umständen? Was ist das »Gute im Schlechten«?
- ✗ Was ist riskant an der Sache? Was könnte schlimmstenfalls passieren?
- ✗ Was wären verrückte oder ungewöhnliche Ideen im Zusammenhang mit der Fragestellung?
- ✗ Stellen Sie sich vor, Sie hätten wirklich überhaupt keine Angst: Was würden Sie in der Situation dann tun?
- ✗ Über welche Ressourcen verfügen Sie (Kontakte, Material, Know-how)? Welche benötigen Sie eventuell noch?
- ✗ Wo stehen Sie jetzt am Ende dieses Prozesses? Welche neuen Aspekte sind aufgetaucht? Welches vorläufige Fazit ziehen Sie? Bräuchte es eventuell eine weitere Auseinandersetzung mit einer der vorgenannten Perspektiven?
- ✗ Welche Wechselwirkung haben die vorangegangenen Blickrichtungen aufeinander?

Wo ordnen Sie sich jetzt am Ende dieses Prozesses ein, erneut auf einer Skala von 0 bis10?

Wie wir im Laufe der Experimente in diesem Buch immer wieder beobachten können, beurteilt unser Geist Situationen zuweilen in rasender Geschwindigkeit. Was aber wäre, wenn wir auch uns selbst zu schnell bewerten? Und damit den verschiedenartigsten inneren Talenten nicht die Aufmerksamkeit schenkten, die hilfreich wäre?

Wir sind viele: ein Flickenteppich aus Anteilen, die bisweilen gänzlich unterschiedliche Interessen verfolgen. Das Partizipative Denken würdigt die Vielschichtigkeit in uns, statt sie abzulehnen.

Erst wenn wir ein Stück weit auf Abstand zu den verschiedenen Selbstaspekten gehen, erkennen wir, dass diese Vielfalt kein Widerspruch sein muss. Nur vom Standpunkt des einen inneren Teammitglieds sieht es so aus, als wäre die andere Perspektive überhaupt nicht nachzuvollziehen. Wir benötigen die Fähigkeit, uns von den Teilgeisten zu dissoziieren, also auf Distanz zu ihnen zu gehen, und mit einem wohlwollenden Blick auf alle Anteile zu schauen. Nur so ist sichergestellt, dass das Potenzial des gesamten Selbst zum Vorschein kommen kann.

Wenn alle Teilselbste in Erscheinung treten dürfen, hat das nichts damit zu tun, dass im Sinne der Entscheidungsfindung alle gleichberechtigt sind. Aber es gibt Raum dafür, dass alle gehört werden. Wie am Ende einer innerpsychischen »Ratssitzung« verfahren wird und wohin die Reise dann geht, steht auf einem anderen Blatt Papier.

Es braucht über kurz oder lang eine Instanz, die in der Lage ist, all diese Aspekte zu Wort kommen zu lassen, ohne sich mit einem von ihnen zu identifizieren. Dies gibt uns die Freiheit zu erkennen: Wir *haben* diese inneren Anteile (und manche sind gar nicht so lustig …), aber wir *sind* sie nicht.

Der interne Moderator kann und muss gestärkt und trainiert werden. Es benötigt stetige Übung, bis sich diese Haltung etabliert hat. Andere Muster haben auch dauernde Wiederholung gebraucht, bis sie als Automatismus gefestigt waren.

Sanfte Stärke

> Bei den meisten Menschen ist der Geist gespalten, fragmentarisch, und alles Fragmentarische ist korrupt.
>
> *Jiddu Krishnamurti (1895–1986), indischer Philosoph, Autor und spiritueller Lehrer*

Wenn wir unseren Teilselbsten Gehör verschaffen, findet eine Art Beratschlagung auf der inneren Ebene unter demokratischen Grundbedingungen statt. Jeder Anteil kommt zu Wort, dominiert aber die anderen Teile keinesfalls. Dafür hat wiederum der innere »Vorsitzende« zu sorgen. Es entsteht ein Equilibrium*, da die inneren Stimmen nicht mehr gegeneinander kämpfen müssen. Jede weiß, dass sie gehört und gewürdigt wird.

Stellen Sie sich einen Plenarsaal und seine Mitglieder vor: Nicht alle Anwesenden singen dasselbe Lied, nicht alle haben die gleiche Sichtweise und nicht alle wollen in dieselbe Richtung marschieren. Es braucht eine ordnende Instanz, die dem Plenum Struktur gibt und den einzelnen Personen klare Befugnisse zuweist. Sie erlangt im Laufe der Zeit die Stärke, sich nicht durch jede innere Gefühlsregung aus der Bahn werfen zu lassen, sondern ist in der Lage, das Schiff auch durch rauere Gewässer zu steuern. Eine Respektsperson, die sich von ein wenig Gebrüll und Aufstand nicht gleich ins Boxhorn jagen lässt und stattdessen zum Wohle des Gesamtinteresses auch einmal durchgreift.

Haben wir diesen Vorsitz entwickelt und stabil ausgebaut, wird es sehr bald ruhiger in uns. Viele unserer inneren Stimmen sind froh, wenn sie einen Fixpunkt vorfinden, an dem sie sich orientieren können. Von dem sie respektiert und gehört werden, damit sie in der Komplexität der Psyche nicht im Chaos versinken. Ähnlich wie in einem äußeren Team führt eine diesbezügliche Ordnung zu einem entspannteren Verhältnis – in diesem Fall mit uns selbst.

---

* (Innere) Balance, Gleichgewicht, Ausgeglichenheit

Man könnte in diesem Zusammenhang auch von einer Re-Integration *aller* Persönlichkeitsanteile in die Gesamtpsyche sprechen. Die enorme Fragmentierung in unserem Geist wird geheilt. So wird die *sanfte Stärke* in der Selbstbeziehung die Basis dafür, die eingefrorenen Gewässer der Gewohnheiten allmählich wieder zum Schmelzen zu bringen.

Exkurs: Von inneren und äußeren Teams

An dieser Stelle möchte ich kurz erläutern, warum die Hauptüberschrift dieses Kapitels »Was Denken mit (Selbst-)Führung zu tun hat« heißt. Im Wesentlichen sind nämlich die gleichen Prinzipien wirksam, ob man nun ein »äußeres Team« oder eine »innere Mannschaft« anzuleiten hat.

Ein Beispiel aus der Praxis: Ein reales Team sitzt zusammen, die Teamleiterin sagt: »Lasst uns ein Brainstorming durchführen, wie wir in nächster Zeit neue Kundengruppen erschließen können. Alle Ideen sind erlaubt – also los!«

Nach kurzem Zögern beginnt ein Mitglied des Teams mit einer halbwegs absonderlichen Idee. Ein anderer aus dem Team, der schlecht geschlafen hat und die Ideenbringerin ohnehin nicht so gut leiden kann, sagt etwas wie: »Du immer mit deinen unrealistischen Vorschlägen. Das funktioniert in der Praxis doch sowieso nicht!« Wenn die Moderatorin an dieser Stelle nicht klar Stellung bezieht und den Kritiker in seine Schranken verweist, hat der kreative Gruppenprozess aufgehört, bevor er überhaupt richtig angefangen hat. Was ist passiert?

Auf der Beziehungsebene ist die Kritik an der Ideenbringerin ein persönlicher Angriff, der in der Regel zu einer Verunsicherung führt und dazu, dass sie sich das nächste Mal ganz genau überlegen wird, ob sie wieder etwas von ihren Einfällen preisgibt. Der Rest der Gruppe hat das Intermezzo natürlich auch mitbekommen. Vermutlich trauen sich ab diesem Zeitpunkt nur noch hartgesottene Zeitgenossen, ihre Ideen einzubringen. Abseitige, fantastische Gedanken mit Innovationspotenzial werden ab diesem Moment wahrscheinlich kaum noch aufgeworfen.

Diesen Ablauf kann man eins zu eins auf psychische Prozesse übertragen. In jedem Team – außen wie innen – gibt es unterschiedliche Charaktere mit jeweils voneinander abweichenden Auffassungen. Einer hat zum Beispiel die kreativen Ideen, während ein anderer stets darauf bedacht ist, die Faktenlage nicht aus den Augen zu verlieren. Die dritte Partei sieht immer schwarz, manche Anteile können auf den ersten Blick sogar ausgesprochen destruktiv sein. Ein gutes Team ist geprägt von einer Fülle an verschiedenen Sichtweisen und Standpunkten. Allein diese Tatsache hält im Grunde schon ein gewisses Konfliktpotenzial bereit. Deshalb braucht es dringend einen Moderator, der allen Perspektiven Gehör verschafft und keiner wesentlich mehr Raum gibt als einer anderen.

Im äußeren Team kann das jedes beliebige Teammitglied sein, das von seinem Chef und den Kollegen die nötige Autorität dafür zugesprochen bekommt. Im inneren Team übernimmt das Selbst die Rolle des Vorsitzenden, der seinen »Modulen«* Aufmerksamkeit schenkt, ja, sie sogar ermutigt, ihren individuellen Beitrag zu leisten – möge die Teamdynamik bestimmte Aspekte auch noch so sehr überbetonen oder andere ganz ausklammern.

In diesem Sinne ist das Partizipative Denken ein Werkzeug zur *Selbstmoderation* – so wie es auch als Instrument für die reale Moderation von Gruppen eingesetzt werden kann.

---

* Andere Bezeichnungen könnten sein: Anteile, Selbstaspekte, innere Teammitglieder

Den inneren Kampf stoppen

In der Tiefe des Winters entdeckte ich einen unüberwindlichen Sommer in mir.

Albert Camus (1913–1960), Nobelpreis für Literatur (1957)

Der Beginn unseres Lebens ist ein vergleichsweise chaotischer Zustand. Wir haben noch keine Kriterien, um den Ereignissen um uns herum Bedeutung beizumessen. Schließlich beginnen wir damit, bestimmte Muster aufzubauen, um mit den Anforderungen des Daseins zurechtzukommen. Das nennen wir Erfahrung und Gedächtnis.

Diese Leitvorstellungen entstehen häufig in Situationen der Überforderung. Wir sollten uns im Klaren darüber sein, dass der Mensch ein Säugetier ist, das am längsten von allen Tieren in völliger Abhängigkeit von seiner Umgebung lebt und aufwächst. Wie verhält sich ein Wesen, dessen Überleben auf Gedeih und Verderb dem Wohlwollen seiner Eltern ausgesetzt ist? Vermutlich versucht es herauszufinden, was die Überlebensgaranten erwarten, und diesen Anforderungen so gut es geht nachzukommen. Das setzt sich bis in die Schule und das spätere Berufsleben fort. Auch dort versuchen wir häufig die Gedanken der Autoritätspersonen zu erraten, um so deren Erwartungen gerecht zu werden. Was dabei auf der Strecke bleibt, sind unsere eigenen Überlegungen, unsere eigenen Impulse, unsere eigene Kreativität. Das Fatale daran ist, dass wir diese äußeren Stimmen immer noch hören, auch wenn sie in Wirklichkeit längst verklungen sind: als Teil des inneren Dialogs. Ohne uns dessen bewusst zu sein, reden wir von nun an so mit uns selbst, wie es in der Vergangenheit wichtige Bezugspersonen mit uns gemacht haben.

In der Art des Denkens drückt sich eine ganze Menge unseres Charakters aus. Es ist ein Spiegel dafür, wie wir mit uns selbst sprechen.

Menschen, die mit sich im Zwist liegen, führen diesen Streit auf die eine oder andere Art im Außen fort. Deshalb muss zunächst der Krieg im Inneren beendet werden. Die verschiedenen Selbstaspekte benötigen Aufmerksamkeit, wie absonderlich die einzelnen Stimmen auch immer klingen mögen. Die Entscheidungen sollten von einer leitenden

Kraft kommen, die alle Teilselbste organisiert und koordiniert. Man könnte diesen Vorgang auch als »Verhandeln mit sich selbst« bezeichnen. Es gilt, den inneren Austausch zu ermöglichen, die unterschiedlichen Perspektiven auszuloten und Brücken des Verstehens zu bauen – im Innen wie im Außen.

Auch Fühlen will gelernt sein

> In unserer heutigen Weltsicht existiert ein großer blinder Fleck. Wir wissen zwar, wie wichtig Training für Stärke, körperliche Beweglichkeit, athletisches und musikalisches Können ist – und wir trainieren alles *außer* unseren Gefühlen.
>
> *Richard J. Davidson (geb. 1951), Neurowissenschaftler an der Universität von Wisconsin*

PRAKTISCH UNDENKBAR

Wann begann Amerika mit einem a und endete mit einem e?

(Hinweis unter »Living in America« auf Seite 193)

In meiner langjährigen Arbeit als Trainer und Coach ist mir häufig ein merkwürdiges Phänomen begegnet: Menschen erhoffen sich schnelle Ergebnisse im mentalen Bereich. Auf dem körperlichen Sektor dahingegen hält man es für völlig normal, über längere Zeit zwei- bis dreimal in der Woche das Fitnessstudio zu besuchen, wenn man eine kräftige Muskulatur entwickeln will. Natürlich gibt es Fälle, in denen ein guter Tipp schon eine ganze Menge bewirken kann. Wenn man sich aber mit den großen Fragen des Menschseins beschäftigt (»Wie steuere ich meine Emotionen?« oder »Wie motiviere ich mich selbst?«), wird deutlich, dass es auf diesen Gebieten vor allem eines braucht: kontinuierliche Übung.

Wir haben eine gewisse Zeit gebraucht, um all die (unvorteilhaften) Muster in uns anzulegen, die nunmehr automatisiert ablaufen. Warum sollte es mit heilsameren Schemata anders sein? Ich möchte noch einen Schritt weitergehen und behaupten, dass nicht nur im mentalen, sondern auch im emotionalen Bereich Training möglich, ja sogar notwendig ist.

Die Gefühle erhalten enorme Aufmerksamkeit von uns, ein Großteil des Menschseins ist auf ihnen gegründet. Haben wir angenehme Emotionen, erscheint uns das Dasein lebenswert, wir verfügen über Energie, um mit den Herausforderungen der menschlichen Existenz klarzukommen. Spüren wir eher unangenehme Gefühle, färbt das unsere komplette Wahrnehmung ein, wir sind kraft- und mutlos, bis hin zu depressiven Anwandlungen.

Nach einer Statistik der Betriebskrankenkassen aus dem Jahr 2009 hat sich die Zahl der Verordnungen von Psychopharmaka in den vergangenen drei Jahren in Deutschland verdoppelt. Immer mehr Menschen greifen auf Tabletten zurück, um ihre Gefühle zu kontrollieren. Es existiert offenbar ein großer Notstand, der nicht zuletzt darauf zurückzuführen ist, dass wir nie gelernt haben, mit dem enorm wichtigen Existenzfaktor »Emotionen« angemessen umzugehen. Dabei sind solche Ansätze und Ideen verfügbar und gut untersucht.

Es existieren inzwischen klare Beweise dafür, dass der Geist das Gehirn und den Körper nachhaltig physisch verändern kann. Diese Einflussnahme braucht gezielte Aufmerksamkeit und kontinuierliche Übung. Das Undenkbare Denken ist kein Zuschauersport: Die Auseinandersetzung damit erfordert unser anhaltendes Bemühen.

Auf den Balkon gehen – Vom Wesen der Führung

> Glaube jenen, die auf der Suche nach der Wahrheit sind.
> Misstraue all denjenigen, die meinen, sie gefunden zu haben.
> *André Gide (1869–1951), Nobelpreis für Literatur (1947)*

Wahres Herrschen ist dienen

Wahres Herrschen ist dienen. Führen ist Dienst an den Mitmenschen. Es bedeutet, selbstbezogene Belange zumindest vorübergehend hintanzustellen, um ein umfassenderes Bild einer Situation zu gewinnen. Die Möglichkeit, »auf den Balkon gehen zu können«, dürfte *die* Metafähigkeit einer Führungskraft schlechthin sein.

Andere Meinungen als die eigene anzuerkennen, verunsichert uns bisweilen. Wir entwickeln schnell das Gefühl, dass es uns schwächt, wenn wir die Haltung unseres Gegenübers erst einmal stehen lassen. Im Grunde zeigt das natürlich nur, dass wir in Bezug auf das besprochene Thema labil sind. Um diese Unsicherheit nicht zu zeigen, gehen wir in die Kompensation und demonstrieren Stärke bzw. Unverrückbarkeit. Wären wir unserer Sache sicher, könnten wir eine andere Meinung zulassen, auch wenn sie nicht der eigenen entspricht.

In diesem Sinne ist es eine wichtige Eignung für Führungskräfte, Mehrdeutigkeit aushalten zu können. Natürlich gibt es einen Zeitpunkt, zu dem es unerlässlich wird, Entscheidungen zu fällen. Das sollte jedoch nicht aus dem Gefühl heraus geschehen, die unangenehme Spannung der Vieldeutigkeit vorschnell reduzieren zu wollen. Sondern dann, wenn hinreichend Zeit dafür war, die Komplexität der Situation zu erkunden.

Musterunterbrecher

Ich habe da so einen linksradikalen Typen, der für mich arbeitet. Er ist ätzend. Er sagt mir doch glatt, dass ich unrecht habe. Er gleicht meine blinden Flecken aus. Ohne ihn bin ich aufgeschmissen.

Rey More, Senior Vice President von Motorola

PRAKTISCH UNDENKBAR

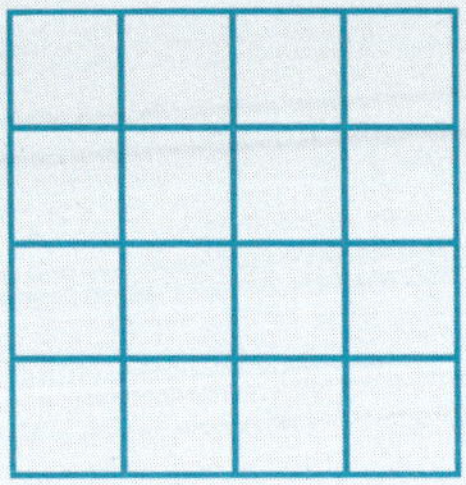

Abb. 30

Wie viele Quadrate zählen Sie in der Abb. 30? Machen Sie sich dazu bitte eine kleine Notiz.

(Tipp unter »Quadrate« auf Seite 191)

Unsere Mitmenschen sind oft Musterunterbrecher par excellence. Sie geben uns wertvolle Hinweise darauf, was wir selbst schnell übersehen. Das Undenkbare Denken lässt Raum für einander widerstrebende Meinungen. Diese Haltung zeichnet gut funktionierende Teams aus: Jeder ergänzt die blinden Flecken der jeweils anderen. Es gibt Platz für Äußerungen, die entgegen einer Meinungsführerschaft stehen. Der allgemeine Meinungsbildungsprozess wird damit angereichert – in Richtungen, die zu Beginn noch nicht absehbar waren.

Partizipative Kommunikation – Angstfrei denken statt kontrovers diskutieren

Es besteht immer die Neigung, dass man das, was einem nicht gefällt, in Bausch und Bogen verdammt. Aber dadurch werden die anderen, die etwas daran mögen, gezwungen, es in Bausch und Bogen anzunehmen und anzuerkennen.

Jawaharal Nehru (1889–1964), erster indischer Ministerpräsident

Spätestens jetzt wäre es sehr hilfreich, wenn Sie eine eigene Erfahrung mit der Methode des Partizipativen Denkens gemacht hätten. Im Kapitel »Das Partizipative Denken oder: Wie sicher steht man auf nur einem Punkt?« wurde eine Übung dazu beschrieben (s. Seite 86). Wenn Sie dieses Experiment schon durchgeführt haben, wäre dies eine gute Gelegenheit, entweder ein weiteres der dort von mir vorgeschlagenen Themen zu bearbeiten oder es mit einer eigenen Fragestellung zu versuchen (Projekte, Vorhaben, Vortrag, Gespräch, Ideenfindung etc.). Haben Sie Lust?

ZEIT, NEU ZU DENKEN

Partizipative Kommunikation im Team

Wenn Sie eine Führungskraft sind, könnte es überaus gewinnbringend sein, dieses Verfahren bei einer Teamsitzung auszuprobieren. Es ist nicht schwer, macht Spaß, und wenn es gut eingeführt wird, werden Ihre Leute davon angetan sein.
Hier die einzelnen Schritte der Partizipativen Kommunikation in Gruppen:

- Sie sollten zu Beginn erklären, dass es sich um ein eher ungewöhnliches Experiment handelt und dass Sie auch nicht so genau wissen, wie das Ergebnis am Ende sein wird. Aber dass man es ja mal ausprobieren könnte und am Schluss gemeinsam auswertet, ob diese Methode auch in Zukunft eingesetzt werden soll …
- Durchlaufen Sie die verschiedenen Wahrnehmungspositionen, wie sie unter »Kurzform des Partizipativen Denkens« auf Seite 230 beschrieben sind. Passen Sie, falls nötig, die Fragen für Ihre Zwecke an.
- Nehmen Sie sich für jeden Filter so viel Zeit, bis jedes Gruppenmitglied zumindest eine Äußerung dazu gemacht hat.
  Bleiben Sie konsequent bei den jeweiligen Denkpositionen.
  Wenn Aussagen erfolgen, die zu einem anderen Wahrnehmungsbereich gehören, können Sie das benennen und den Beitragenden bitten, sich seine Äußerung zu merken und sie zu einem späteren Zeitpunkt noch einmal vorzutragen.

- ✗ Visualisieren Sie alle Ansichten, zum Beispiel auf Kärtchen. Lassen Sie sich dabei von Ihren Kollegen unterstützen. Sie müssen nicht gleichzeitig schreiben und moderieren.
- ✗ Werten Sie am Ende des Prozesses sowohl das inhaltliche Ergebnis (»Wo stehen wir jetzt? Wie könnte es von hier aus weitergehen?«) als auch den Verlauf der Methode aus (»Wie haben Sie unsere Kommunikation heute erlebt? Was an dem Verfahren war nützlich? Wo sind noch offene Fragen?«). In der Regel werden hier interessante Beobachtungen und Erlebnisse mitgeteilt, die für die weitere Zusammenarbeit in Ihrem Team hilfreich sein können.

Ein Schritt nach dem anderen

Wie würden Sie die Abb. 31 beschreiben? Als Knäuel, Wirrwarr, Chaos? So etwas in der Art vermutlich. Das Denken (in Gruppen) ist häufig ähnlich verworren wie dieses Bündel an Schnüren. Alle springen von einem Gedanken zum anderen, keiner wird bis zum Ende durchdacht. Schon inhaltlich ist eine Situation möglicherweise sehr anspruchsvoll. Wenn jetzt noch Konflikte auf der Beziehungsebene hinzukommen und thematisch voneinander abweichende Blickwinkel durcheinandergeworfen werden, ist ein absolut chaotischer Gesprächsverlauf kaum mehr zu verhindern.

Abb. 31

In den meisten Gruppen, die ich kennengelernt habe, besteht wenig bis keine Bewusstheit darüber, auf welcher Denkebene man sich gerade befindet. Die verschiedenen Denkmodi werden willkürlich und unorganisiert angewandt. Das Resultat ist in etlichen Fällen ein hohes Maß an Verwirrung und Stress. Nicht zuletzt deshalb erleben viele Menschen Besprechungen als frustrierende Zeit.

Hier setzt die Partizipative Kommunikation an: Die verschiedenen Aspekte einer Situation werden in einer Gruppe nacheinander und in der angemessenen Tiefe beleuchtet, das Chaos in der Verständigung wird nach und nach aufgefächert und damit überschaubarer (s. Abb. 32). Vom momentanen Fokus wegführende Gedanken werden zwar entgegengenommen, aber erst dann weiterverfolgt, wenn dieser spezielle Filter bewusst gewählt wurde. Ansonsten bleibt man so lange bei einem bestimmten Ausschnitt des Problems, bis man der Meinung ist, dass er sich erschöpft hat. Dieses Vorgehen minimiert die ohnehin vorhandene Komplexität einer Fragestellung auf das mögliche Mindestmaß und reduziert bei allen Beteiligten das Gefühl der Überforderung und das damit verbundene Stressniveau.

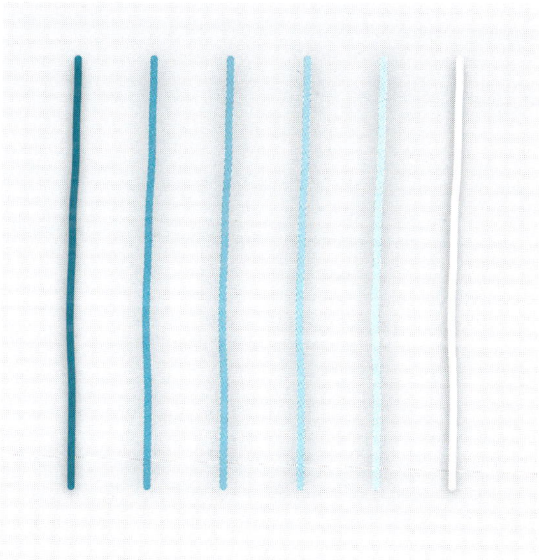

Abb. 32

An einem Strang ziehen

PRAKTISCH UNDENKBAR

Ein Beduine hinterlässt seinen drei Söhnen nach seinem Tod 17 Kamele. Im Testament wird Folgendes verfügt:

Der älteste Sohn soll die Hälfte der Kamele erhalten.
Der zweitälteste Sohn bekommt ein Drittel zugesprochen.
Der Jüngste erhält nur ein Neuntel der Kamele.

Die Brüder sind entsetzt über den letzten Willen des Vaters, denn natürlich wollen sie keines der Tiere töten, nur um den Besitz gerecht aufzuteilen. Als die Brüder gerade fieberhaft nach einer Lösung suchen, kommt ein langjähriger Freund der Familie auf einem Kamel herbeigeritten und hört von dem Malheur der drei. Nach kurzem Nachdenken präsentiert er ihnen eine Antwort, mit der alle zufrieden sind und der Beschluss des Vaters einwandfrei erfüllt wird.

Was hat sich der kluge Mann ausgedacht?

(Hinweis unter »Die wundersame Kamelteilung« auf Seite 186)

In herkömmlichen Diskussionsprozessen äußert jemand einen bestimmten Standpunkt, eine andere Person fokussiert die Schwachstelle dieser Äußerung und – mir nichts, dir nichts – befindet sich die gesamte Gruppe in einer Auseinandersetzung, die nur zwei (!) verschiedene Aspekte zur Grundlage hat. Die beiden Sichtweisen prallen mit voller Wucht aufeinander (Abb. 33). Oft steigt das ganze Team dann auf diesen kleinen Ausschnitt mit ein, der Aufmerksamkeitsfokus ist extrem verengt. Die Tendenz zu einem Konflikt ist groß.

Die Gesprächs- und Gedankenkultur in unseren Breitengraden ist vor allem die der Kontroverse. Sind Menschen erst einmal im Diskurs gefangen, versuchen sie häufig den anderen nur noch davon zu überzeugen, dass seine Sicht falsch und die eigene allein richtig ist. Was beim Gegenüber wiederum den Reflex auslöst, den eingenommenen

Standpunkt nur umso vehementer zu verteidigen. Ich habe oft genug mit ansehen müssen, welche negativen Folgen diese Vorgehensweise für das inhaltliche Ergebnis, aber auch die Beziehungen in einer Gruppe hat.

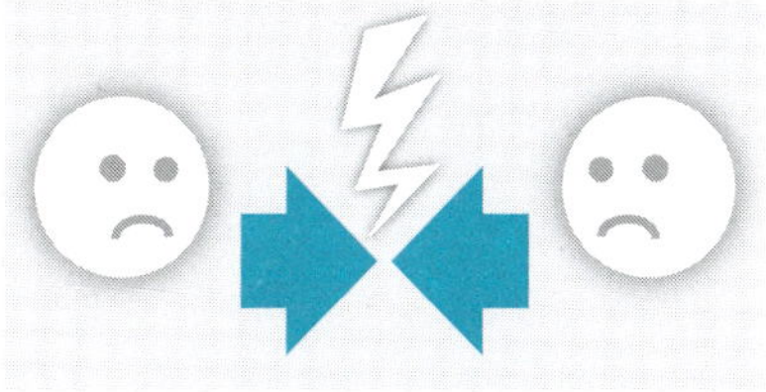

Abb.33

Bei der Partizipativen Kommunikation (Abb. 34) richten die Teammitglieder ihr Augenmerk gemeinsam in eine Richtung, nämlich auf den gerade aufliegenden Fokus der Wahrnehmung (zum Beispiel »Information«). Die Aufmerksamkeit wird systematisch durch verschiedene Filter gelenkt. Das Besondere an der Partizipativen Kommunikation ist, dass alle Teilnehmer Kontakt zueinander haben. Wie an den gestrichelten Linien zu sehen ist, stehen alle unmittelbar in Verbindung. Alle partizipieren wechselseitig an ihrem Wissensschatz, jeder leistet einen Beitrag, sei er auch noch so unscheinbar. Und weil man aufgefordert ist, auch abseits der eigenen Meinung inhaltlich mitzuwirken, werden andere Standpunkte viel ruhiger in Erwägung gezogen. Es wird nicht darüber gesprochen, welcher Erfahrungsschatz der größte, beste oder wahrste ist; sondern es wird im Bewusstsein miteinander kommuniziert, dass jeder in seinem Denken begrenzt ist. Und dass es immer eine Bereicherung darstellt, wenn verschiedene Blickwinkel nebeneinander bestehen dürfen, um sie anschließend vergleichen und auf neue Weise kombinieren zu können.

Abb. 34

Die Partizipative Kommunikation führt in Teams zuverlässig zu einem Gefühl der Entspannung. Ängste werden reduziert, die Teilnehmer entwickeln den Mut, auch unbeliebte Sichtweisen einzubringen, ohne dass sie von der Gruppe oder der Führungskraft eine Bestrafung zu befürchten haben. Weder wird ein Gesichtspunkt negiert, noch wird er überdramatisiert. Eine unpopuläre Lesart ist bei der Partizipativen Kommunikation nur eine von vielen Betrachtungsweisen. Diese Befreiung schlägt sich in einem Team meistens unmittelbar in Form von mehr Humor und erhöhter Beteiligung nieder. Wenn Menschen Freude an ihrem Tun empfinden und humorvoll miteinander sein können, hat das beträchtliche Auswirkungen auf deren Problemlösungsfähigkeit. In diesem Zustand stehen in aller Regel mehr innere Ressourcen zur Verfügung, als wenn alle angespannt und ängstlich sind.

In der Partizipativen Kommunikation liegt eine Menge Kraft. Wenn in einer Gruppe zumindest eine Zeit lang alle in die gleiche Richtung sehen, ist das so, als würden alle gemeinsam an einem Strang ziehen. Das Team arbeitet nicht gegen-, sondern miteinander. Die vorhandene Energie wird nicht verbraucht, um sich zu bekämpfen. Stattdessen ergänzt und bereichert man sich in seinen verschiedensten Facetten. In einer typisch verlaufenden Diskussion verwirft man Gedanken, die die Position des Gegners stärken würden, gleich wieder, obwohl sie unter Umständen von größter Bedeutung wären. Debatten lösen bei den meisten von uns den Reflex aus, sich sofort zu Beginn eines Gesprächs auf eine bestimmte Haltung einzuschwören. Ist dieser Standpunkt* erst einmal eingenommen, kann er nur noch äußerst schwer gewechselt werden. Oder im Sprachduktus einer diskussionssüchtigen Gesprächskultur: nur unter Gesichtsverlust. Der Zweck einer Diskussion wird häufig darin gesehen, den Sieg über die anderen davonzutragen, statt ein Thema aufrichtig und in aller Vollständigkeit zu erkunden. Damit berauben wir uns der Kraft für ungewöhnliche Problemlösungen.

Führungskräfte besitzen an dieser Stelle enorme Verantwortung: Sie definieren die Standards und müssen den kreativen Raum speziell zu

* Kommt von »auf einem *Punkt* stehen«. Bleibt die Frage: Wie sicher steht man auf nur einem Punkt?

Beginn einer Teamentwicklung schützen. Wenn die Leitung es schafft, Vielfalt und Mehrdeutigkeit auszuhalten, ohne sofort für die eine oder andere Meinung Partei zu ergreifen, kann ein Team Ideen entwickeln, die der Einzelne nicht hätte hervorbringen können.

Inhalt vor Ego

> Wenn man seine Meinungen verteidigt, ist man nicht ernsthaft. Auch wenn man versucht, dem Wissen um etwas Unangenehmes in einem selbst aus dem Weg zu gehen, ist man es nicht.
>
> *David Bohm (1917–1992), Professor für theoretische Physik*

Der Blick in eine gemeinsame Richtung verhindert, dass in einem Arbeitsprozess der Fokus zu früh auf die Unterschiede in den Betrachtungsweisen der Teilnehmer gelegt wird. Auch jemand, der einem Thema gegenüber eher positiv eingestellt ist, wird aufgefordert, die riskanten Seiten zu beleuchten und sich dazu zu äußern. Jeder und jede wird sanft angehalten, von der eigenen Meinung abweichende Gesichtspunkte zu berücksichtigen. Da das alle TeilnehmerInnen tun und die Äußerungen nicht augenblicklich angegriffen werden, vermehren *und* vertiefen sich die Inhalte. Mehr Verständnis für andere Ansichten und eine grundlegendere Kenntnis des Geländes sind die natürliche Folge dieses Prozesses. Mögliche Konfrontationen zwischen einzelnen Teilnehmern bleiben auf ein Minimum reduziert. Häufig finden überhaupt keine Konflikte statt, weil die Teammitglieder mehr damit beschäftigt sind, qualitativ hochwertige Beiträge zu den unterschiedlichen Perspektiven beizutragen. Der Inhalt wird vor die Interessen des Ego gestellt. Man wechselt von *»Ich sehe das anders!«* zu *»Ich sehe* ***noch*** *etwas anderes!«*.

Eine gemeinsame Sprache schaffen

> Ein Genie sieht da zehn Dinge, wo andere nur eines sehen.
>
> *Ezra Pound (1885–1972), bedeutender Lyriker der englischsprachigen Moderne*

PRAKTISCH UNDENKBAR

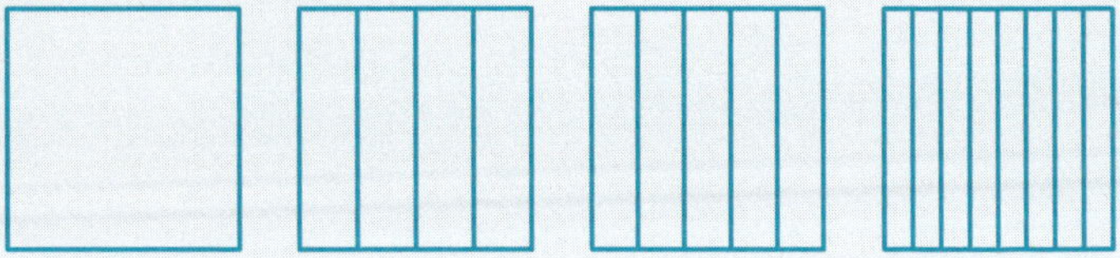

Abb. 35

Welches Quadrat erscheint als das breiteste?

(Lösung unter »Fragen erweitern die Wahrnehmung« auf Seite 207)

Wenn in einem Team zunehmend klarer wird, auf welcher Denkebene man sich gerade bewegt und welche Ziele man damit verfolgt, entsteht ein gemeinsames Vokabular, eine Art geteilte (Sprach-)Kultur. Jeder kann zum Beispiel darauf hinweisen, dass bereits seit einer Viertelstunde über die negativen Aspekte des Projekts gesprochen wird, bisher aber noch keine Zeit dafür eingesetzt wurde, die möglichen Chancen zu erörtern. Die Partizipative Kommunikation wird zu einem Bezugspunkt, zu dem alle jederzeit zurückkehren können. Es handelt sich um eine Meta-Landkarte, die im Blick behält, wie gleichmäßig die Gesprächsinhalte auf die verschiedenen Wahrnehmungsfilter verteilt sind.

TeilnehmerInnen in Meetings und Trainings erleben folgende Auswirkungen dieser Form des Gedankenaustausches:

- ✗ Es ergibt sich ein konstruktiver Gesprächsverlauf.
- ✗ Es ist gut strukturiert.
- ✗ *Alle* haben mitgewirkt.*

---

* Allein diese Tatsache ist in größeren Gruppen ungewöhnlich, wird aber im Zusammenhang mit der Partizipativen Kommunikation häufig beobachtet. Der »Trittbrettfahrer-Effekt« in Teams wird stark reduziert. Dieser tritt ab ca. vier bis fünf Teilnehmern auf: Eine oder mehrere Personen begeben sich in den Hintergrund und lassen »die anderen mal machen«.

- ✗ Es entsteht eine große Fülle an Material und Ideen.
- ✗ Die persönlichen Erfahrungen der Einzelnen werden eingebracht.
- ✗ Andere Sichtweisen werden zugelassen.
- ✗ Emotionen ausdrücken zu dürfen, macht frei dafür, sachliche Infos aufzunehmen, die der eigenen ursprünglichen Meinung entgegenstanden.
- ✗ Jeder hat etwas Wertvolles beizutragen.
- ✗ Die Qualität des Ergebnisses steigt spürbar.
- ✗ Es herrscht Gleichberechtigung.
- ✗ Jeder bekommt das Gefühl, nützlich zu sein, und erfährt damit ein hohes Maß an Wertschätzung.
- ✗ Durch Mitarbeit und Transparenz entsteht mehr Verständnis für Entscheidungen.
- ✗ Es werden überlegte Aussagen getroffen.
- ✗ Die Bewertung bleibt außen vor, der Mut für innovative Beiträge erhöht sich infolge des Schutzrahmens.
- ✗ Der Austausch wird gefördert.
- ✗ Jeder kommt zu Wort, die Vielredner dominieren nicht das ganze Gespräch.
- ✗ Die Konversation ist locker, effizient und kreativ.

Es ist wunderbar zu beobachten, wie sich die Atmosphäre in einem Team spürbar entspannt, wenn mit der Methode der Partizipativen Kommunikation gearbeitet wird. Die Quelle vieler Konflikte – eine von Beginn an kontroverse Struktur des Kommunikationsprozesses – wird zugunsten eines kooperativen Vorgehens trockengelegt. Es taucht in aller Regel in kürzerer Zeit ein ganzes Füllhorn an Ideen auf. Die Teammitglieder spüren mehr Zuversicht. Die Gruppenarbeit wird lustvoller empfunden, da der Einzelne sich in seiner Unterschiedlichkeit und Kreativität verstärkt einbringen kann. Alle Beteiligten lernen, zunehmend selbstständig in verschiedene Richtungen zu blicken.

Im Denkumdrehen

- ✗ Unsere Fähigkeit, sinnvoll zu denken und zu entscheiden, entsteht erst im Zusammenspiel zwischen Vernunft und Emotion.
- ✗ Richten wir den Fokus auf Aspekte in unserem Leben, die gut sind, vertieft sich das subjektive Glücksempfinden.
- ✗ Geistige Gesundheit kann als die Fähigkeit definiert werden, verschiedene Bewusstseinsräume zu betreten, aber auch die Freiheit zu haben, sie wieder verlassen zu können.
- ✗ Wir benötigen die Fertigkeit, uns von unseren Teilgeisten zu dissoziieren und mit einem wohlwollenden Blick auf alle Anteile zu schauen.
- ✗ Menschen kommunizieren so mit anderen, wie sie mit sich selbst kommunizieren.
- ✗ Wir brauchen einen Vorsitz im inneren Team.
- ✗ Das Partizipative Denken ist ein Werkzeug zur Selbstmoderation.
- ✗ Nicht nur im mentalen, sondern auch im emotionalen Bereich ist Training möglich und notwendig.
- ✗ Die Gesprächs- und Gedankenkultur in hiesigen Breitengraden ist vor allem eine der Kontroverse – und letzten Endes eine Form des Konflikts.
- ✗ Unsere Mitmenschen sind Musterunterbrecher par excellence. Sie geben uns wertvolle Hinweise darauf, was wir selbst übersehen.
- ✗ Bei der Partizipativen Kommunikation lassen sich alle Gruppenmitglieder gegenseitig an ihrem Wissensschatz teilhaben.
- ✗ Bei der Partizipativen Kommunikation wird der Inhalt vor die Interessen des Ego gestellt.
- ✗ Emotionen ausdrücken zu dürfen macht frei dafür, sachliche Infos aufzunehmen, die der eigenen ursprünglichen Meinung entgegenstanden.
- ✗ Die Quelle vieler Konflikte ist eine von Beginn an kontroverse Struktur des Kommunikationsprozesses.
- ✗ Die besten Entscheidungen werden getroffen, wenn eine Vielzahl von Betrachtungsweisen angehört und berücksichtigt wird.

ZEIT, NEU ZU DENKEN – EIN AUSBLICK AUF DIE ZUSAMMENHÄNGE

Wille, Werte, Wirklichkeit

Nur das Denken, das wir leben, hat einen Wert.

Hermann Hesse (1877–1962), Nobelpreis für Literatur (1946)

Karma als Reiz-Reaktions-Mechanismus

Sie haben sicher schon einmal den Begriff »Karma« gehört, etwa so: »Das gibt bestimmt schlechtes Karma« oder: »Der muss aber ein gutes Karma haben«. Heutzutage spricht sogar ein Franz Beckenbauer über sein »positives Karma«. Leider benutzt die esoterische Fraktion den Begriff »Karma« viel und gerne, neigt aber zu einer arg vereinfachenden und damit missverständlichen Ausdeutung.

Der Terminus »Karma« stammt aus dem Sanskrit und beschreibt zunächst nur die Idee, *dass jede Handlung, egal ob physisch oder psychisch, früher oder später eine Auswirkung hat*. Schon in der Gegenwart ist unser (Er-)Leben das Ergebnis vergangener Taten, Worte und Gedanken. Man muss dazu ausdrücklich nicht auf das Konzept von »früheren Leben« zurückgreifen. Im Gegenteil, ich möchte diesen Begriff im Rahmen dieses Textes völlig losgelöst von irgendwelchen Spekulationen über Wiedergeburt verwenden, sondern einfach in seinem ursprünglichen Sinn: Ursache und Wirkung, Handlung und Resultat. Im Bonmot »Gottes Mühlen mahlen langsam, aber gerecht« finden wir die christliche Entsprechung dieser Idee.

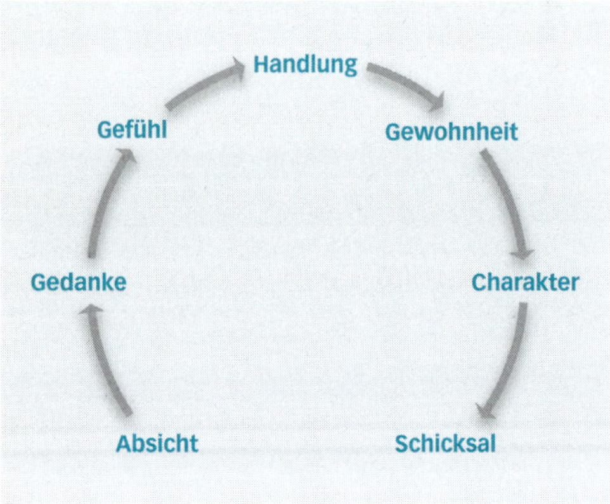

Abb. 36

Für unsere Zusammenhänge erscheint mir das Konzept von »Ursache und Wirkung« deshalb interessant, weil man es als eine Definition für den schon häufiger erwähnten Reiz-Reaktions-Mechanismus betrachten kann. Es sind die ständig aufs Neue ablaufenden und sich dabei immer ein Stück mehr vertiefenden Reiz-Reaktions-Muster, die auf lange Sicht unser »Karma« ausmachen.

Zur Verdeutlichung ein chinesisch-buddhistischer Text (s. Abb. 36): »Aus einer Absicht wird ein Gedanke. Aus einem Gedanken wird ein Gefühl. Aus einem Gefühl wird eine Handlung. Aus einer Handlung wird eine Gewohnheit. Aus einer Gewohnheit wird Charakter. Aus Charakter wird Schicksal.«

Vor jeder Handlung steht eine Absicht – diese ist uns aber häufig nicht bewusst. Als biologische Organismen verspüren wir bereits sehr früh in unserem Leben bestimmte Bedürfnisse. Aufgrund dieser Wünsche treffen wir gewisse Entscheidungen. Damit haben wir Absichten ausgeprägt, die in Muster der Wahrnehmung münden …, zu Gedanken führen …, die Gefühle bedingen …, aus denen schlussendlich Handlungen entspringen.

Diese Entschlüsse wurden oft in Situationen getroffen, in denen wir ihr volles Ausmaß nicht ermessen konnten. Vielleicht haben wir sie in Momenten gefällt, die schwierig oder schmerzhaft für uns waren. Wie auch immer die Vergangenheit gewesen sein mag – *unsere wahren Motive offenbaren sich im Hier und Jetzt*.

Kraft dieser Erkenntnis können wir unser Leben (und wenn Sie so wollen, unser »Karma«) mittel- bis langfristig ändern, indem wir neue Absichten fassen und uns neue Motive* zulegen. Natürlich wird sich

* Motive sind in diesem Kontext gleichbedeutend mit dem Begriff »Werte« zu sehen.

das Leben nicht sofort und jetzt und gleich umgestalten, nur weil wir unsere Pläne geändert haben. Es handelt sich bei diesem Vorgehen eher um den Samen, der – ordentlich gegossen – allmählich, aber stetig wächst, bis er schließlich zur Pflanze wird, die immer in ihm angelegt war. Die Macht von Leitgedanken auf unser Dasein kann meiner Ansicht nach nicht hoch genug eingeschätzt werden. Sie beeinflussen aus dem Unbewussten heraus alle Gedanken und Gefühle. Wir denken und fühlen auf eine Art, die uns zwar sehr vertraut ist, deren Wurzeln wir jedoch nicht kennen.

Wollen wir unser Leben ändern, entscheiden wir uns dafür, dass bestimmte Motive nicht mehr zu uns passen. Wir treffen die Wahl, etwas anderes, Neues zu verwirklichen. Wenn wir eine Absicht verändern, stellen wir einen Leuchtturm auf, der uns Halt und Orientierung im Ozean der Existenz gibt. Unsere Werte bestimmen langfristig darüber, was wir erleben. Sie sind die großen Weichensteller und schreiben letzten Endes fest, welche Realität wir erschaffen. Wir haben diesbezüglich allem Anschein nach ein gerüttelt Maß an Freiheit.

Der Wille als Metakraft

> Wir, die wir in den Konzentrationslagern waren, erinnern uns an Männer, die durch die Baracken gingen und andere trösteten und dabei ihr letztes Stück Brot weggaben. Es waren vielleicht nicht viele, doch sie sind der lebende Beweis, dass dem Menschen alles genommen werden kann, nur eines nicht: die letzte der menschlichen Freiheiten – angesichts einer bestimmten Lage seine eigene Entscheidung zu treffen, seine eigene Haltung zu bestimmen.
>
> *Viktor E. Frankl (1905–1997), österreichischer Neurologe und Psychiater, Begründer der Logotherapie*

Betrachten Sie bitte die Abb. 37. Im Zentrum steht der Wille – eine grundlegende Energie im menschlichen Geist, die man ihrer Sonderstellung und dem weitreichenden Einfluss wegen als Metakraft be-

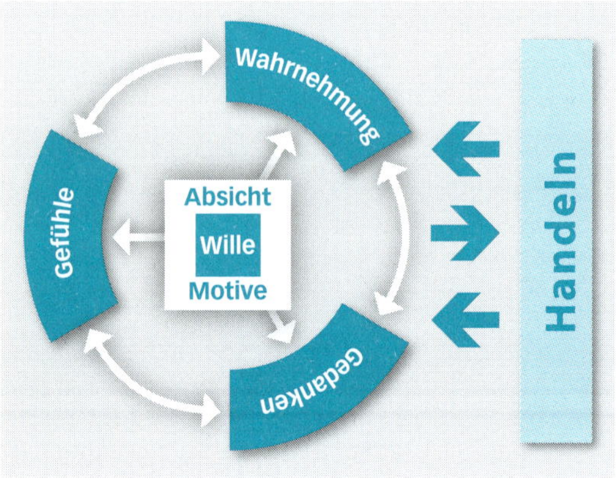

Abb. 37

zeichnen kann. Aus dem Willen heraus formen sich die Motive. Diese wiederum bilden die Grundlage für alles, was wir wahrnehmen, denken und fühlen. All dies zusammengenommen legt fest, wie wir dem Leben und anderen Menschen in unserem Handeln begegnen.

Wenn wir die klare Absicht gefasst haben, uns in eine bestimmte Richtung zu entwickeln, und bestärken sie Tag für Tag, können wir gar nicht fehlgehen. Wir beschreiten dann vielleicht den einen oder anderen Umweg, machen dabei auch Fehler und müssen manchmal sogar umkehren. Mit unserer Absicht steht uns dessen ungeachtet ein Kompass zur Verfügung, der uns immer wieder auf den einmal eingeschlagenen Weg zurückbringen wird. Wir heben im Laufe dieses Prozesses tief verborgene Beweggründe ans Licht des Bewusstseins. Wir stellen unter Umständen fest, dass zum Beispiel die von uns lange Zeit so hoch geschätzte Leistungsbereitschaft im Grunde genommen nur ein Versuch war, dem eigenen Gefühl von Minderwertigkeit zu entfliehen. Auch wenn so manch unangenehme Entdeckung auf diesem Weg der Selbstentwicklung liegen mag – alles dient letztlich dazu, die durch unsere Absicht eingeschlagene Richtung weiter fortzuführen.

Hinter den in diesem Buch vorgestellten Methoden steht ein ums andere Mal der Faktor des Willens. Um die Gedanken in eine bestimmte Richtung zu lenken, benötigen wir eine vorsätzliche Entscheidung. Dabei spielt es keine Rolle, ob es sich um eine provokative Aktion, Partizipatives Denken oder sonst ein Denkwerkzeug handelt. Wenn wir einen Beschluss fassen, legen wir uns fest und fokussieren einen Ausschnitt der Wirklichkeit. Andere lassen wir dafür außen vor. Wir erschaffen somit Realität.

Freier Wille? Übungssache!

Die Muster in unserem Gehirn laufen nicht vermittels bewusster Entscheidungen ab, sondern mit einer Art Zwangsläufigkeit. Wir stehen manchmal unter dem Diktat, bestimmte Gedanken denken zu *müssen*. Das macht die Muster bildende Natur des Gehirns aus. Muster *sind* Zwang. Denkrillen sind Spuren, die wir nicht oder nur sehr schwer verlassen können. Eine Grundannahme des Undenkbaren Denkens besagt, dass wir prinzipiell große Wahlfreiheit besitzen – dass sie uns aber nicht im Denkumdrehen zur Verfügung steht. Der freie Wille ist nicht etwas, das wir haben oder nicht haben. Er ist nicht per se voll entwickelt, kann aber durch Training ausgebildet werden. Es bedarf der Aufmerksamkeit, ihn zu stärken. Es erfordert den Entschluss, ihn zu bekräftigen. *Der Wille will willentlich gewollt werden.*

Zu dieser Ausbildung gehört die Einsicht, wie gefangen wir zunächst einmal in unseren Gedanken sind. Diese Unfreiheit zu realisieren, sie wirklich am eigenen Leib zu erfahren, ist der erste und wichtigste Schritt auf dem Weg in die Unabhängigkeit. Wenn wir erst gar nicht erkennen, dass wir unfrei sind, gibt es keine Chance, dieser Knechtschaft zu entkommen.

Die ganze Diskussion darüber, ob wir einen freien Willen haben oder eben nicht haben, ist meiner Ansicht nach obsolet. Es geht nicht um die Frage, ob das so ist oder nicht, sondern vielmehr um die Überlegung: Unter welchen *Bedingungen* haben wir einen freien Willen?

Da es viele gute Gründe dafür gibt, festgefahrene Sichtweisen beizubehalten und bestimmte Pfade immer wieder zu beschreiten, sind wir aufgefordert, eine Art Antipode gegen die von der Natur angelegte Musterbildung zu entwickeln.

Werte – Leuchttürme in der stürmischen See des Lebens

> Wir bestimmen in jedem Moment, wie unser sich ständig veränderndes Bewusstsein funktioniert. Wir entscheiden uns in einem sehr realen Sinn dafür, wer wir im nächsten Moment sein werden, und diese Entscheidungen hinterlassen in uns einen physischen Abdruck.
>
> *Michael M. Merzenich (geb. 1942), emeritierter Professor für Neurowissenschaften an der Universität von Kalifornien, San Francisco*

PRAKTISCH UNDENKBAR

Was fällt Ihnen hier auf?

15 x 3 = 45

94 – 32 = 62

63 : 7 = 9

74 – 13 = 59

(Lösung unter »Das Einmaleins« auf Seite 206)

Zunächst ist der Fokus der Wahrnehmung geprägt von der Erziehung und den Werten, die uns durch die Gesellschaft vermittelt worden sind. Zu Beginn des Lebens sind es vor allem fremde Werte, die unser Weltbild prägen. Diese Lebensregeln werden mit fortschreitender Zeit zu immer stabileren Mustern.

Es stellt sich die Frage, welche Werte wir als erwachsene Menschen aus eigenem Antrieb heraus gestalten wollen. Wie sieht für uns ein selbstbestimmtes Leben aus?

Eine solche Neuausrichtung hängt auf das Innigste mit unserem Willen zusammen. Wenn wir eine Absicht fassen und unser Leben gemäß dieser Intention formen, werden wir eines Tages feststellen, dass sich bestimmte Maßstäbe in uns ausgebildet haben. Sie sind im weiteren Verlauf dafür verantwortlich, was wir überhaupt wahrnehmen können. Man kann sie auch als eine Art verdichtete *Absichtsenergie* definieren. Werte sind so etwas wie Leuchttürme in der stürmischen See der Gefühle und des Lebens.

Stellen Sie sich vor, ein für Sie wichtiger Beweggrund ist es, reich an materiellen Gütern zu sein. Dann wird sich der Scheinwerfer Ihres Bewusstseins auf bestimmte Informationen ausrichten, die Ihnen dabei helfen, dieses Ziel zu erreichen. Da unsere Aufmerksamkeit begrenzt ist, kann das nur bedeuten, dass sonstige Dinge aus dem Blickfeld geraten. Alles hat seinen Preis. *Wir können den Lichtstrahl des Bewusstseins nicht auf beliebig viele Orte gleichzeitig gerichtet halten*. Hierfür ist seine Bandbreite zu gering. Unsere Motive entscheiden schon im Vorfeld darüber, was wir in die engere Auswahl der Wahrnehmung einbeziehen und was nicht. Und nur das, was wir wahrnehmen, können wir auch bedenken.

Die Wahrgebung neu ausrichten

ZEIT, NEU ZU DENKEN

Die Qualitäten der anderen sehen

- ✗ Diese Übung führen Sie am besten dann durch, wenn Sie mit guter Stimmung in den Tag starten (oder dem, was für Sie eine Art positive Gemütsverfassung ist).
- ✗ Nehmen Sie sich für diesen Tag vor, dass Sie nach wertvollen Eigenschaften von mindestens drei anderen Menschen Ausschau halten.
- ✗ Behalten Sie diesen Vorsatz bei, während Sie mit diesen Personen in Kontakt treten.
- ✗ Achten Sie darauf, wie dieser Fokus Ihr Verhalten und die Begegnung mit den ausgesuchten Individuen beeinflusst.
- ✗ Wenn Sie Freude daran gefunden haben, können Sie diese Übung regelmäßig durchführen.
- ✗ Fällt Ihnen diese Aufmerksamkeitsfokussierung zunächst einmal schwer, starten Sie einfach damit, bei *sich selbst* regelmäßig Ausschau nach wertvollen Eigenschaften zu halten.

Im Grunde handelt diese Sequenz davon, wie kraft der Entscheidungen erst unsere Absicht, dann die Wahrnehmung und anschließend auch die Gedanken und Gefühle beeinflusst werden. Wenn man diese Praxis häufiger durchführt, bemerkt man zunächst Veränderungen an sich selbst: Man nimmt andere Dinge wahr und stellt vielleicht fest, wie (unbewusst) negativ der eigene Fokus auf die Mitmenschen bisher war. In der Folge reagiert man auf gewandelte Art und Weise. Da es bekanntlich aus dem Wald herausschallt, wie man hineinruft, wird es dazu führen, dass die Menschen uns plötzlich ebenfalls verändert gegenübertreten. Es wird ein sich selbst verstärkender Kreislauf in Gang gesetzt.

Hingabe

> Sufi sein bedeutet, den Kopf von allem leer machen –
> von eingebildeten Wahrheiten, Vorurteilen, Bedingungen –
> und kommen lassen, was kommt.
>
> *Abu Sa'id-i Abu'l Khair (978 – 1061), persischer Sufi (islamischer Mystiker)*

Wenn man in einer Welt der Dualität über eine bestimmte »Wahrheit« spricht, muss man stets berücksichtigen, dass an ihrem anderen Ende bereits der Gegenpol dazu existiert.

Wenn wir über den Willen als Metakraft sprechen, muss es als ergänzendes Gegengewicht eine weitere Größe geben: das Prinzip der Hingabe.

Die Idee, dass wir alles mit bloßer Willenskraft regeln könnten, ist illusionär. Das Leben zeigt uns in schöner Regelmäßigkeit, wie beschränkt unser Wille ist. In diesem Dasein sind Kräfte am Wirken, die weit über die Absichtserklärungen eines individuellen Ichs hinausreichen.

Wir alle kennen die Vorstellung, dass es in Bezug auf unsere Handlungen so etwas wie gutes oder schlechtes »Timing« gibt. In unserem Leben scheint es bestimmte Zeitqualitäten zu geben (der sogenannte Kairos), denen wir uns besser fügen sollten. Es kann durchaus passieren, dass wir die »richtigen« Dinge zu einem »falschen« Zeitpunkt tun und damit das Gegenteil von dem erreichen, was eigentlich in unserer Absicht lag. Wir können diese Mächte nur akzeptieren. Dennoch verliert der Wille nicht an Bedeutung: Auch der Entschluss, sich in möglichst gute Übereinstimmung mit diesen Kräften zu bringen, ist ein Akt des Willens.

In vielen Fällen stellt sich nicht die Frage: »Was will *ich* hier?«, sondern vielmehr: »Was will *es* hier?« Diese Art der Aufmerksamkeitsfokussierung zieht natürlich vollständig andere Konsequenzen in unserem Denken und Fühlen nach sich als die Vorstellung, dass wir immer alles unter Kontrolle haben müssten.

All dies drückt sich im Prinzip der Hingabe aus. In einer Welt der Dualität bewegen wir uns ohne Unterlass zwischen den beiden Protagonisten Wille und Hingabe hin und her. Und es bedarf einer ständig aktualisierten Einschätzung, welcher Einfluss in unserem Leben gerade besonders wirksam ist.

Das Leben verlangt vollen Einsatz von uns: Wir sind aufgefordert, unseren Willen zu entwickeln und damit auf die Existenz gestaltend einzuwirken. Gleichzeitig müssen wir ständig im Auge behalten, dass das Mysterium des Daseins ganz eigene Pfade beschreitet. Dann bleibt uns nur, hingebungsvoll zur Seite zu treten und das ewigliche Sein und Werden staunend zu betrachten.

Jenseits des Denkens

> Klarheit, Einsicht und Verstehen sind nur möglich, wenn das Denken in der Schwebe, wenn der Geist ruhig ist. Nur dann siehst du klar, nur dann kannst du sagen, du hast wirklich verstanden … dann nimmst du unmittelbar wahr, denn dein Geist ist nicht mehr verwirrt. Um klar zu sein, muss der Geist vollkommen ruhig werden, vollkommen unbeweglich, dann beginnt wirkliches Verstehen, und deshalb ist Verstehen Handeln. Umgekehrt geht es nicht.
>
> *Jiddu Krishnamurti (1895–1986), indischer Philosoph, Autor und spiritueller Lehrer*

Frei von Musterbildung oder: Warum auch das Nicht-Denken dazugehört

ZEIT, NEU ZU DENKEN

Den Atem beobachten

Versuchen Sie einmal, sich für ca. zwei Minuten nur auf Ihren Atem zu konzentrieren und ansonsten an nichts anderes zu denken. Vielleicht können Sie sich dazu einen Wecker stellen oder auf die Uhr sehen und die Zeit stoppen. Führen Sie dieses Experiment bitte wirklich durch, bevor Sie weiterlesen. Sonst hat das Nachfolgende wenig Bezug zu Ihrer Erfahrung – aber auf die kommt es hier an.

Wie kamen Sie mit dieser Praxis zurecht? Was ist Ihnen aufgefallen? Konnten Sie sich gut auf Ihren Atem konzentrieren? Oder haben sich ständig andere Gedanken in den Vordergrund gedrängt?

Was anhand dieser Übung deutlich wird: Wir besitzen nur ein *begrenztes Maß an Kontrolle über den eigenen Geist.* Man könnte sogar sagen, er macht, was er will. Aber nicht das, was das Ich will. Natürlich ist es ziemlich beunruhigend, wenn wir so geringen Einfluss auf etwas haben, mit dem wir uns so oft identifizieren. Auf eine bestimmte Weise sind wir eher die Opfer des Verstandes, als dass wir ihn aktiv gestalten.

Abb. 38

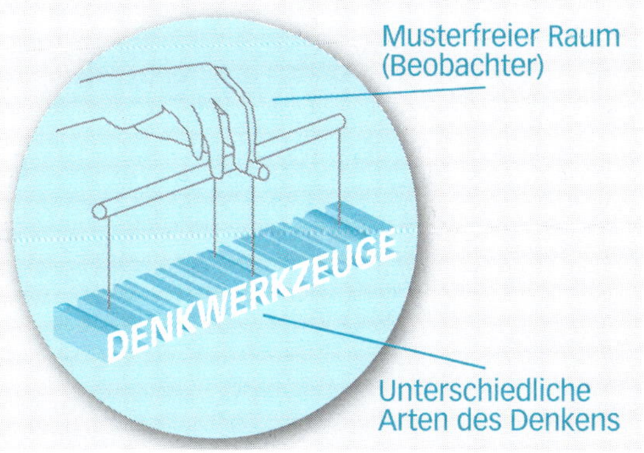

Wenn wir aber beobachten können, dass wir nicht so selbstständig denken, wie wir es angenommen hatten: Wer ist es dann, der *das* betrachtet? Wer oder was in uns *bezeugt* die Verstandestätigkeit, *ist* sie aber nicht?

Im hiesigen Kulturkreis haben wir uns nicht zuletzt aufgrund einer historischen Entwicklung so sehr mit dem Verstand identifiziert, dass es zunächst wie eine Provokation ersten Ranges anmutet, diese Identifikation auch nur infrage zu stellen. Ein großer Teil unseres Selbstverständnisses gründet auf dieser Gleichsetzung und gibt uns Sicherheit.

Die Ratio ist ungemein hilfreich für uns, wenn es darum geht, mit dem Leben umzugehen. Um Undenkbares zu denken, braucht es aber einen Raum in uns, der – weitestgehend unbeeinflusst von Gedanken – Entscheidungen trifft, die unsere Wahrnehmung und das Denken auf eine bestimmte Art und Weise ausrichten (s. Abb. 38). Um uns dieses Raumes immer bewusster zu werden, ist es wichtig und unabdingbar, auch das *Nicht-Denken* zu kultivieren. Wir brauchen es genauso wie die Fähigkeit, gezielt und absichtsvoll zu denken. Im Zusammenspiel des Nicht-Denkens mit dem aktiven Gebrauch des Verstandes kann eine Synthese entstehen, in der das Denken den Platz einnimmt, der ihm gebührt: als unser Diener, aber nicht mehr als unser Herr.

Ent-Etikettieren

> Wir sollten uns immer wieder klarmachen, dass die Emotionen, die wir haben, ob negative oder positive, genau das sind, was wir brauchen, um ganz Mensch sein zu können, ganz erwacht, ganz lebendig.
>
> *Pema Chödrön (geb. 1936), buddhistische Nonne und Schriftstellerin*

PRAKTISCH UNDENKBAR

Wie beantworten Sie die beiden folgenden Fragen:

1. Hat Saudi-Arabien eine höhere Einwohnerzahl als 30 Millionen?
2. Wie groß ist Ihrer Schätzung nach die tatsächliche Bevölkerung von Saudi-Arabien?

Notieren Sie sich bitte Ihre Schätzung (die Auflösung erfolgt in Kürze).

Wir haben im Laufe des Buches etliche Beispiele für den Prozess des Reframings erlebt. Ob Witze, Tricks, Rätsel oder Übungen zur Emotionalen Intelligenz: Die Fähigkeit, zwischen verschiedenen Betrachtungsweisen flexibel zu wechseln, gehört zu den wichtigsten Kräften im menschlichen Geist. Wir machen uns im Verlauf des Umdeutens ständig bewusst, dass unsere Interpretationen von uns selbst erschaffen wurden. Demnach sind wir in der Lage, auch andere Deutungen zu kreieren. Wir konstruieren andauernd neue Blickwinkel und dekonstruieren gleichzeitig alte Anschauungen. Letztlich ist *jeder* Rahmen wieder eine neue Konstruktion.

Und damit sind wir mitten im ultimativen Reframing-Prozess, dem sogenannten De-Framing, was übersetzt etwa »Ent-Etikettieren« bedeutet. Beim De-Framing – einem Verfahren aus der Quantenpsychologie* – geht es darum, die einer Emotion zugrunde liegende Energie wahrzunehmen und sich darauf zu konzentrieren. Nicht auf die Bezeichnung, nicht auf den Rahmen und nicht auf die Geschichte – sondern auf das, was *ist*.

Auch das De-Framing basiert auf der Vorstellung, dass jede Wahrnehmung schon schöpferische Interpretation ist. Lassen Sie uns diesen hochinteressanten Prozess einmal anhand eines Gefühls betrachten.

Gehen wir zunächst von der Hypothese aus, dass Bewusstsein zu Beginn unseres Lebens noch weitgehend ungeformt ist (s. Abb. 39, Abschnitt A). Wir lernen nach und nach, Gegenständen Worte zuzuordnen und verleihen den Dingen *Etiketten*. Bezeichnungen bündeln die Wahrnehmung in Mustern, die wir später wiedererkennen können.

Den gleichen Prozess der Sozialisation durchlaufen wir mit den Gefühlen. Wir belegen bestimmte Empfindungen in uns mit Worten, so zum Beispiel mit dem Begriff »Verlangen« (Abb. 39, B). Diese Etikettierung hilft uns dabei, innere Zustände für andere Menschen verständlich mitteilen zu können. Man kann sagen: »Ich habe das Verlangen nach einer Zigarette.« Jedes beliebige Objekt unserer Begierde ist

* Ihr Begründer ist Dr. Stephen Wolinksy. Er hat in diesem Ansatz Erkenntnisse der Quantenphysik, östliche Weisheitslehren und westliche psychologische Theorien zusammengeführt.

vorstellbar: Fernsehen, Alkohol, Sex, Schokolade, Internet, Kaffee usw. Unser Gegenüber hat dann eine Vorstellung davon, was man im Augenblick empfindet. Wiederholen wir diesen Vorgang mehrfach, entsteht ein bestimmtes Muster, ähnlich der Gedankenmuster, denen wir im Verlauf des Buches so häufig begegnet sind. Das Schema heißt »Verlangen« und bezeichnet von nun an alle Gefühlszustände, die sich annähernd so anfühlen wie das, was ich unter der Bezeichnung »Verlangen« für mich klassifiziert habe. Das Problem dabei ist, dass wir *keine Unterscheidungen* mehr treffen. Eine Emotion entsteht, wir fühlen sie kaum wirklich und schon etikettieren wir sie mit einem Begriff. Möglicherweise bringt die feinere Empfindung ans Licht, dass gleich hinter dem sehnenden Gefühl eine leise Traurigkeit steckt. Doch da wurde das Verlangen bereits tituliert. Wir denken und spüren nicht weiter nach, das Schema ist angelaufen und wir befriedigen es mit dem Griff zur Zigarette oder was immer es gerade sein mag. Solche Etikettierungen sind erst Wiederholungen; werden anschließend zu Mustern; daraufhin zu wiederkehrenden Empfindungen; dann zu charakterlichen Ausprägungen – und am Ende zu einer kaum mehr hinterfragbaren Identität.

Abb. 39

Der Nutzen ist, dass wir nicht groß darüber nachdenken müssen, was wir empfinden. Wir haben das Gefühl einfach und können gut damit leben. Interessant wird es dann, wenn wir unzufrieden mit unseren Emotionen und den daraus resultierenden Handlungen sind. Wie bei starken Gefühlsausbrüchen, Ängsten oder verschiedenen Süchten.

Lassen Sie uns die zugrunde liegende Theorie noch kurz vervollständigen, bevor wir mit einem kleinen Experiment fortfahren: Angenommen also, die Lust nach einer Zigarette steigt in uns auf. Ehe wir nun umgehend zum Glimmstängel greifen (und das eingespielte Muster immer noch weiter vertiefen), verweilen wir einen Augenblick bei der Erkundung, wo genau in unserem Körper sich das Gefühl des Verlangens manifestiert und wie genau es sich anfühlt.

Wir haben es in diesem Buch die ganze Zeit über so gehalten: Wir *erkunden* die Emotion, bevor wir sie *beurteilen*. Denn ihr einen Namen zu geben, *ist* schon Bewertung.

Wenn wir nun dabei sind, die Empfindung eingehender zu erforschen, nehmen wir als letzten Schritt in einem bewussten Akt jede Form der Bezeichnung fort, bis nur noch Energie wahrzunehmen ist (Abb. 39, C).

Wir
dekonstruieren
unsere
eigene

Schöpfung.

es findet im gegensatz zum re-framing
– dem immer wieder neue rahmen
schaffenden prozess – ein sogenanntes
»de-framing« statt: das völlige

Entfernen
jeglicher Nmnkltr.

GewohnheitenlösensichaufdiedarineingefroreneEnergiekannsichvon NeuemfreiinunseremSystem

b e w e

e g

n

Das De-Framing-Verfahren wird in diesem konkreten Beispiel »Verlangen nach einer
Zigarette« vielleicht dazu führen, dass wir jetzt spüren, wo genau die Begehrlichkeit im Körper eigentlich sitzt.

Naemlich z B in den Lippen Die weiterfuehrende Erkundung zeigt unter Umstaenden dass hier noch tiefere Gefuehle eingegraben sind die aber zuvor noch nie vollstaendig gespuert wurden

Denn es stand
ja das Schema
des nach der
Zigarette
Greifens
dazwischen.
Erst wenn wir
uns dieser
Energie wieder
bewusst sind,
steht sie uns
auch zur
Verfügung, um
das zugrunde
liegende
Muster
aufzulösen.

Und	was	macht	die	Energie,
wenn	wir	sie	von	den
Schranken	der	Bezeichnungen	befreit	haben?

nUN, WAS MACHT UNSERE kREATIVITÄT, WENN WIR SIE VON DEN fESSELN DER kONZEPTE GELÖST HABEN? –

Was. Immer. Sie. Tun. Will.

»Genug der grauen Theorie!«, höre ich Sie rufen? – Nur zu gerne, im Folgenden finden Sie das Vorgehen des De-Framings in allen Einzelheiten erläutert. Viel Freude und Erkenntnis damit!

ZEIT, NEU ZU DENKEN

Ent-Etikettieren

- ✗ Denken Sie bitte an eine Situation aus der jüngeren Vergangenheit, in der Sie ein bestimmtes Gefühl hatten. Das können Emotionen wie Ärger, Trauer oder Angst sein, aber auch das Verlangen oder die Sucht nach Essen, Sex, Süßigkeiten, Alkohol etc. Sie können natürlich ebenso gut eine aktuelle Empfindung verwenden.
- ✗ Wenn Sie diese Situation wieder deutlich erinnern, spüren Sie nach, wo genau in Ihrem Körper das Gefühl liegt. Achten Sie auf dessen Form, die Größe und Ausdehnung.
- ✗ Wie nennen Sie diese Stimmungslage innerlich? – Nehmen Sie dann die Bezeichnung weg, entfernen Sie jegliches Etikett, das Sie der Empfindung in der Vergangenheit gegeben haben. Und spüren Sie einfach nur die der Emotion zugrunde liegende Energie.
- ✗ Lassen Sie sie das tun, was sie tun will. Betrachten Sie die Energie. Sie haben sie und können sie registrieren, Sie sind aber nicht diese Energie.
- ✗ Achten Sie ruhig und absichtslos auf alles, was geschehen möchte. Erzwingen Sie nichts.
- ✗ Richten Sie Ihre Aufmerksamkeit dann allmählich wieder nach außen und beobachten Sie noch eine Zeit lang etwaige Unterschiede in Ihrer Wahrnehmung.

Angst vor Chaos

> Wonach der Mensch bis zur Schmerzgrenze sucht, bei seinen Gottheiten, in seiner Kunst, in seiner Wissenschaft, ist Bedeutung. Er vermag die Leere nicht zu ertragen. Er fügt Ereignissen Bedeutung zu, wie er seinem Essen durch Salz Geschmack verleiht.
>
> *François Jacob (geb. 1920), Nobelpreis für Medizin (1965)*

Wovor haben wir als Menschen die größte Furcht?

»Vor dem Tod« ist eine häufige Antwort. Und in der Tat, der Tod bedroht unser Ich in seinen Grundfesten. Warum aber gibt es dann Menschen, die bereit sind, im Rahmen politischer oder religiöser Überzeugungen freiwillig ihr Leben hinzugeben?

Es kann demzufolge nicht der Tod sein, den wir am meisten fürchten. Es sind die Unsicherheit und das damit verbundene Chaos, die uns in erheblichem Maße in Angst und Schrecken versetzen. Es ist die Sorge, die eigene Weltsicht könnte unzureichend sein. Manche Menschen sterben lieber, als dass sie unrecht haben könnten. In der Tat hat es im Laufe der Geschichte eine große Anzahl von Individuen gegeben, die bereit waren, sich selbst und andere in den Tod zu reißen, um die Überlegenheit ihrer Weltanschauung zu demonstrieren.

Im menschlichen Geist gibt es ein beträchtliches Verlangen nach einem gefestigten Weltbild, was die enorme Anziehungskraft von weltanschaulichen Systemen ausmacht. Solange wir derartige Modelle als eine Art Kompass anschauen können, werden sie nicht zum Problem. Erst wenn wir uns mit einer bestimmten Auffassung identifizieren und sie für allein gültig halten, entfalten Glaubensrichtungen ihre fanatisierende Energie.

Perspektiven zu wechseln heißt immer auch Vieldeutigkeit zu erleben – das Gegenteil von Eindeutigkeit und der damit verbundenen scheinbaren Gewissheit. Multiperspektivische Wahrnehmung fordert uns geradezu heraus, Unsicherheit und Ambivalenz auszuhalten.

Das Undenkbare Denken reicht hinter die Gewänder aus Meinungen und Identitäten, zu dem Bereich in uns, für den Glaubensvorstellungen nur Kleider sind, die man an- und wieder ausziehen kann.

Natürlich verlangt es viel von uns ab, verschiedene Anschauungen zuzulassen. Denn festgefügte Standpunkte stehen in aller Regel stellvertretend für unsere Identität und Wertvorstellungen. *Diese* Idee – *das* bin ich. Denn wenn ich ***das*** *nicht* bin, wer oder was bin ich dann?

Das Undenkbare Denken heißt deshalb nicht zuletzt, bereit dafür zu sein, sich selbst als unfertig und unvollständig anzusehen. Es ruft nach unserer Offenheit, vom Leben, seinen Geschehnissen und Menschen laufend in Bewegung versetzt zu werden und sich mit diesen Anregungen auseinanderzusetzen, was auch immer sie uns bescheren mögen.

Die Wirklichkeit als soziale Konstruktion

> Du redest viel zu viel über dich selbst. Aber da bist du nicht allein. Jeder von uns tut das. Wir halten die Welt mit unserem inneren Gerede aufrecht. Ein Mann oder eine Frau des Wissens ist sich bewusst, dass die Welt sich vollkommen verändert, sobald er oder sie aufhört, mit sich selbst zu reden.
>
> *Don Juan Matus, Yaqui-Schamane (bekannt als Lehrer von Carlos Castaneda)*

Sprache formt unser Denken

Wtore snid mnahseitrtee Msuetr des Dnenkes. In Gnerelasieiurgnen (»Iemmr kmosmt du zu säpt!« oedr »Nie mcasht du eawts rcihitg!«) wrid deiesr Mceahinmsus dueltcih scithabr. Dsiee Asuasegn snid Asurdcuk eenir Whanrhenmug, die kieenn Sipleruam für Dfieferzneinurg mher hat. Wceshlen wir die Wtroe, vrenäedrn wir die zguurdne leiegednn Scithewiesn. Es snid gtue Faregn, die uns wgeüfehrn von azllu satrern gdenalkciehn Knoeztepn, die in Wröetrn eniegrfreon sien knöenn wie im eiwegn Eis. Fraegn, wie Sie sie in der Mtairx des Praitizapitevn Dnenkes vroifendn.

Die Srphcae setkct vloelr Hniewsie auf usnree Art zu dneekn. Wnen wir ufnelixlbe Dneskhcmetaa asuegibdelt hbaen, wreedn sie scih dcruh dgoamitshce Froumilrenuegn offneabern. Dsehlab knan es so hlirficeh sien, scih bei der Vreegegwnräitnugg eeins Porlbmes die egineen Üeblrgenuegn afuuzoniteern und sie asnhcilßened auf bseitmtme Srtkuutern hin zu utnreuscehn.

Es ist die Srpcahe, die usnree Wlet im Innretsen zsumaemhnlät. Jdee Srpcakhnotsurtkoin ist acuh Wrilkcikhiestoksnrtkuiotn. Wir knötnen uns ncoh nchit eniaml mtietelin, wnen es uns adnree Mnecsehn nhict bieegrbcaht htäetn. Es war nihct nur das Srpceehn, das uns dbaei vreimttlet wudre. Srphcae wdrue zum Vheiekl, um uns ein gnaezs Kmoepdnuim an Rgelen, Gseteezn, Gbeärcuehn, Tariditenon und Kluutr zu vreimttlen: alels Rcithileinn, die uns in usneerm Dneekn und Sien strak gpergät heabn, die uns aebr afurgnud iherr Onmpiärnesz gar nihct mher bwessut snid.

Das Ahnlaetn des innreen Daiolegs ezrguet weiedr Lcüekn in den saterrn Bsehcerbinuegn; Leeärmrue, in dneen uns die Wlet gnälzcih fircsh und neu esrhcieenn knan.

(Hinweis unter »Buchstabensalat« auf Seite 188)

ZEIT, NEU ZU DENKEN

Die Lücke zwischen den Gedanken

Beobachten Sie bitte für einige Zeit Ihre Gedanken, wie sie kommen und gehen. Fragen Sie sich dann, wenn ein Gedanke neu entsteht: »Woher steigt dieser Gedanke auf?« Halten Sie Ausschau nach dem Raum, aus dem dieser Gedanke aufsteigt. Nachdem ein bestehender Gedanke vergangen ist und bevor ein neuer entsteht, existiert eine kleine Lücke (s. Abb. 40). Halten Sie Ausschau nach dieser Lücke.

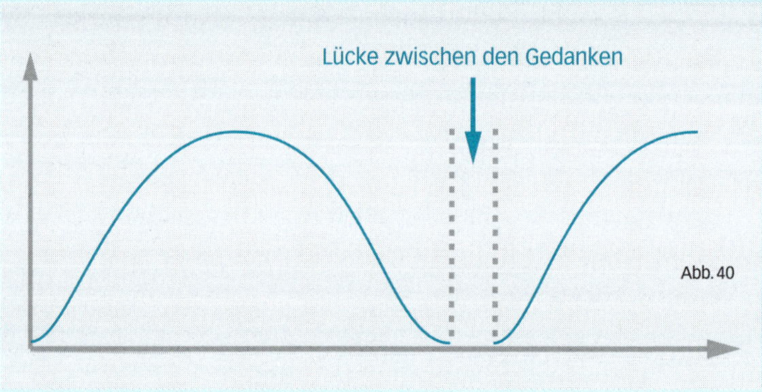

Abb. 40

(Ergänzende Hinweise unter »Lücke zwischen den Gedanken« auf Seite 183)

Systemisches Denken – ein Grundkurs

PRAKTISCH UNDENKBAR

In disem Satz stecken vier Feler, aber lesen Sie ihn bitte ganz besonders aufmerksam, sonst könnte Ihnen vieleicht einer entgehen!

Finden Sie sie?

(Hinweis unter »Vier Fehler« auf Seite 191)

Um uns dem systemischen Denken anzunähern, starten wir mit einem Gedankenexperiment und zwei Elementen: »A« und »B«. Diese beiden gehen eine Verbindung ein, aus der etwas Neues entsteht, also A + B = C.

Wenn wir diese Operation rein mathematisch betrachten, kann man C ohne Verluste wieder in seine Einzelbestandteile auflösen und erhält erneut »A« und »B«.

Wenn wir es mit Menschen und komplexen Systemen zu tun haben, stellen sich die Verhältnisse freilich nicht mehr ganz so einfach dar. Denn durch die Vereinigung von A + B entsteht etwas Neues, das eine eigene Qualität vorzuweisen hat. Lassen Sie uns deshalb für diesen Moment postulieren: A + B = @A/B.*

Dieses »@A/B« ist mehr als nur die Summe seiner Ausgangsteile (s. auch Abb. 41). Es schließt die Elemente A und B (flache Objekte) zwar ein, transzendiert sie aber gleichzeitig (dreidimensionaler Würfel). Das Symbol »@« beschreibt in dieser Gleichung vor allem das, was die *Beziehung* der Teile zueinander an Neuem erschafft. Dieses neue »System« @A/B hat neue Eigenschaften, neue Möglichkeiten, neue Tendenzen. Würde man das @A/B wieder in die Einzelbestandteile aufspalten, gingen seine speziellen Attribute unweigerlich verloren. So wie man eine lebende Zelle nicht in ihre Bestandteile zerlegen kann, ohne das Leben in ihr für immer zu zerstören. *Das Ganze ist mehr als die Summe seiner Teile.*

Abb. 41

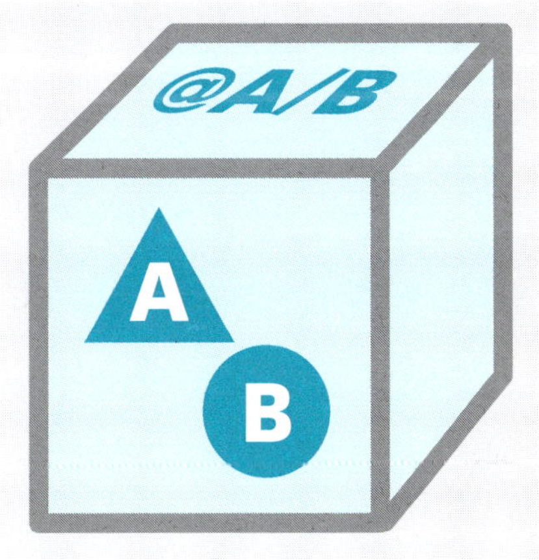

Selbstredend kann es Situationen geben, in denen wir die Eigenschaften der einzelnen Komponenten untersuchen wollen. Unter diesem Blick treten möglicherweise bedeutsame Merkmale hervor, die unser Verständnis der Gegebenheiten erweitern. Diese Form der Betrachtung hat aber natürliche Grenzen. Für das Undenkbare Denken ist deshalb entscheidend, diese neue Perspektive @A/B gleichermaßen einnehmen zu können und nicht bei der

* Das Zeichen »@« ist willkürlich gewählt, es könnte irgendein Symbol sein.

bloßen analytischen Beschreibung von A und B stehen zu bleiben. Es handelt sich um die Blickwinkel »Kontext« und »Synthese« aus der Matrix des Partizipativen Denkens. Es geht wieder einmal nicht um ein Entweder-oder. Analyse und Synthese dürfen nebeneinanderstehen. Wir brauchen ein Sowohl-als-auch. Und mehr.

Wiederum gilt: Beide Anschauungen zusammen genommen ergeben etwas, das mehr ist als die Summe seiner Teile.

Wenn wir diese Zusammenhänge im Blick behalten, können wir unsere Betrachtung beständig von den Einzelteilen zum Ganzen wechseln. Wir schwingen inmitten der Pole hin und her, wie ein Pendel, das sich ebenfalls nicht festlegen lässt, welche Seite nun wohl die »richtige« ist.

Es ist das Wechselspiel der Ebenen, die Interaktion und Kommunikation zwischen ihnen, die gänzlich neue Bedeutungsräume erschafft.

Denken ist Handeln – und somit politisch bedeutsam

> Sei du selbst die Veränderung, die du dir für diese Welt wünschst.
>
> *Mahatma Gandhi (1869–1948), indischer Rechtsanwalt, politischer und geistiger Führer*

PRAKTISCH UNDENKBAR

Wie beantworten Sie die beiden folgenden Fragen:

1. Hat Peru eine höhere Einwohnerzahl als 60 Millionen?
2. Wie groß ist Ihrer Schätzung nach die tatsächliche Bevölkerung von Peru?

(Lösung unter »Die Welt auf einen Blick« auf Seite 202)

Wir sind keine streng logischen Wesen. Im Laufe dieses Textes wurde zahlreiche Male deutlich, wie die Gefühle und Meinungen, aber auch der Kontext massiven Einfluss auf das nehmen, was wir als »Wirklichkeit« erfahren. Wenn der menschlichen Existenz eine so große Gestaltungsfreiheit innewohnt und unseren Glaubenssätzen und Werten eine dermaßen gravierende Rolle zukommt, drängen sich natürlich einige Fragen auf:

Worauf will man vertrauen? Welchen Standpunkt einzunehmen macht Sinn? Oder ist es gerade der Glaube an eine bestimmte Gesinnung, die am Ende zum Problem wird?

Besonders wenn wir uns im politischen und gesellschaftlichen Sinne engagieren: Angesichts der großen Unsicherheit der menschlichen Wahrnehmungsfähigkeit gilt es stets aufs Neue zu überprüfen, ob die eigene Sicht in der Gegenwart noch angemessen und hilfreich für uns und andere Menschen ist. Wir sollten uns fortgesetzt bereithalten, festgefügte Wahrheiten wieder zu hinterfragen, egal wie edel und abgeschlossen sie uns erscheinen mögen. Die Gefahr bleibt zeitlebens bestehen, dass wir einer Illusion aufsitzen, einem Trugschluss unterliegen. Viele Werte, nach denen wir leben, sind uns nicht bewusst und liegen im Verborgenen. Diese Ausgangslage verlangt nach einer toleranten Haltung alternativen Weltanschauungen gegenüber, die mit Bescheidenheit und Demut gepaart ist.

Denken wir nur einmal daran, wie es sein kann, dass jemand im Namen der Liebe, der Gerechtigkeit (oder jeder beliebigen anderen »Wahrheit«) Mitmenschen foltert, in die Luft sprengt oder auf dem Scheiterhaufen verbrennt. Hier liegt ein Wertekonflikt vor, der von den entsprechenden Personen offenbar recht mühelos gehandhabt wird. Der ganze Hass, der in diesen Handlungen zum Ausdruck kommt, die abgrundtiefe Verzweiflung und das Ungeheuerliche des eigenen Tuns werden vom Ich nicht realisiert. *Wir können handeln, ohne uns unserer eigentlichen Motive bewusst zu sein.*

Daraus erwächst auch die Verantwortung, uns mit unserem Schatten auseinanderzusetzen. Der Schatten wird in der Terminologie von C. G. Jung als die dunkle Seite der Persönlichkeit aufgefasst. Er ist Teil des Unbewussten und setzt sich aus verdrängten Aspekten, Neigungen und Eigenschaften zusammen. Es gibt so vieles, was wir im Laufe des Lebens vor uns selbst und anderen verborgen haben. Den eigenen unliebsamen Charakterzügen offen ins Gesicht zu schauen, stellt einen unabdingbaren Schritt auf dem Weg zur Ganzwerdung als Mensch dar. Sonst sind wir immer in Gefahr, aus Motiven heraus zu handeln, die dem Ich zwar normal oder sogar erhaben vorkommen, in Wirklichkeit aber der Ausdruck verdrängter Impulse aus unserem Unbewussten sind. Denken Sie nur an die Missbrauchsfälle, die in der jüngsten Zeit die katholische Kirche erschüttert haben. Ein solches Phänomen basiert auf vom Bewusstsein abgespaltenen Persönlichkeitsanteilen. Gleichwohl: Es sind nicht nur die anderen – wir alle sitzen ohne Ausnahme auf einem großen Eisberg, von dem das weitaus meiste unter Wasser liegt.

Unser Verstand kann *jedes* System, *jedes* unserer Motive als in sich schlüssig beweisen. Der Beweisführer beweist, was der Denker denkt. Der Denker denkt, was der Glaubende glaubt. Aus diesem Grund brauchen wir die Fähigkeit, einen Abstand zwischen uns und unseren Gedanken herzustellen.

Die große Anziehungskraft von religiösen, weltanschaulichen und politischen Gruppierungen stammt aus ihrer identitätsbildenden Kraft. Fühlen wir uns einer dieser Verbände zugehörig, entsteht daraus ein mächtiges Wir-Gefühl.

Die Identifikation mit bestimmten Werten und Regeln hat stabilisierende und gemeinschaftsbildende Wirkung. Eine weitere Folge ist die Abgrenzung der eigenen Gruppe von anderen Menschen. Hier sind wir, dort drüben sind die anderen: Die Grundlage für Trennung ist gelegt. Darin liegt eine große Gefahr von Gemeinschaften jeglicher Art. Sie definieren, was »richtig« (nämlich die eigenen Anschauungen) und was »falsch« ist – die Sicht der anderen. Es entsteht ein Gefühl von Exklusivität gegenüber allem, was nicht »wir« ist. Man ist »schwarz« oder »rot«, »Christ« oder »Buddhist«, »Deutscher« oder »Türke« – Hauptsache, es wird ersichtlich, wer wir genau sind. Dies alles entspringt unserem tief verwurzelten Sehnen nach Sicherheit und Orientierung. Wir sollten ein Auge darauf haben, wo dieses Bedürfnis zur Falle wird und uns die Sicht auf die Verbundenheit mit *allen* Menschen raubt.

Unsere gesellschaftliche Grundordnung beruht auf dem Prinzip der Demokratie – einer Regentschaft von vielen. Allerdings wurde im Kapitel über den Multimind deutlich, dass wir in den seltensten Fällen wirklich demokratisch denken. Oft haben wir bestimmten Anteilen in uns große Macht eingeräumt und vernachlässigen andere Seiten sträflich, ohne dass uns dieses Ungleichgewicht auffallen würde. Es fühlt sich einfach gewohnt an.

Das Partizipative Denken sorgt für mehr Ausgewogenheit und gelebte Demokratie in unserem Denken. *Erst wenn wir in der Lage sind, mit uns selbst wirklich demokratisch umzugehen, findet die parlamentarische Demokratie der Gesellschaft Wurzeln im Individuum, die tief genug reichen, um auch schwierige Zeiten unbeschadet zu überstehen.*

Wenn wir aufgrund des andauernden Perspektivenwechsels die Relativität von Weltanschauungen ernst nehmen, folgt eine weitere bedeutsame Konsequenz: Wir sind bereit, uns dafür einzusetzen, dass das Gegenüber eine von unserer eigenen Meinung abweichende Haltung vertreten darf. Wir treten mit Nachdruck Fanatismus und Gewalt entgegen. Da alle Standpunkte im Prinzip richtig, aber auch falsch sein können, darf jeder frei sein, so zu denken und zu handeln, wie er oder sie es für angemessen hält – solange die Freiheit der restlichen Menschheit damit nicht eingeschränkt und bedroht wird.

Aus der Partizipativen Kommunikation erwächst eine Fähigkeit, die mir unabdingbar für Führungskräfte jedweder Couleur zu sein scheint: die Fertigkeit, mit anderen Menschen in einen *echten* Dialog zu treten. Davon kann man aber erst sprechen, wenn beide Partner in der Lage sind, dem jeweiligen Gegenüber tatsächlich zuzuhören. Das bedeutet, die persönliche Meinung erst einmal hintanzustellen, um mitzubekommen, was die andere Person mitzuteilen hat. Wenn man mit den eigenen Gedanken und Gefühlen identifiziert ist, gibt es kaum eine Chance, den anderen wirklich in der Tiefe zu hören und zu verstehen. Springt man sofort auf gefühlsmäßige Affekte an, sucht man schon nach Argumenten, um den Gesprächspartner zu widerlegen, während er noch im Reden begriffen ist. So aber werden keine Lösungen gefunden, die am Ende die Gestaltungskräfte beider Parteien enthalten.

Halten wir die Betrachtung sowohl auf den eigenen Gefühlen als auch auf den Gesprächsinhalten, kann ein Raum entstehen, in dem wirklicher Dialog möglich wird. Die Aufmerksamkeit ist dabei wie ein Pfeil, der in zwei Richtungen zeigt:

INNENWELT ← A-U-F-M-E-R-K-S-A-M-K-E-I-T → AUSSENWELT

In einem echten Dialog gelangen unbewusste Werte, Vorannahmen und Muster ins Bewusstsein der Gesprächspartner. Die dahinterliegenden Erfahrungen und Lebensmuster werden sichtbar. Durch diese Offenheit entwickelt sich ein Verstehen des jeweils anderen, das auf herkömmlichem Wege nicht zu erreichen ist.

Warum Denkclubs bedeutsam sind

> Versuche niemals das Denken zu entmutigen, denn du würdest mit Sicherheit Erfolg haben.
>
> *Bertrand Russell (1872–1970), Nobelpreis für Literatur (1950)*

PRAKTISCH UNDENKBAR

Dr. Huber aus Bremen hat einen Bruder in München, der Anwalt ist. Dieser Anwalt behauptet aber, dass er keinen Bruder in Bremen hat, der einen Doktortitel trägt.

Wie kann das sein?

(Hinweis unter »Amnesie« auf Seite 186)

Was wir als »Ich« begreifen, wird in einem ständig fortlaufenden Prozess der sozialen Konstruktion fortgeschrieben. Es ist das Produkt von Interaktion und Kommunikation. Wir brauchen andere Menschen, um das, was wir so unveränderlich als »Ich« bezeichnen, überhaupt aufrechterhalten zu können. Das Denken ist immer eingebunden in zwischenmenschliche Bezüge und kommunikative Kreisläufe, die wir mit unseren Mitmenschen kreieren.

Wir sind die ganze Zeit über verwoben in einem Netz aus Beziehungen. Unser innerer Zustand, die Gedanken und Gefühle: Alles hängt davon ab, wie wir mit der Welt interagieren, mit der wir in einer unauflöslichen Interdependenz stehen.

Aus genau diesem Grund sind Denkclubs so wichtig.* Ein solcher Treffpunkt ist die kulturelle, soziale Manifestation einer inneren Entwicklung Richtung Multiperspektivität. Es ist nicht nur essenziell, dass es diesen äußeren Ausdruck gibt, es ist entscheidend. Im gemeinsamen Denken und Kommunizieren wird Realität konstituiert. Neuartige Zusammenhänge werden hergestellt, alternative Landkarten erarbeitet. Natürlich kann man vieles davon auch alleine umsetzen, es aber gemeinschaftlich durch Austausch zu tun, erzeugt noch vielfältigere Bezüge, noch differenziertere Wegeverzeichnisse. Man bestätigt und bestärkt sich gegenseitig in der neuen Bedeutungsgebung. Ein Kollektiv wird im Laufe seines Bestehens immer auch die Realität und die Wahrnehmung seiner Teilnehmer programmieren.

Lernen ist Kommunikation. Lernen ist Interaktion. Lernen ist soziale Konstruktion.

Das Miteinander einer Gruppe ist die Keimzelle für gesellschaftliche Veränderungen. Die Mitglieder einer Gemeinschaft stehen in vielfältigen anderen Bezügen – und werden diese anhand der in der Ausgangsgruppe gemachten Erfahrung beeinflussen und gestalten. Wir sind Teile eines Ganzen, das wiederum Teil eines Ganzen ist, das wiederum … ad infinitum.

---

* Wenn Sie einen eigenen Denkclub gründen wollen – was ich Ihnen wärmstens empfehlen kann –, besorgen Sie sich das Buch *De Bonos neue Denkschule* von Dr. Edward de Bono. Am Ende seines Buches werden die zwei ersten möglichen Sitzungen eines Denkclubs genau beschrieben. Wir in Würzburg haben exakt so begonnen, damals, im Winter 2002 …

Neue Gedanken, neues Gehirn

> Die Menschen denken, dass Achtsamkeit nur eine Art psychologisches Konstrukt ist, aber in Wirklichkeit kann man sie anfassen. Sie besitzt eine Anatomie, eine Physiologie und eine Chemie.
>
> *Helen Neville, Professorin für Psychologie am Institut für Neurowissenschaften an der Universität von British Columbia*

Das Phänomen der Neuroplastizität

ZEIT, NEU ZU DENKEN

Mind over Matter

Stellen Sie sich für diese Übung hin und strecken Sie Ihren rechten Arm nach vorne aus. Drehen Sie sich dann langsam so weit nach rechts, wie es Ihnen möglich ist, ohne dabei die Position Ihrer Füße zu verändern. Merken Sie sich einen Punkt an der nächsten Wand, auf den Ihre Hand zeigt, damit Sie später wissen, wie weit Sie gekommen sind. Drehen Sie sich dann langsam wieder in Ihre Ausgangsposition zurück.
Imaginieren Sie dann (immer noch stehend) den gleichen Ablauf noch einmal mental, ohne sich dabei tatsächlich zu bewegen. Drehen Sie sich (nur in der Vorstellung) wieder mit ausgestrecktem Arm nach rechts, so weit Sie können. Und dann darüber hinaus. Da Sie sich diese Bewegung nur ausmalen, können Sie sich sehr weit drehen, im Grunde einmal im Kreis, und wenn Sie wollen, sogar darüber hinaus. Beenden Sie nun diesen Teil der Übung.
Führen Sie diese Aktivität dann noch einmal real aus. Das heißt, Sie drehen sich wieder nach rechts, so weit Sie eben kommen.

Was stellen Sie jetzt fest?

(Kommentar unter »Mind over Matter« auf Seite 182)

Im Jahre 1987 veranstaltete der amerikanische Psychiater Jeffrey Schwartz eine Gruppentherapie mit Menschen, die unter Zwangsstörungen litten. Bei dieser Form der psychischen Erkrankung müssen die

Betroffenen bestimmte Zwangshandlungen ausführen (sich ständig die Hände waschen, obwohl sie sauber sind; Herdplatten kontrollieren – dessen ungeachtet, dass sie ausgeschaltet wurden, usw.) und das zum Teil so häufig, dass ihr Leben davon stark beeinträchtigt wird.

Der Forscher Schwartz stellte mithilfe von bildgebenden Verfahren fest, dass Patienten mit Zwangsstörungen eine Art Hyperaktivität in zwei Bereichen des Gehirns aufwiesen. Diese konnte man messen und sichtbar machen. Die Psychiatrie hielt diese Störungen bis Mitte der 1960er-Jahre für unheilbar.

Schwartz hatte nun die Idee, Menschen mit diesem Krankheitsbild die Methode des Achtsamkeitstrainings beizubringen: Die Patienten sollten lernen, die Inhalte des eigenen Geistes zu beobachten, ohne in irgendeiner Weise auf sie zu reagieren. Es ging dabei darum, den Probanden beizubringen, den zwanghaften Gedanken standzuhalten, sie zu beobachten, aber nicht mit einem bestimmten Verhalten darauf zu reagieren. Diese Übung wird zunehmend leichter, je öfter wir die emotionalen Reaktionen bereits im Entstehen bemerken. Je geübter wir darin sind, das Heraufziehen eines Gefühls zu registrieren, desto schneller können wir den von ihm eingeschlagenen Trampelpfad verlassen (s. Abb. 42). Die Muster laufen zu diesem Zeitpunkt noch nicht in vollem Umfang und haben infolgedessen verminderte Durchschlagskraft.

Schon nach einer Woche des Übens berichteten die Patienten, dass die Zwangsstörung nicht mehr so viel Macht über sie besaß. Die bildgebenden Verfahren zeigten, dass sich die Aktivitätsmuster im Gehirn der Übenden im Vergleich zu den Daten, die vor der Achtsamkeitstherapie aufgenommen wurden, drastisch verändert hatten. Demzufolge sind rein kognitive Herangehensweisen in der Lage, die fehlerhafte Chemie in einem bestimmten Gehirnbereich systematisch zu beeinflussen und dauerhaft

Abb. 42

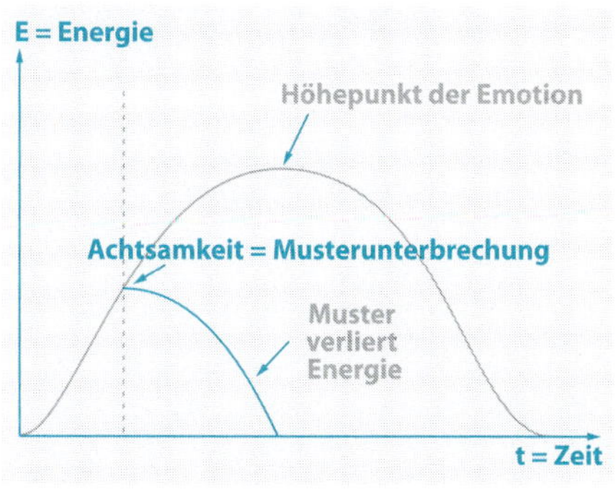

zu modifizieren. *Eine bewusste und willentliche Absicht kann Gehirnfunktionen verändern und das Gehirn im wahrsten Sinne des Wortes umwandeln.*

Dieser Bereich der modernen Gehirnwissenschaften wird »Neuroplastizität« genannt. Unsere grauen Zellen sind weit formbarer, als es jemals für möglich gehalten wurde. Gezielte geistige Vorgänge können die Gehirnchemie umgestalten.

Diese Versuche wurden mit Menschen wiederholt, die unter starken Depressionen litten. Die Art und Weise, wie diese Patienten mental mit ihrer Schwermut umgingen, hatte enorme Auswirkung auf den Verlauf der Krankheit. Um eine tiefe Niedergeschlagenheit zu erzeugen, muss die entsprechende Person in ein bestimmtes Denkmuster fallen und die zugeordneten Schaltkreise im Gedächtnis aktivieren. Haben diese Überlegungen erst einmal begonnen, breiten sie sich häufig wie eine Art geistiges Buschfeuer aus und setzen alles in Brand, was ihnen in die Quere kommt. Lernen die Probanden dahingegen die eigenen mentalen Aktivitäten als das zu sehen, was sie sind, nämlich nur Gedanken und nicht die Realität, entsteht ein gewisser Abstand und eine gesunde Distanz zu ihnen. Nach und nach verlieren diese Muster ihre Kraft und neue Denkbahnen werden gelegt. Durch die Praxis der Achtsamkeitsübungen wird so etwas wie eine Feuerschutzwand zwischen den auslösenden Gedanken und dem Brennholz gezogen. Es kommt zu einer im wahrsten Sinne des Wortes neuen Verdrahtung im Gehirn.

Man kann es gar nicht oft genug wiederholen, weil es ein tief in unserer Geistesgeschichte verwurzeltes Paradigma zum Einsturz bringt: *Unser Geist ist in der Lage, das Gehirn auf einer* materiellen *Basis zu verändern und umzuformen.*

Mind *and* Matter

> Wir müssen erkennen, dass wir sowohl spirituelle Wesen sind, die mit ihrer Seele in einer spirituellen Welt existieren, als auch materielle Wesen, die mit ihrem Körper und ihrem Gehirn in einer materiellen Welt existieren.
>
> *John C. Eccles (1903–1997), Nobelpreis für Medizin (1963)*

ZEIT, NEU ZU DENKEN

Zeuge sein

Teil 1:

Erinnern Sie sich bitte an eine Situation aus der Vergangenheit, in der Sie ein Gefühl wie Ärger oder Zorn empfunden haben (das Gefühl von Stress wäre für diese Übung genauso gut geeignet).
Rufen Sie sich diese Situation kurz ins Gedächtnis zurück: Was gab es da zu sehen, zu hören, zu fühlen? Erleben Sie diesen Moment in Ihrer Vorstellung noch einmal, so als würden Sie aus Ihren eigenen Augen heraus in die Situation hineinschauen.
Nehmen Sie sich bitte ca. eine Minute Zeit dafür. Spüren Sie kurz Ihren körperlichen Empfindungen nach.
Stehen Sie vielleicht kurz auf, gehen Sie ein paar Schritte umher und schütteln Sie das Gefühl aus Ihrem Körper, bevor Sie zum zweiten Teil des Experiments übergehen.

Teil 2:

Stellen Sie sich bitte dieselbe Situation von gerade eben vor. Nur dass Sie diesmal nicht aus Ihren Augen heraus auf die Situation blicken, sondern das Geschehen von einem Punkt über oder hinter Ihnen beobachten. Sie können sich jetzt selbst darin sehen.
Nehmen Sie sich wieder ca. eine Minute Zeit, um die Erinnerung zu aktivieren und von der Beobachterperspektive auf die Situation zu schauen. Spüren Sie wieder Ihren Empfindungen nach.

Welche Unterschiede zwischen der ersten Variante der Übung und der zweiten können Sie feststellen?

(Weiterführender Kommentar unter »Zeuge sein« auf Seite 183)

Die Idee, dass Gedanken am Ende das Gehirn tatsächlich in seinem physischen Aufbau modifizieren, scheint zunächst ungeheuerlich, zumindest im Licht der tradierten Naturwissenschaften betrachtet. Viele Neurowissenschaftler sind bis heute davon überzeugt, dass Bewusstsein ein Produkt der chemischen und physikalischen Aktivitäten des Gehirns ist. Und dass das Gehirn und sein Zustand sehr wohl auf das Bewusstsein einwirken, dass aber umgekehrt der Geist keinerlei Einfluss auf seine materielle Grundlage ausüben kann.

Diese materialistische Haltung ist zutiefst in das wissenschaftliche Denken eingegraben und prägt unsere Weltsicht schon seit geraumer Zeit. Tatsächlich sind die Wissenschaften, so wie wir sie heute kennen, eine Gegenbewegung zu den übermächtigen Glaubenssystemen der Religionen. Viele Jahrhunderte lang standen die Menschen unter der Knechtschaft von Aberglauben und zweifelhaften Theorien über Gott und das Universum. Es gab dabei auch einen positiven Kern: Man ging ganz natürlich von spirituellen Kräften aus, die unsere Existenz durchdringen. Die zu starke Betonung des »Jenseitigen« führte allerdings zu einer kategorischen Ablehnung des »Diesseitigen« und allem, was mit den materiellen Grundlagen des Daseins zusammenhängt.

Dann traten die Naturwissenschaften auf den Plan – »Und sie bewegt sich doch!«. Die Aufklärung erschütterte das Fundament der christlichen Glaubenssysteme. Zum damaligen Zeitpunkt war das eine enorm wichtige und befreiende Bewegung. Die Menschen fingen an, ihren Verstand zu gebrauchen, »Wahrheiten« zu hinterfragen, und verlangten Beweise für Behauptungen. Das große Verdienst der Naturwissenschaften bestand darin, dass sie die Menschheit aus dem Klammergriff der Religion befreiten. Leider schießt nun unser Glaube an die Wissenschaften weit über das Ziel hinaus. Wir haben sie inzwischen quasi zu einer Ersatzreligion erhöht.

Und welche Ironie der Geschichte: Nun gebaren sich die Naturwissenschaften in vielerlei Hinsicht ähnlich wie früher die Religionen. Mit der starken Überbetonung der jeweils eigenen Weltsicht – hier Geist, dort Materie, für alle Zeiten unvereinbar – wird eine Trennung geschaffen, die der Welt in ihrer materiellen und spirituellen Vielschichtigkeit nicht im Ansatz gerecht wird.

Die Naturwissenschaften beleuchten die stofflichen Facetten des Lebens und lassen ihrerseits wichtige andere Bereiche außen vor. Die wissenschaftliche Sichtweise wird für die einzig wahre und richtige gehalten. So erfährt die Inquisition eine unverhoffte Renaissance. Andersdenkende werden mit Missbilligung geächtet und bestraft.

Erst in jüngster Zeit gab es ein erschreckendes Beispiel für die vielen weltanschaulichen Systemen zugrunde liegende quasi religiöse Wirklichkeitsverzerrung. Der promovierte Biologe Rupert Sheldrake hatte sein Konzept der morphogenetischen Felder vorgestellt. Kurz gesagt eine Theorie, in der es möglich ist, dass Informationen fließen, ohne dass auf den uns bekannten Kommunikationskanälen Botschaften versendet werden.* Die renommierte Fachzeitschrift *Nature* hat daraufhin sein Buch als Spitzenkandidaten für eine Bücherverbrennung (!) vorgeschlagen. Nun, es hat schließlich alles seine Grenzen, nicht wahr?

Im naturwissenschaftlichen Weltbild ist unser Dasein eine Art riesiges Uhrwerk, eine in letzter Konsequenz tote Maschine. In dieser Vorstellung müssen wir nur alle Regeln kennen, um vorhersagen zu können, wie diese komplexe Apparatur funktioniert. Der Geist wurde aus allen Überlegungen ausgeklammert, Bewusstsein auf bloße Materie reduziert. Dabei wissen die Neurowissenschaften bis zum heutigen Tage nicht, wie das Konzert der physikalischen und chemischen Vorgänge im Gehirn und Körper etwas so Diffiziles wie Bewusstsein, Gedanken und Gefühle hervorbringen kann.

Die Naturwissenschaften haben dem Leben seine spirituelle Dimension geraubt und die subtilen und seelischen Aspekte unserer Existenz gnadenlos in den Bereich des Numinosen, ja Lächerlichen verbannt. Wir können jetzt zwar viel von den uns umgebenden materiellen Kräften erkennen und beherrschen, doch welchen Preis haben wir dafür bezahlt? Das Universum ist nun ein lebloser Ort, voll starrer Regeln und mechanischer Gesetzmäßigkeiten; allein, es ist tot, seiner Inspiration und mystischen Natur vollständig beraubt. Und wir bleiben zurück als einsame Wanderer in einer Wüste der Bedeutungslosigkeit und seelenloser Leere. Eine boomende Esoterikszene, aber auch der zunehmende religiöse Fundamentalismus sind Reaktionen auf diesen Sinn- und Wertemangel unseres Daseins.

---

* Eine Vorstellung übrigens, wie sie auch Experimente der Quantenmechanik implizieren.

Sicher: Der Geist braucht auf bestimmten Ebenen die Materie – den Körper, das Gehirn –, um überhaupt in Erscheinung treten zu können. Darin liegt der Wert der Naturwissenschaften, die den materiellen Ausdruck der Existenz erforschen. Aber der Geist ist auch in der Lage, auf das Grobstoffliche einzuwirken und es nachhaltig zu beeinflussen. Und hier kommen die Disziplinen der Psychologie und Spiritualität ins Spiel. Die Experten auf diesen Gebieten erkunden die Funktionsweise des Bewusstseins und welche Prinzipien in ihm wirksam sind.

Was wir heute dringender benötigen als jemals zuvor, ist ein Dialog beider Antipoden. Aus dieser Synthese könnte etwas Neues hervorgehen, was uns wirklich weiterbringt in diesen alle Ebenen unseres Seins erschütternden Zeiten.

Equilibrium

I

Vom noch suchenden Buddha wird folgende Geschichte erzählt: Nach Jahren des asketischen Lebens saß er unter einem Baum und fastete und meditierte, um die Erleuchtung zu erlangen. Eines Tages fuhr auf dem Fluss vor ihm ein Boot mit zwei Musikern vorbei, welche den Sitar* spielten. Der eine Musikant – offenbar der Lehrer des anderen – sagte gerade in dem Moment, als sie an Buddha vorbeifuhren, zu seinem Schüler: »Wenn du deine Saite zu locker spannst, kann kein Ton durch sie erklingen. Spannst du sie dagegen zu straff, wird sie reißen.« Es wird erzählt, dass Buddha sich in diesem Augenblick von seinem Platz erhob und den Weg der reinen Askese hinter sich ließ.

Jeder ganzheitlichen Problemlösungsstrategie liegt eine ähnliche Haltung zugrunde: Wir erkennen an, dass eine jegliche Situation im-

---

* Der Sitar ist ein indisches Saiten- und Zupfinstrument.

mer aus mehreren Komponenten besteht und dass nicht ein Aspekt wichtiger oder richtiger ist als der jeweils andere. Erst wenn wir beide in ihrer Bedeutung und in ihrem Wechselspiel wahrnehmen können, sind wir dazu in der Lage, auf eine Ebene zu wechseln, die beide einschließt und ihnen gerecht wird.

Bei den Polen des Ein- und Ausatmens würde man sich auch nicht fragen, welcher denn nun besser wäre. Wir brauchen sowohl den einen als auch den anderen. Was wir mit den Denktechniken in diesem Buch letzten Endes praktizieren, ist der laufende Versuch, die Spannung der Dualität zu überwinden. Wir vergrößern unseren Blickwinkel und schließen dabei vermeintliche Gegensätze mit ein und transzendieren sie. Das Pendel schwingt unaufhörlich hin und her. Wir verharren nicht bei einer Denkposition, sondern lösen uns von dieser *einseitigen* Sichtweise, immer aufs Neue bereit, auf die andere Seite zu schwingen. Dort gibt es alternative Deutungen zu entdecken, neue Blickwinkel zu integrieren, in einem anhaltenden Wechsel der Perspektiven – wir bewegen uns im Equilibrium.

II

In der Geschichte der Philosophie wurde das Denken zu einer rein abstrakten Beschäftigung. So als könnten wir den Denker von unserem Körper loslösen und quasi aus einem luftleeren Raum (»Der Blick aus dem Nirgendwo«) heraus denken. Alle Hintergründe, namentlich Vorbedingungen wie Körper, Umwelt, Vorurteile, Erfahrungen, Sinneseindrücke usw., werden negiert. Es wird so getan, als gäbe es ein Denken an und für sich, gleichsam ein reines, abstraktes Denken, das für sich allein genommen bestehen kann. Diese Idee ist tief in unsere Geistesgeschichte verwoben und hat sie über viele Jahrhunderte geprägt.

Auch in der westlichen Psychologie gab es schon das Verfahren der Introspektion. Leider wurde dabei nur über das Denken nachgedacht. Es gab kein Bewusstsein des eigenen Geistes – also des Raumes, innerhalb dessen das Nachdenken überhaupt stattfindet. *Damit werden dem Denken die eigenen Vorurteile präsentiert, die es dann überdenken kann.*

Das herkömmliche Nachsinnen über das Denken ist sich seiner eigenen Tätigkeit nicht gewahr. Es ist ein unbewusstes Denken über das Denken, das seine wesentlichen Grundlagen außer Acht lässt. Körper und Geist sind darin nicht koordiniert. Wir sind uns nicht bewusst, wo wir uns befinden, wo sich der Körper aufhält und wie er und der Geist im jeweiligen Moment zusammenspielen.

Das Denken ist untrennbar mit der Wahrnehmung, dem Körper, den Gefühlen und unserem Wertesystem verknüpft. Wir sind nicht in der Lage, die äußere Welt wie ein Objekt zu erfassen und neutral zu kartografieren. *Unser Denken ist ein Teil der Welt, die wir durch unser Denken zu erforschen beabsichtigen.*

Es gibt aber einen Weg, der diese scheinbaren Gegensätze überwinden kann: Reflexion über die eigene Verstandestätigkeit ist dann möglich, wenn wir dabei den Raum, in dem das Denken stattfindet, gleichermaßen im Auge behalten.

III

Menschen, die in ihrer Kindheit ein verlässliches Maß an Bindung erfahren haben, sind als Erwachsene neuen Ideen und anderen Sichtweisen gegenüber wesentlich aufgeschlossener. Individuen, die aufgrund fehlender Stabilität in ihren Bindungen eher ängstliches oder vermeidendes Beziehungsverhalten entwickelt haben, fällt es eher schwer, sich auf neue Perspektiven und neue Gedanken einzulassen. Diese Prägungen reichen tief und beeinflussen die Haltung dem Dasein gegenüber massiv.

Wir können durch die grundlegende Offenheit des Undenkbaren Denkens wieder in Kontakt kommen mit unserem aufrichtigen Interesse und unserer Neugierde am Leben. Menschen, die als Kinder stabile emotionale Verhältnisse erfahren durften, verfügen ohnehin über einen recht leichten Zugang dazu. Sind wir eher ängstliche Naturen, werden wir beim Wechseln der Blickwinkel unweigerlich Anteilen in uns begegnen, die wir der Welt gegenüber schon früh verschlossen hatten. Im Licht der nicht urteilenden Achtsamkeit finden wir erneut die Gelegenheit, die Angemessenheit dieser Entscheidungen zu überdenken und gegebenenfalls zu revidieren.

Ich bin davon überzeugt: Durch die Flexibilität des Denkens können wir in den Tiefen unseres Seins Veränderungen erzielen. Allerdings hat dieser Prozess natürliche Grenzen: Manche Inhalte des Geistes sind uns nicht bewusst, wir wissen nicht einmal, dass wir sie nicht kennen. Es braucht Zeit und eine Menge Erfahrung mit der eigenen Selbstbeobachtung, diesen Mustern auf die Spur zu kommen.

Lange Zeit sind wir der Vorstellung gefolgt, dass das Denken strikt von anderen Aspekten der menschlichen Existenz zu trennen sein könnte. Je mehr wir aber darüber erfahren, desto klarer wird, dass es ohne die Emotionen nicht existieren kann. Wenn das Denken so tief mit dem Fühlen zusammenhängt und so stark von ihm beeinflusst wird, reichen rein gedankliche ethische Grundsätze nicht aus. Ein Kodex wie zum Beispiel der kategorische Imperativ* des großen Philosophen Immanuel Kant scheint unmittelbar einzuleuchten. Doch welche Kräfte in uns sorgen für dessen Umsetzung in die alltägliche Lebenspraxis?

Wir brauchen heute dringender denn je auch eine Bildung der Emotionen. Die alleinige Vormachtstellung des rationalen Verstandes reicht nicht mehr aus, um mit den komplexen Aufgaben fertig zu werden, die die Welt in diesen Tagen an uns alle stellt. In den Grundzügen haben wir ein solches Training in diesem Buch praktiziert und kennengelernt.

Das Undenkbare Denken ist sicher kein Stein der Weisen, aber ein gutes Hilfsmittel für unseren Alltag. Es ist seinem Wesen nach zutiefst bejahend und hält immer wieder Ausschau nach alternativen Betrachtungsweisen. Wir fühlen uns nicht als Opfer der Verhältnisse, sondern übernehmen Verantwortung für die Ausgestaltung des eigenen Lebens.

Diese Art zu denken setzt einer weitverbreiteten Tendenz des Klagens und Kritisierens ein unbedingtes Wollen nach Aufbau und Design

---

* »Handle nur nach derjenigen Maxime, durch die du zugleich wollen kannst, dass sie ein allgemeines Gesetz werde.«

entgegen. Kritik zu üben ist keine Kunst. Etwas zu bemängeln ist wesentlich bequemer, als Innovationen hervorzubringen. Neues aufzubauen heißt, das eigene Schicksal in die Hand zu nehmen, bereit zu sein, Fehler zu machen und aus diesen wieder zu lernen. Perfektion ist die Verhinderung von Glück.

IV

Das Denken ist uns nah, sehr nah sogar. So nah, dass wir uns häufig mit ihm gleichsetzen. Dabei ist es nur ein mächtiges Werkzeug. Das Denken ist unser Diener. Er sollte dem Befehl seines Vorgesetzten unterstehen. Einem Instrument geht der Überblick seines Benutzers völlig ab. Und dennoch entfesselt dieser Diener bisweilen Kräfte, die er dann – dem Zauberlehrling in Goethes gleichnamiger Ballade verwandt – nicht mehr kontrollieren kann. Wir müssen ihm wieder seinen angemessenen Platz in unserem Leben zuweisen. Es geht nicht darum, den Verstand zu diskriminieren, im Gegenteil: Ein Denken, das flexibel Perspektiven wechseln kann, ist von unschätzbarem Vorteil.

Wir sollten allerdings klar im Blick behalten, dass der alleinige Glaube an die Ratio und dem von ihr propagierten immerwährenden technischen Fortschritt unsere Welt erst in die dramatische Situation gebracht hat, in der wir uns heute befinden. Gewiss hat uns diese Fortentwicklung eine Menge angenehmer Lebensumstände beschert. Doch wir überblicken langsam den hohen Preis, der dafür zu bezahlen ist.

Es gibt einen schmerzlichen Verlust an Werteorientierung in der Gesellschaft. *Das Denken für sich allein genommen erzeugt keine Sinnhaftigkeit.* Wir haben diese Einbuße mit einer extremen Überbetonung des Götzen Konsum kompensiert. In Kombination mit den machtvollen technischen Fähigkeiten sind wir an einem Punkt angelangt, an dem wir ohne Sinn und Verstand für Nachhaltigkeit fatalen Raubbau an den Ressourcen des Blauen Planeten betreiben.

Hier soll keinem totalen Konsumverzicht das Wort geredet werden; aber das Pendel des Verbrauchs von Rohstoffen und Gütern ist in unserem Kulturkreis definitiv zu stark in Richtung Maßlosigkeit geschwungen. Ein Gesellschaftssystem und eine Politik, die sich aus der Abhängigkeit von Industrie und Wirtschaft emanzipieren muss, wird und kann sich von Fragen der ökologischen Nachhaltigkeit und dem schonenden Umgang mit Ressourcen nicht mehr abwenden.

V

Wir haben uns im Laufe unseres Lebens an viele gedankliche und emotionale Muster gewöhnt. Deshalb verfechten wir manche auch so hartnäckig gegen scheinbare Bedrohungen von außen. Was aber wäre, wenn wir erkennen, dass es gar nichts zu verteidigen gibt? Was, wenn in der Tiefe des Geistes etwas wie ein unveränderliches Selbst gar nicht existiert? Was, wenn der Verstand eine mehr oder weniger zufällige Anordnung an Mustern wäre, die wir als »Ich« bezeichnen?

In der hiesigen Kultur ist die Annahme eines soliden Selbst tief verankert. Wir gehen davon aus, dass es etwas gibt, das uns unverwechselbar zu einem abgegrenzten Individuum, zu einem »Ich« macht. Da wir alle Kinder der Gesellschaft sind – sie ist die Sozialisation, in der wir aufgewachsen sind, die Metaprogrammierung –, haben wir diese Vorstellung tief verinnerlicht. Wir beziehen unser Lebensgefühl, unseren Antrieb, unsere Motivationen und Werte aus diesem Konzept. Andere Kulturen sind diesbezüglich um einiges entspannter. Sie gehen vielmehr davon aus, dass die Erfahrung eines individuellen Selbst erst im Wechselspiel mit und durch die fortlaufende Bestätigung von anderen Menschen entsteht.

In unserer Sprache gibt es den Ausdruck »Selbstlosigkeit«. Damit ist jemand gemeint, der großzügig und im Sinne anderer Menschen handelt. Diese Person stellt ihre eigenen Interessen hinter die der Mitmenschen zurück – wir sagen, sie verhält sich selbstlos. Lauscht man diesem Wort ein wenig länger nach, klingt eine überraschende Bedeutung an: »Selbstlosigkeit« meint im Kern jemanden, der *ohne* Selbst ist und die Vorstellung einer getrennten Identität hinter sich gelassen hat.

Sicher ist das vor allem ein Ideal, und wie viele haben es schon verwirklicht? Gleichwohl kennen wir alle Zustände oder Situationen, in denen wir auf ganz natürliche Weise »selbstlos« sind: Ein Kind rennt auf die Straße, einem Ball hinterher. Die meisten Menschen würden versuchen, das Kind zu schützen, unabhängig davon, ob die eigene Person dabei in Gefahr gerät oder nicht.

Erst wenn wir die Illusion eines getrennten Selbst loslassen und allmählich wieder »selbstlos« werden, entspringen unsere Worte und Taten einer Quelle in uns, die das Wohl der gesamten Menschheit im Auge behält und nicht nur das *eigene* oder das der *eigenen* Familie oder des *eigenen* Dorfes oder der *eigenen* Stadt oder …

Wie aber können wir diesen Zustand der Selbstlosigkeit einüben?

Unsere Muster verdichten sich im Laufe unseres Lebens zu dem, was gemeinhin »Charakter« oder »Persönlichkeit« genannt wird. Diese eingefahrenen Denkweisen sind die Grundlage für das Gefühl der Getrenntheit. Wenn man sich für ein ganz bestimmtes Individuum hält und sich unerschütterliche charakterliche Eigenschaften zuschreibt, dann sind »Ich« und »Du« klar voneinander abgesondert. Vielleicht handelt es sich um den grundlegendsten Irrtum des menschlichen Geistes schlechthin: mit bestimmten Erfahrungen zu verschmelzen und anschließend aus der Gefangenschaft dieser Identifikation ein ganzes Leben lang nicht mehr ausbrechen zu können.

Wir müssen diese Unfreiheit in vollen Zügen anerkennen, sie annehmen, uns tief in sie versenken, um das tatsächliche Ausmaß zu verstehen, in dem wir gefangen sind. Gleichzeitig gilt es zu erkennen, dass niemand anderes als wir selbst es sind, die den Schlüssel zu unserer Gefängniszelle in den Händen halten. Mithilfe der Werkzeuge des Undenkbaren Denkens können wir zumindest in kleinen Schritten beginnen, diese gefestigten Konstruktionen zu destabilisieren.

Das Undenkbare Denken führt uns in bestimmte Wahrnehmungsbereiche, die wir mit voller Absicht betreten und verlassen. Wenn wir aber diese verschiedenen Bewusstseinsfärbungen willentlich annehmen und ebenso aufgeben können, muss es eine Kraft in unserem Geist geben, die mehr ist als diese Zustände. Durch das flexible An- und Ablegen der Wahrnehmungsfilter geschieht eine subtile Dekonditionierung – wir lösen uns aus der tiefen Verhaftung mit bestimmten

Identitätszuständen und beginnen uns mit dem Teil in uns zu identifizieren, der die Impulse für den Wechsel der Filter gibt. Die bisherige Vorstellung dessen, was das Ich ausmacht, verflüssigt sich. Es wird zunehmend deutlich, dass auch unsere heiß geliebten Identitäten nur Konstruktionen sind. Wir lernen allmählich immer mehr den Raum in uns wahrzunehmen, der die Muster enthält und umschließt. Ein Raum, der viel weiter und umfassender ist, als alle Schemata zusammengenommen jemals sein könnten.

Der christliche Mystiker Meister Eckhart hat diese Gedanken so verdichtet: »Gott erfahren wir nicht durch den Prozess von Addition *(Konstruktion)*, sondern durch einen Prozess der Subtraktion *(Dekonstruktion)*.«*

VI

Eine der größten Schwierigkeiten für uns Menschen liegt darin, die große Unterschiedlichkeit an Sichtweisen und Lebenseinstellungen in einer postmodernen, multiperspektivischen Welt auszuhalten. Die Ansicht der anderen hat schnell etwas Bedrohliches, zumindest wenn sie an unsere eigenen Wertvorstellungen rührt. Um mit diesem Spannungszustand im Alltag umgehen zu können, braucht es von jedem Einzelnen emotionale und moralische Größe. An der Wurzel dieses Gefühls liegt die Angst und Erfahrung des Getrenntseins. Diese ist aber zutiefst Teil der dualistischen Realität, in der wir leben. Wir kommen nicht an ihr vorbei. Die Spannung der Differenz zu tolerieren und darüber hinaus die eigene Loslösung aus musterhaften Reflexen zu betreiben, dürfte eine der wesentlichen Aufgabenstellungen für ein gewaltfreies Miteinander auf diesem Planeten sein.

Ganz ohne Frage: Das menschliche Dasein stellt enorme Herausforderungen an uns. Wir kommen ohne jede Gebrauchsanweisung auf die Welt und suchen unseren Weg innerhalb dieser Existenz teils beschwerlich durch fortwährenden Versuch und Irrtum.

---

* Die Ergänzungen in Klammern stammen vom Autor.

Niemandem fällt es leicht, Undenkbares zu denken. Wir alle stoßen früher oder später auf empfindliche Punkte. Es ist eine Aufgabe schier herkulischen Ausmaßes, die eigene, doch so mühsam konstruierte Identität der Trennung hinter sich zu lassen und musterfreie Räume der Verbindung und Gemeinsamkeit zu betreten. Aber es hat ja auch niemand gesagt, dass es einfach wäre, ein Mensch zu sein.

Panta rhei.

Alles

ffffffffffffffffffffffffffffffffffffffffffffffffffffffffffffff

fffffffffffffffffffffffffffffffffffffffffffffffffffffffffffff

ffffffffffffffffffffffffffffffffffffffffffffffffffffffffffff

fffffffffffffffffffffffffffffffffffffffffffffffffffffffff

ffffffffffffffffffffffffffffffffffffffffffffffffffff

llllllllllllllllllllllllllllllllllllll

llllllllllllllllllllllll

lllllllllllllllllllll

llllllllllllllllll

lllllllllllllllllllllllllllll

iiiiiiiiiiiiiiiiiiiiii

iiiiiiiiiiiiiiiiiiiii

iiiiiiiiiiiiiiiiiiiiii

iiiiiiiiiiiiiiiiiiii

iiiiiiiiiiiiiiiii

iiiiiiiiiiiiiii

eeeeeeeeeee

eeeeeeeeeee

eeeeeeeeeee

eeeeeeee

sssssssssss

ssssssssss

sssssss

ssss

ss

sssss

ssssss

ssssss

ssssss

sss

t

.

Danke fürs Einschalten!

Postskriptum

Alles, was auf den vorherigen Seiten steht, insbesondere auf Seite 2, ist unwahr.

Die Figuren zur »Zeitfolgenfalle«

Abb. 43

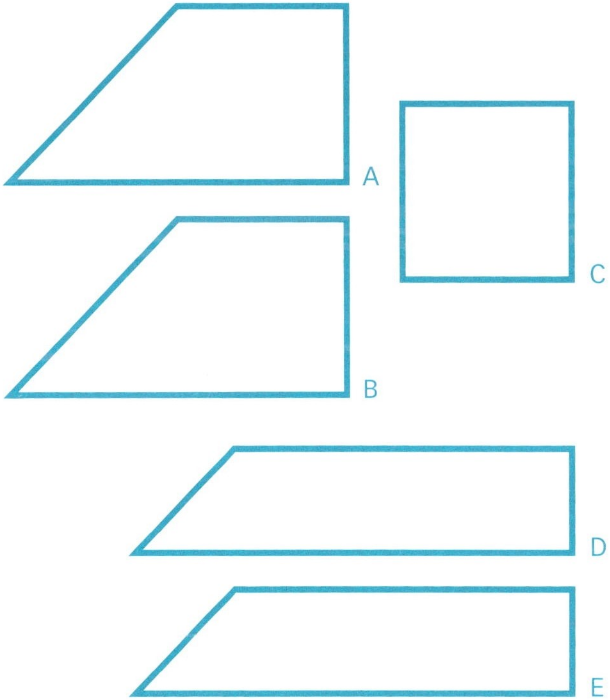

Kommentare zu den Übungen

Impliziter Assoziationstest

Vergleichen Sie nun Ihre Ergebnisse miteinander. Die meisten Menschen, die diesen Versuch durchführen, benötigen für den zweiten Durchgang deutlich mehr Zeit als für den ersten und empfinden diese Runde als mühsamer.

Dieses Verfahren wird Impliziter Assoziationstest (IAT) genannt. Es wurde von Psychologen entwickelt, um die unbewussten Anteile unseres Denkens und Fühlens erforschen zu können.

Es fällt uns leichter, positive Worte mit typisch deutschen Namen und negativ besetzte Worte mit typisch arabischen Namen zu verknüpfen. Schwerer tun wir uns hingegen damit, positive Begriffe mit arabischen und negative mit deutschen Namen zu assoziieren. Dieses Ergebnis deutet darauf hin, dass viele von uns eine nachteilig geprägte unbewusste Sicht von Menschen aus dem arabischen Kulturkreis haben. Wir halten uns für tolerant – da wollen diskriminierende Einstellungen nicht so recht ins Bild passen. Dennoch zeigt dieser Test erschreckend deutlich, dass unser Denken von Vorurteilen gefärbt ist, von denen wir noch nicht einmal bewusste Kenntnis besitzen.

Mind over Matter

Vermutlich konnten Sie sich beim zweiten Mal um einiges weiter drehen als noch zu Beginn. Wahrscheinlich ist Ihnen die zweite Bewegung auch um einiges leichter gefallen. »Nun gut«, höre ich Sie jetzt sagen, »das ist ja auch kein Wunder, denn beim wiederholten Ausführen sind meine Muskeln ja bereits vorgedehnt.« Ein plausibel klingender Einwand, dennoch: Machen Sie die Übung nach ein paar Minuten noch einmal, diesmal stellen Sie sich die Bewegung vor dem zweiten Mal nicht vor, sondern führen Sie einfach ein weiteres Mal aus. Wie ist Ihr Befund?

Unsere geistigen Vorgänge üben enormen Einfluss auf den physischen Bereich aus. Hochleistungssportler nutzen diese Zusammenhänge seit vielen

Jahren, indem sie komplizierte Bewegungsabläufe beim mentalen Training nur in der Vorstellung einüben. Mit dem Resultat, dass diese Handlungen im Anschluss sicherer ausgeführt werden. Die Gedanken steuern im Körper sogenannte Mikrobewegungen an. Und zwar exakt derselben Muskeln, die auch bei der tatsächlichen Bewegung im Einsatz sind. Unser Geist steht in intimster Verbindung mit dem physischen Leib und dem materiellen Gehirn.

Lücke zwischen den Gedanken

Zu Beginn mag diese Übung leicht befremdlich sein, und vielleicht ist sie für Sie ja auch nicht geeignet. Es gibt so viele verschiedene Methoden, um Stille im eigenen Geist zu erfahren, dass es Sie nicht beunruhigen muss, wenn Ihnen gerade diese Vorgehensweise nicht behagt. Anfangs ist es manchmal etwas schwierig, überhaupt Lücken zwischen den Gedanken ausfindig zu machen. Das ist ganz normal, denn zunächst einmal wird deutlich, dass sich der Geist wie ein Haufen galoppierender Pferde verhält. Erst im Laufe der Zeit beruhigen sich seine Aktivitäten. Ruhe und Stille breiten sich allmählich in uns aus.

Manche Menschen neigen dazu, sich selbst dafür zu kritisieren, wenn das Gedankenanhalten nicht sofort gelingt. Das wäre aber das genaue Gegenteil von dem, worum es hier geht: das nicht wertende Beobachten all dessen, was in unserem Geist kommt und wieder geht. Üben Sie Geduld mit sich, auch und gerade dann, wenn Sie bemerken, dass Ihre Aufmerksamkeit abgewandert war. Holen Sie sie einfach ein ums andere Mal sanft in die Gegenwart zurück.

Zeuge sein

Im zweiten Teil der Übung haben Sie eine Wahrnehmungsposition eingenommen, die auch als »innerer Zeuge« oder »Beobachter« bezeichnet wird. Wenn es Ihnen so wie vielen Menschen ergangen ist, haben Sie Ihre Emotionen in diesem Teil der Übung nicht mehr so stark empfunden wie zu Beginn. Das liegt daran, dass Sie in Teil 1 eine »assoziierte« Haltung (man ist mit den eigenen Gefühlen verschmolzen), im Teil 2 eine »dis-assoziierte«

Position (man hat Abstand zu den eigenen Emotionen) eingenommen haben. Der »innere Zeuge« bringt uns auf Distanz zu unseren Gefühlen. Wir haben dann diese Gefühle, sind aber nicht mehr identifiziert damit.

Hinweise zu den Zaubertricks in Frageform

Höhere Mathematik

Bei der gestellten Aufgabe handelt es sich nicht um eine mathematische Gleichung (wie es zunächst erscheinen mag). Welche alternativen Theorien sind außerdem denkbar? Sie könnten in einer Art Mini-Brainstorm einige Ideen aufnotieren, in welchen Kontexten Zahlen überhaupt eine Rolle spielen. Überprüfen Sie die dabei auftauchenden Ansätze und stellen Sie eine Verbindung zu diesem Zahlenspiel her. Noch ein Tipp: Dieses Konzept begegnet uns tagtäglich etliche Male.

(Die Lösung finden Sie unter »Höhere Mathematik (Teil 2)« auf Seite 208.)

Die zwei Fragezeichen (Teil 2)

Konnten Sie sich vom angelegten Muster des alphabetischen Ordnungssystems befreien und auf ein anderes umsteigen? Vielleicht auf das der natürlichen Zahlen? Wie muss die Auflösung lauten, wenn es sich so verhält?

(Lösung unter »Die zwei Fragezeichen (Teil 3)« auf Seite 209)

Die Zeitfolgenfalle

Abb. 44

Das Ergebnis sieht bei vielen Menschen in etwa so aus (s. Abb. 44). Es ist zu diesem Zeitpunkt die am leichtesten zu beschreibende Figur, die man bilden kann.

Don Quichotte

In welchem Bezugsrahmen denken Sie? Wie könnten Sie ihn ändern? Wie ließe sich der Maßstab verändern?

(Lösung unter »Don Quichotte (Teil 2)« auf Seite 194)

Das Fahrstuhlproblem

Wie gesagt: Es gibt eine Tendenz, zu schnell nach Lösungen Ausschau zu halten, ohne die Fragestellung überhaupt richtig verstanden zu haben. Was ist in diesem Fall das *eigentliche* Problem? Oder anders ausgedrückt: Welches Ziel wird hier tatsächlich verfolgt?

(Mögliche Lösungen finden Sie unter »Das Fahrstuhlproblem (Teil 2)« auf Seite 201.)

Verkaufsförderung

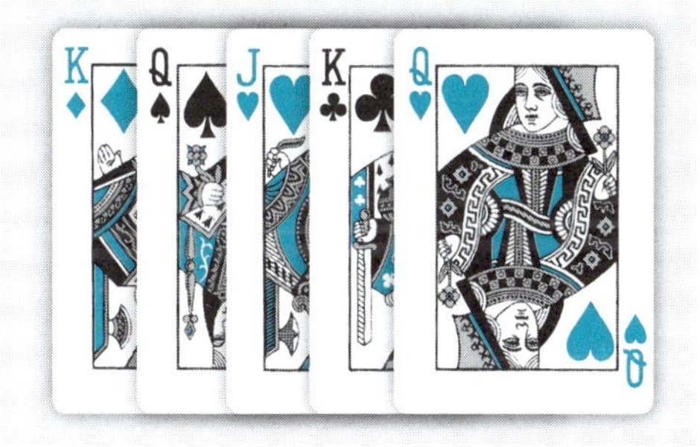

Abb. 45

Da die Wahrscheinlichkeit für eine bestimmte Karte ziemlich hoch war, habe ich sie in der nebenstehenden Abbildung entfernt. Ist das korrekt? Ist Ihre Karte wirklich nicht mehr dabei?

Die Verkaufspsychologie hat also doch recht! Oder glauben Sie mir nicht? Welche Erklärung könnte es noch für dieses erstaunliche Phänomen geben? Bitte überlegen Sie doch noch einen Augenblick lang selbst, möglichst ohne zurückzublättern. Je länger Sie sich dafür Zeit nehmen, desto größer ist der anschließende Lohn, wenn Sie die Lösung nachsehen. Diese finden Sie unter »Verkaufsförderung (Teil 2)« auf Seite 194.

Parole bieten

Die auf der Hand liegende Antwort ist falsch. So weit, so gut. Nur, wie könnte eine andersartige Gesetzmäßigkeit codiert sein? Die Erwiderung des Spions hat ja gezeigt, dass es eine riesige Versuchung gibt, auf einer bestimmten Ebene auf Lösungssuche zu gehen. Der Aufbau des Tricks fordert es geradezu heraus. Wie kann man den engen Wahrnehmungsbereich wieder verlassen? Welche Informationen, die nicht sofort augenfällig sind, werden durch die Fragen des Wächters außerdem vermittelt?

(Lösung unter »Parole bieten (Teil 2)« auf Seite 196)

Nur allzu leicht

Haben Sie auf ein E getippt? Nun, darauf zielt dieser Trick natürlich ab. Und im Kontext dieses Buches wäre diese Auflösung zu offensichtlich, finden Sie nicht? Wo liegt die Falle? Welches Detail spielt eine (entscheidende) Rolle?

(Lösung unter »Nur allzu leicht (Teil 2)« auf Seite 202)

Die wundersame Kamelteilung

Nein, die Kamele bleiben wirklich alle heil. Und ja, das Testament wird zu 100 Prozent korrekt erfüllt. Wie kann das sein? Die Aufgabenstellung scheint nahezulegen, dass sie unmöglich zu lösen ist. Und natürlich ist sie es auch, wenn man bei den gegebenen Voraussetzungen stehen bleibt. Wie können Sie den Rahmen so erweitern, dass eine andere, sehr elegante Auflösung möglich wird?

(Lösung unter »Die wundersame Kamelteilung (Teil 2)« auf Seite 197)

Amnesie

Der Bruder in München leidet nicht unter Gedächtnisverlust, so wenig wie Dr. Huber in Bremen lügt. Welche Irreführung wird durch die Wörter in diesem Zaubertrick in Frageform erzielt?

(Lösung unter »Amnesie (Teil 2)« auf Seite 203)

Man kann nicht nicht deuten

Diese Figur ist ein eindrucksvolles Exemplar der Abteilung Kipp- oder Vexierbilder. Einmal sieht man einen Quader am unteren Rand des Bildes, der nach oben hin zwei dünne Wände hat. Dann wechselt der Eindruck plötzlich und der Quader hängt jetzt in der Luft. Die beiden Perspektiven springen scheinbar wahllos hin und her, gelegentlich erreichen wir ein gewisses Maß an Kontrolle darüber. Dann wieder sehen wir völlig ohne bewusstes Zutun plötzlich die jeweils andere Darstellung.

Eine weitere Besonderheit bei dieser Illustration findet sich darin, dass gar kein Quader im dreidimensionalen Sinne zu erkennen ist. Es handelt sich nur um Linien auf einem Blatt. Die räumliche Dimension wird von unserem Gehirn hinzugefügt. Versuchen Sie es einmal: Gelingt es Ihnen, die Zeichnung einfach als Ansammlung von Strichen auf dem Papier anzusehen?

Das Gehirn deutet die eintreffenden Sinnesdaten; wenn wir sie wahrnehmen, haben wir sie schon interpretiert. Deshalb wird unser Denkorgan in diesem Abschnitt auch als selbstorganisierendes System eingeführt. Sinnesreize werden nicht objektiv abgespeichert, sondern aufgrund unseres Erfahrungshintergrundes aktiv übersetzt. Unser Gehirn kann nicht nicht deuten.

Spiegel im Spiegel

Die Frau betrachtet *nicht* sich selbst. Lesen Sie die Fragestellung noch einmal genau durch. Und berücksichtigen Sie dabei vor allem den ersten Satz.

(Lösung unter »Spiegel im Spiegel (Teil 2)« auf Seite 195)

Die Schreibkraft

Interessante Hypothesen, die häufig im Zusammenhang mit diesem Denktrick auftauchen, sind zum Beispiel, dass es sich um eine Leihmutterschaft handelt (nein, es ist tatsächlich die leibliche Tochter der Schreibkraft) oder dass die Schreibkraft die Großmutter des kleinen Mädchens ist und in Wirklichkeit auf die Mutter zeigt (auch das muss verworfen werden, die Schreibkraft zeigt ausschließlich auf und meint auch das kleine Mädchen). Lesen Sie sich die Fragestellung noch einmal in Ruhe durch: Was könnte ein weiterer Ansatz sein?

Aus meiner Sicht ist dieser Zaubertrick in Frageform ein besonderes Kabinettstück. Nehmen Sie sich ruhig noch ein wenig Zeit, diese raffinierte Volte von allen Seiten zu beleuchten und das Wunder des Muster bildenden Verstandes hautnah zu erleben.

(Weiterführender Hinweis unter »Die Schreibkraft (Teil 2)« auf Seite 193)

Die Zeitfolgenfalle (Teil 2)

Ihr Ergebnis sieht vielleicht jetzt so aus:

Abb. 46

Eine große Familie

Wenn Ihre Antwort »Lulu« war, sind Sie einem trickreich angelegten Pfad gefolgt. Die Lösung »Lulu« liegt natürlich auf der Hand. Dennoch: Lesen Sie die Frage bitte noch einmal.

(Lösung unter »Eine große Familie (Teil 2)« auf Seite 204)

Über den Tellerrand schauen

So wie die Frage gestellt ist, muss eine Falle lauern, denn mit drei geraden Schnitten kann man auf herkömmliche Weise keine acht gleich große Stücke an einem Kuchen schneiden.

Wenn Sie das realisieren und zunächst nur Ideen sammeln, um doch zu einem Ergebnis zu gelangen: Welche (ungewöhnlichen) Vorgehensweisen kommen Ihnen in den Sinn? Vielleicht notieren Sie einmal mindestens fünf, besser noch zehn solcher Einfälle auf. Dann betrachten Sie diese Ansätze genauer und halten nach den dahinterliegenden Prinzipien Ausschau – Lösung in Sicht?

(Lösung unter »Über den Tellerrand schauen (Teil 2)« auf Seite 200)

Buchstabensalat

Der korrekte Text lautet so:

»Worte sind manifestierte Muster des Denkens. In Generalisierungen (»Immer kommst du zu spät!« oder »Nie machst du etwas richtig!«) wird dieser Mechanismus deutlich sichtbar. Diese Aussagen sind Ausdruck einer Wahrnehmung, die keinen Spielraum für Differenzierung mehr hat. Wechseln wir die Worte, verändern wir die zugrunde liegenden Sichtweisen. Es sind gute Fragen, die uns wegführen von allzu starren gedanklichen Konzepten, die in Wörtern eingefroren sein können wie im ewigen Eis. Fragen, wie Sie sie in der Matrix des Partizipativen Denkens vorfinden.

Die Sprache steckt voller Hinweise auf unsere Art zu denken. Wenn wir unflexible Denkschemata ausgebildet haben, werden sie sich durch dogmatische Formulierungen offenbaren. Deshalb kann es so hilfreich sein, sich bei der Vergegenwärtigung eines Problems die eigenen Überlegungen aufzunotieren und sie anschließend auf bestimmte Strukturen hin zu untersuchen.

Es ist die Sprache, die unsere Welt im Innersten zusammenhält. Jede Sprachkonstruktion ist auch Wirklichkeitskonstruktion. Wir könnten uns noch nicht einmal mitteilen, wenn es uns andere Menschen nicht beigebracht hätten. Es war nicht nur das Sprechen, das uns dabei vermittelt wurde. Sprache wurde zum Vehikel, um uns ein ganzes Kompendium an Regeln, Gesetzen, Gebräuchen, Traditionen und Kultur zu vermitteln: alles Richtlinien, die uns in unserem Denken und Sein stark geprägt haben, die uns aber aufgrund ihrer Omnipräsenz gar nicht mehr bewusst sind.

Das Anhalten des inneren Dialoges erzeugt wieder Lücken in den starren Beschreibungen; Leerräume, in denen uns die Welt gänzlich frisch und neu erscheinen kann.«

Ich gehe davon aus, dass Sie das Geschriebene schon in der ursprünglichen Fassung gut verstehen konnten, wenngleich dafür etwas mehr Aufmerksamkeit als üblich vonnöten war. Ein ungewöhnliches Phänomen, nicht wahr? Wir können Wörter, ja ganze Sätze bereits dann richtig interpretieren, wenn nur der erste und letzte Buchstabe des Wortes korrekt ist. Alle anderen Lettern dazwischen müssen zwar auftauchen, das darf aber in beliebiger Reihenfolge sein. Das Gehirn ist wahrhaft ein Künstler in Sachen Msueterkrnennug.

Die liebe Verwandtschaft

Die beiden Frauen geben nicht den geringsten Hinweis darauf, dass sie miteinander verwandt sind.

(Lösung unter »Die liebe Verwandtschaft (Teil 2)« auf Seite 201)

Kreis mit Punkt

Es darf nur *ein* Stift verwendet werden. Er funktioniert richtig und die ganze Zeit über. Es handelt sich nicht um Zaubertinte, die sich wieder auflöst. Es wird überhaupt nichts mit dem Schreibobjekt getrickst. Welche nicht hinterfragten Vorannahmen haben Sie?

(Lösung unter »Kreis mit Punkt (Teil 2)« auf Seite 196)

Das Auge in der Pyramide

Wenn ich Sie jetzt bitte, den Text im Dreieck von hinten nach vorn zu lesen, was fällt Ihnen auf?

Zwei verschiedene Sachverhalte werden durch diesen Trick beobachtbar: Unsere Wahrnehmung blendet Informationen aufgrund von Vorerfahrung einfach aus. Es existiert ein Muster für diesen Satz, den wir schon viele Male gehört bzw. gelesen haben (»jemandem auf die Schliche kommen«), und warum sollte es sich just in diesem Fall anders verhalten? Das heißt, wir sehen nicht das, was tatsächlich in der Gegenwart vorhanden ist, sondern ein Abbild einer in der Vergangenheit gemachten Erfahrung.

Zauberei?

Fernerhin wird der Fokus Ihrer Wahrnehmung mit meiner Aufforderung, den Text von hinten nach vorn zu lesen, neu ausgerichtet. *Das Muster wird durch eine Verlagerung der Aufmerksamkeit unterbrochen.* Nicht zuletzt davon handelt das Undenkbare Denken.

Ich glaube, Sie kommen der Sache langsam, aber sicher auf die[2] Schliche ...

Mal so, mal so

Eine Vase? Genau, die hellere Fläche kann man leicht als Vase interpretieren. Sie sehen keine Vase, sondern zwei Gesichter? Auch das ist »richtig«, beides ist in diesem Bild angelegt. Es ist ein sogenanntes Vexierbild – eine Darstellung, die doppeldeutig ist. Unser Gehirn kann immer nur eine Ebene im Vordergrund halten. Wenn Sie die Vase wahrnehmen, treten die Konterfeis in den Hintergrund, und umgekehrt.

Ist Ihnen aufgefallen, dass auch auf dem Buchumschlag eine solche Illusion zu bestaunen ist? Manche Menschen sehen nur orangenfarbige Männchen, die eine Treppe hinunterlaufen. Andere behaupten steif und fest, dass dort türkise Pfeile in wechselnder Richtung auszumachen sind. Was stimmt denn jetzt, verflixt noch mal?

Der Bücherwurm

Sind Sie auf 10,5 Zentimeter gekommen?

Überprüfen Sie Ihren Lösungsansatz noch einmal: Wo liegt hier möglicherweise die Irreführung? Ein Tipp noch: Visualisieren hilft!

(Lösung unter »Der Bücherwurm (Teil 2)« auf Seite198)

Die Zeitfolgenfalle (Teil 3)

An diesem Punkt ist das einfache Anfügen an die bereits bestehende Figur nicht mehr so ohne Weiteres realisierbar. Sicher könnte man eine Art Raketenfigur bilden, indem man die Teile rechts und links an die vorhandene Form anlegt. Das würde aber eine Gestalt ergeben, die Sie nur unter einigen Mühen jemandem am Telefon erklären könnten.

Welche Variante fällt Ihnen noch ein, eine möglichst leicht zu beschreibende Form auszulegen? Das ist der entscheidende Schritt bei dieser Aufgabenstellung, nehmen Sie sich ruhig ein wenig Zeit dafür.

(Lösung unter »Die Zeitfolgenfalle (Teil 4)« auf Seite 204)

Vier Fehler

Auf welcher Denkebene rastet Ihr Gehirn nahezu automatisch ein? Wie trägt die Art der Fragestellung dazu bei? Wodurch wird das »System« dieses Trickrätsels gebildet?

(Lösung unter »Vier Fehler (Teil 2)« auf Seite 206)

Quadrate

Haben Sie 16 oder 21 oder 24 gezählt? Oder sind Sie zu einem anderen Ergebnis gekommen? Schauen Sie noch einmal genau hin …

Toll wäre es, Sie würden das Rätsel jemandem zeigen und mit dieser Person in den Austausch gehen, was sie oder er gefunden hat. Versuchen Sie bitte erst gemeinsam mit Ihrem Partner auf die richtige Anzahl zu kommen, bevor Sie sich den Lösungsweg anschauen.

(Lösung unter »Quadrate (Teil 2)« auf Seite 210)

Die Sintflut

Es waren keine zwei Tiere, auch nicht eines. Wie viele denn dann?

Wenn ich Ihnen die Frage so stellen würde: »Wie viele Tiere von jedem Geschlecht nahm *Moses* mit auf die Arche?«, was wäre dann Ihre Antwort?

(Lösung unter »Die Sintflut (Teil 2)« auf Seite 208)

Frage mit Hinweis

Wo suchen Sie nach der Antwort? Wozu verleitet Sie die Fragestellung? Ist Ihnen aufgefallen, welchen Titel der Hinweis hat? Inwiefern könnte er für die Auflösung bedeutsam sein?

(Lösung unter »Frage mit Hinweis (Teil 2)« auf Seite 204)

Kokosnüsse

Nein, es sind keine komplizierten Börsentransaktionen im Spiel, und ja, es werden tatsächlich *alle* Kokosnüsse verkauft. Es sind dieselben Kokosnüsse, die in einem Fall gekauft und dann wieder veräußert werden. Es geht auch nicht um die Milch der Kokosnüsse oder irgendeinen Betrugsfall … Wie aber kann diese Geschichte dann zu einer sinnvollen Auflösung gelangen?

Systematisch könnte man so vorgehen: *Was genau* ist so seltsam an dieser Aufgabenstellung? Wie kann man diesen scheinbaren Widerspruch zerstreuen? Bleiben Sie ruhig noch einen Moment dran, es ist wirklich ein besonders gewiefter Trick im Spiel.

(Lösung unter »Kokosnüsse (Teil 2)« auf Seite 208)

Der verschwundene Euro

Die Aufgabenbeschreibung setzt unsere Gedanken auf eine falsche Fährte. Wo genau passiert das?

(Lösung unter »Der verschwundene Euro (Teil 2)« auf Seite 205)

Die zwei Fragezeichen

Welche gedankliche Bahn legt die »Versuchsanordnung« nahe? Was, wenn es die falsche ist? Welche alternativen Ordnungssysteme gibt es außerdem?

(Weitere Hinweise finden Sie unter »Die zwei Fragezeichen (Teil 2)« auf Seite 184.)

Living in America

Wohin lenkt die Fragestellung Ihre Aufmerksamkeit? Wenn Sie sich von dieser Fixierung (diesem Wort) lösen – worauf könnte sich die Frage noch beziehen?

(Lösung unter »Living in America (Teil 2)« auf Seite 207)

Streichholzspiele

Vermutlich haben Sie schon bemerkt, dass diese Aufgabe wieder einmal nicht zu lösen ist, solange man im offensichtlichen Denkrahmen verweilt. Welchen Denkraum nehmen Sie als gegeben hin, der aber nicht explizit gefordert ist?

(Lösung unter »Streichholzspiele (Teil 2)« auf Seite 204)

Die Schreibkraft (Teil 2)

Eine Frage, die gleichzeitig ein Tipp ist: *Was genau* ist eigentlich so befremdlich an diesem Trick, warum erscheint er derart unauflösbar? Benennen Sie diese Merkwürdigkeit einmal explizit. Und wenn nicht sein kann, was nicht sein darf? Was kann dann nur die einzig mögliche Alternative sein?

(Die Lösung finden Sie unter »Die Schreibkraft (Teil 3)« auf Seite 209.)

Lösungen zu den Zaubertricks in Frageform

Die Epidemie

Die meisten Menschen (in einer Untersuchung 72 Prozent) stimmen bei den Varianten A und B für die sichere Rettung der 200 Menschen, wie sie in Version A beschrieben ist. Nur 28 Prozent entscheiden sich für die Möglichkeit B.

Anders sieht es aus, wenn man zwischen den Fällen C und D wählen soll. Dann sprechen sich die meisten Probanden für das Programm D (78 Prozent) und nur 22 Prozent für das Programm C aus. Wenn Sie die Formulierungen aber vergleichen, werden Sie feststellen, dass die Varianten A und C sowie B und D absolut identisch in ihren Auswirkungen sind. Allein der Wortlaut ist unterschiedlich gewählt. Wir begegnen ihm nicht zum ersten und nicht zum letzten Mal: dem Kontext und seinem folgenschweren Einfluss.

Manipulation bedient sich regelmäßig der Umformulierung und Bedeutungsverschiebung. Ein Beispiel aus der jüngsten deutschen Außenpolitik in Bezug auf Afghanistan: Etwas ist dann kein »Krieg«, sondern eine »Stabilisierungsmaßnahme« oder ein »nicht internationaler bewaffneter Konflikt«. Selbstredend lösen diese Begriffe unterschiedliche Assoziationsketten und damit andere Bewertungen aus. Und genau das soll auch erreicht werden. Politiker sind häufig wahre Künstler des manipulativen Gebrauchs von Worten, ebenso wie Verkäufer und Werbefachleute.

Don Quichotte (Teil 2)

Die beiden Worte »Bauer« und »Pferd« reichen bereits aus, um einen vollständigen Bedeutungshintergrund für uns lebendig werden zu lassen. Diese Interpretation geschieht recht unwillkürlich, es ist keine bewusste Entscheidung. Wir fragen uns zunächst nicht: »Ist da jetzt ein echter Bauer oder ein virtueller gemeint?« Wir gehen schlicht davon aus, dass ein realer Landwirt agiert. Bei dem Bauern und dem Pferd handelt es sich jedoch um Figuren in einem Schachspiel.

Wenn wir die Filter der Aufmerksamkeit wechseln, springen wir zwischen verschiedenen Ebenen hin und her und erlangen damit tiefere Kenntnis einer Situation.

Verkaufsförderung (Teil 2)

Der ganze Versuchsaufbau und meine einleitenden Worte sind eine einzige Täuschung und Ablenkung – die sogenannte Misdirection der Illusionskünstler. Es gibt keine angewandte Verkaufspsychologie in diesem Trick. Ich habe in der zweiten Abbildung einfach alle Karten entfernt, die auf dem ersten Bild zu sehen waren – deshalb muss Ihre Karte natürlich auch mit dabei sein (überprüfen Sie es kurz). Da es aber einige Bildkarten sind und die Aufmerksamkeit zunächst auch nicht darauf gerichtet wird, sich alle zu merken (sondern nur eine), fällt einem das bei der zweiten Illustration nicht unbedingt auf. Die Karten ähneln sich zu sehr, als dass wir es sofort bemerken würden. Außerdem ist unser Arbeitsspeicher schon mit dem ganzen Bluff rund um das Thema Verkaufspsychologie belegt.

Die Einleitung hat zwei Funktionen: Einmal wird eine Argumentation aufgebaut, die einigermaßen plausibel erklären könnte, warum Ihre Karte am Ende tatsächlich nicht mehr aufzufinden ist. Der andere Zweck ist es, Ihren Arbeitsspeicher mit Informationen zu überlasten, die völlig irrelevant sind, aber als wichtig verkleidet daherkommen. So bleibt Ihrer Wahrnehmung wenig bis gar kein Spielraum, auf die entscheidenden Punkte zu achten, zum Beispiel, um welche Karten es sich auf den Abbildungen genau handelt.

Spiegel im Spiegel (Teil 2)

Die Frau sieht ihre Tochter auf dem Bild. Wenn Sie es nicht glauben: Lassen Sie uns die (verwirrende) Komplexität der Angaben reduzieren:

1. Die Person vor dem Bild trifft mit ihrem ersten Satz im Grunde die Aussage, dass sie ein Einzelkind ist (»Ich habe weder Brüder noch Schwestern«).
2. Dann aber kann es sich bei der Behauptung »… ist meiner Mutter Tochter« nur um die Sprecherin selbst handeln.
3. Und sie ist dann natürlich »… die Mutter dieser Frau«.

So gesehen eigentlich ganz logisch, oder?

Wir haben es schon einige Male angesprochen: Der Arbeitsspeicher des Gehirns ist begrenzt. Und die Menge an Informationen, die wir gleichzeitig verarbeiten können, ebenfalls. Deshalb ist es so wesentlich, das Denken zu verlangsamen. Wir überfordern sonst unsere eigene Biologie, die natürliche Grenzen aufweist.

Eine weitere Möglichkeit, die Kompliziertheit dieser Fragestellung zu reduzieren, ist das Visualisieren in einer kleinen Skizze. Ideen zu veranschaulichen gehört zu den essenziellen Methoden der Komplexitätsreduktion.

Kreis mit Punkt (Teil 2)

Falten Sie ein Blatt Papier so, dass eine Ecke ziemlich genau in der Mitte ist. Zeichnen Sie jetzt einen Punkt direkt neben der Ecke und fahren Sie am Ende dieses Vorgangs mit dem Stift auf die Ecke des Blattes. Ziehen Sie nun die Ecke (und den Stift darauf) so weit zurück, dass ausreichend Abstand zum Punkt besteht, und malen Sie anschließend ohne jede Schwierigkeit den Kreis um den Punkt herum.

Wir verwenden Papier in den allermeisten Fällen in seinem flachen Zustand. Dabei ist es exakt diese Beschränktheit der Vorannahmen, die uns eine Antwort so schwer finden lässt. Wir bringen nahezu in jede Fragestellung ein ganzes Kompendium an Grundüberzeugungen mit ein, ob sie nun gerechtfertigt sind oder nicht.

… wie die Unschuld

Kühe trinken natürlich keine Milch, sondern Wasser. Durch die vorhergehenden Fragen wird aber ein starkes Priming* für die Farbe Weiß aufgebaut. Damit steigt die Bereitschaft, später einen Begriff aus diesem Assoziationsumfeld zu verwenden, auch wenn er falsch ist. Musterbildung in Reinkultur also. Und ein Beispiel aus der Trickkiste Manipulation obendrein: Verkäufer bringen ihre »Opfer« im Vorfeld eines Verkaufsabschlusses dazu, erst einmal so oft wie möglich »Ja« zu sagen …

Parole bieten (Teil 2)

Schon der Aufbau dieses Trickrätsels zwingt die Wahrnehmung in eine bestimmte Richtung. Es ist ein wunderschönes Beispiel dafür, wie Rätsel bisweilen kaum von Zaubertricks zu unterscheiden sind. Selbst mit dem Wissen, dass die letzte Antwort nicht korrekt ist, fällt es uns schwer, nicht weiterhin an der doch so offensichtlichen Lösungsspur festzuhalten: Losungswort = die vom Wächter genannte Zahl: 2.

---

* Priming meint die Beeinflussung der Verarbeitung eines Reizes dadurch, dass ein vorhergehender Reiz implizite Gedächtnisinhalte aktiviert. Ein berühmtes Experiment in diesem Zusammenhang: Junge Menschen aus einer Versuchsgruppe laufen langsamer einen Gang entlang, wenn man ihnen vorher Begriffe wie »Alter, Krankheit, Tod« präsentiert hat, als eine Vergleichsgruppe, die neutrale oder positiv besetzte Wörter zu lesen bekommen hat.

Erst wenn wir erkennen, dass diese Lesart nicht weiterführt und sich auch sonst keine Zusammenhänge zwischen den Zahlen auftun, können wir überlegen, ob der Geheimcode vielleicht auf einer ganz und gar anderen Ebene zu suchen ist. Wo genau sind wir festgefahren? – Im Bereich der Zahlen. Welche alternativen Symbolräume gibt es noch? – Richtig, zum Beispiel den der Buchstaben.

Dass Ziffern auch in Worten geschrieben werden können, führt uns zur erlösenden Idee: Die Parole ist immer die jeweilige Anzahl an Buchstaben der vom Wächter genannten Zahl. Die korrekte Antwort lautet also: acht – die Zahl 14 (vierzehn) hat *acht* Buchstaben.

Freilich ist das ein besonders ausgekochter Zaubertrick in Frageform. Die Problemstellung schickt unsere Wahrnehmung in vollster Absicht auf die falsche Fährte. Kurioserweise sind bei den ersten Beispielen sowohl die jeweilige Hälfte des Zahlwerts als auch die Buchstabenanzahl korrekte Antworten. Eine wunderbare Koinzidenz. Nur im letzten Fall trifft die naheliegende Hypothese nicht mehr zu. Aber zu diesem Zeitpunkt ist unser Aufmerksamkeitsbereich bereits zu stark eingeschränkt. Diese Einengung der Wahrnehmung spielt beim Entstehen von negativen Emotionen ebenfalls eine wichtige Rolle.

Die wundersame Kamelteilung (Teil 2)

Der Freund der Familie hat die Idee, sein eigenes Kamel den vorhandenen 17 hinzuzufügen, macht insgesamt also 18. Dann ergibt sich folgende Rechnung:

Der erste Sohn nimmt die Hälfte der Tiere in Empfang: 9.

Der zweite Sohn bekommt ein Drittel: 6.

Der Jüngste erhält ein Neuntel, also: 2.

9 + 6 + 2 = 17.

Der Freund reitet anschließend auf seinem Kamel davon und alle sind hochzufrieden.

Auch bei diesem Zaubertrick in Frageform müssen wir unseren Denkrahmen erweitern. Wir können auch bei alltäglichen Fragen neue Ansatzpunkte gebrauchen und sollten deshalb immer wieder systematisch nach Alternativen Ausschau halten. Dabei wird deutlich, wie eng unser Denken mit der Wahrnehmung verflochten ist. Den Bezugsrahmen auszuweiten heißt mehr wahrzunehmen. In diesem Rätsel zum Beispiel das zusätzliche Kamel, das als Hinweis sogar in der Aufgabenstellung enthalten ist. Konflikte in Gruppen entstehen häufig durch die unnötige Verengung der Blickwinkel auf nur einige wenige Aspekte einer Situation.

Der Bücherwurm (Teil 2)

Wenn Band 1 normal im Regal steht, befindet sich die Seite 1 auf der *rechten* Seite des Buches (intuitiv denkt man, auf der linken).

Band 1 steht links und Band 2 steht rechts – folglich befinden sich zwischen der ersten und der letzten Seite des Lexikons nur der vordere Buchdeckel des ersten und der hintere Buchdeckel des zweiten Bandes. Infolgedessen darf der Bücherwurm sich nur durch *einen* Zentimeter Buchmahlzeit hindurchbeißen. Schnell gelangen wir zu falschen Ergebnissen, wenn die Prämissen, von denen wir ausgehen, fehlerhaft sind. Diese immer wieder zu überprüfen, ist ein elementarer Baustein des Undenkbaren Denkens.

Rasselbande

Wenn man sich nachfolgende Visualisierung zu Hilfe hätte nehmen dürfen, wäre der Weg zur Lösung sicher leichter gewesen:
Felix ist kleiner als Martin, also Felix < Martin.
Felix ist größer als Lukas, also Lukas < Felix, zusammen mit der ersten Aussage wird das zu Lukas < Felix < Martin.
Lukas ist größer als Toni, wird dann zu Toni < Lukas < Felix < Martin.
Folglich ist Martin der Größte von allen.

Eigentlich logisch

Diese Aufgabe hängt eng zusammen mit dem ähnlichen Test auf Seite 96.

Welche Wahl haben Sie im zweiten Fall getroffen? »Whisky« und »19 Jahre«? Das wäre nämlich korrekt. Interessanterweise entscheiden sich in diesem Fall 76 Prozent der Versuchspersonen für die richtige Lösung. Ganz anders bei der ersten Version: Haben Sie sich hier für die Kärtchen »E« und »4« entschieden? Sehen Sie bitte noch einmal nach. – Wenn ja, sind Sie in guter Gesellschaft: Zwischen 75 und 80 Prozent der Testpersonen wählen diese Variante. Sie ist nur leider falsch, und sie ist obendrein nicht logisch. Sie glauben mir nicht? Let's get into it.

Die Regel, die Sie überprüfen sollten, war: »Wenn sich auf der einen Seite der Karte ein Vokal befindet, muss auf der anderen Seite eine gerade Zahl stehen.«

Sie sollen jetzt nur die Karten umdrehen, die Sie *auf jeden Fall* wenden müssen, um zu evaluieren, ob irgendeine die Vorgaben nicht erfüllt. Gehen wir der Reihe nach die einzelnen Karten durch.

Die Karte »E«:
Sie müssen diese Karte auf jeden Fall umdrehen. Sie hat einen Vokal auf der einen Seite. Es könnte sein, dass auf der Rückseite eine ungerade Zahl steht. Wenn ja, wäre die Regel verletzt.

Die Karte »T«:
Nun, diese Karte müssen Sie nicht wenden, denn die Spielregel sagt ja nichts darüber aus, was bei einem Konsonanten auf der Rückseite stehen muss. Es ist also ganz egal, was auf der anderen Seite steht: Unsere Regel wird davon in keinem Fall tangiert.

Die Karte »4«:
Im Zusammenspiel mit der nächsten Karte handelt es sich um den Casus knacktus dieser Aufgabenstellung: Sie müssen diese Karte *nicht* umdrehen. Warum? Weil es egal ist, was auf der anderen Seite steht! Befindet sich auf der Rückseite ein Vokal, ist die Regel erfüllt. Steht dort kein Vokal – die Regel wird hierdurch nicht verletzt.

Denn sie lautet: »Wenn sich auf der einen Seite der Karte ein Vokal befindet, muss auf der anderen Seite eine gerade Zahl stehen.«

Sie sagt aber nicht: »Wenn sich auf der einen Seite der Karte eine gerade Zahl befindet, muss auf der anderen Seite ein Vokal stehen.« Obwohl nur zwei Wörter umgestellt sind, bedeuten diese Regeln etwas Grundverschiedenes.

Anders gesagt: Allein die Tatsache, dass sich auf einer Seite eine gerade Zahl befindet, genügt schon, um die Regel *nicht* zu verletzen.

Die Karte »7«:
Diese Karte müssen Sie umdrehen. Die 7 ist eine ungerade Zahl. Es könnte sowohl ein Vokal auf der anderen Seite stehen (dann wäre die Regel verletzt) als auch ein Konsonant (die Regel wäre nicht verletzt). Da Sie das nicht wissen können, müssen Sie sie umdrehen.

Dieser Test basiert auf einem Modell zur Überprüfung logischer Argumentation, das der englische Psychologe Peter C. Wason bereits 1966 entwickelt hat. Bei der Zahlen-Buchstaben-Variante des Tests entscheiden sich im Schnitt ca. 75–80 Prozent der Versuchspersonen für die falsche Antwort; der Bildungsgrad spielt dabei keine große Rolle. Selbst Menschen, die in formaler Logik ausgebildet sind, schneiden häufig schlecht ab. Grund dafür ist, dass die Karten »E« und »4« *vom Gefühl und der Intuition her* einfach die richtige Antwort zu sein scheinen.

Anders im Beispiel der Kneipenbesucher: Die weitaus meisten Testpersonen treffen hier die korrekte Auswahl. Obwohl die dahinterliegende Logik in beiden Fällen absolut identisch ist, unterscheiden sich die Ergebnisse gravierend. Womit hängt das zusammen?

Unser Geist hat in seiner Entwicklungsgeschichte keine gesonderten Abläufe entwickelt, um logische Verstöße gegen an Bedingungen geknüpfte Regeln aufzudecken. Allerdings haben wir sehr wohl die Fertigkeit, solche Regelverletzungen bei konkreten zwischenmenschlichen Interaktionen (Kneipenbesitzer/Gäste) zu erkennen. Nur geschieht das eher aus der Intuition und dem Bauch heraus, als formal-logisch begründet.

Dieser Test deutet klar darauf hin, dass wir unsere logischen Fähigkeiten möglicherweise überschätzen. Und dass unserem Bauchgefühl eine weit größere Rolle bei Entscheidungen zukommt, als gemeinhin vermutet wird.

Über den Tellerrand schauen (Teil 2)

Die Aufgabe kann nur dann gelöst werden, wenn man eine Beschränkung hinter sich lässt, nämlich dass man einen Kuchen nur auf eine Art schneiden darf – senkrecht. In diesem Fall teilt man ihn erst konventionell in vier Stücke, um danach einen waagrechten, mittigen Schnitt durch den ganzen Kuchen zu machen (das geht natürlich auch in umgekehrter Reihenfolge).

Wenn Sie im Vorfeld fünf bis zehn Ideen gesammelt haben, ohne auf deren Qualität zu schielen, war darunter möglicherweise eine, die das für die Lösung relevante Prinzip enthielt.

Je mehr Einfälle Sie generieren, desto höher die Wahrscheinlichkeit, dass außergewöhnlich gute dabei sind. Vor allem: »Don't judge a book by its cover!« Eine Idee mag auf den ersten Blick wenig tauglich daherkommen, aber das hinter ihr liegende Prinzip könnte der Schlüssel zur innovativen Problemlösung sein.

Die liebe Verwandtschaft (Teil 2)

Das Wort »Schwestern« löst unmittelbar ein ganzes Bündel an Assoziationen aus, die zunächst alle in die Richtung einer Verwandtschaft deuten. Erst wenn es uns gelingt, dieser Fixierung zu entkommen, sind wir imstande, alternative Konzepte für den Begriff »Schwestern« auszumachen. Kommt Ihnen möglicherweise jetzt eine Idee?

Die beiden Frauen tragen dieselbe Kleidung, nämlich die von Kranken*schwestern* oder auch Ordens*schwestern*.

Unsere Vorannahmen fungieren wie Denkverbote: Wir können gar nicht in eine bestimmte Richtung sehen, obwohl es hilfreich wäre. Richtig schwierig wird es, wenn wir uns dessen noch nicht einmal bewusst sind. Deshalb benötigen wir ein systematisches Vorgehen, wie es zum Beispiel in der »Provokativen Operation« (s. Seite 79) beschrieben ist.

Das Fahrstuhlproblem (Teil 2)

Es existieren viele denkbare Lösungsansätze. Das Wichtigste daran ist, sich darüber im Klaren zu sein, was das eigentliche Ziel der Veränderung ist. In diesem Fall könnte man auf die Idee kommen, dass es vor allem gilt, die Ungeduld der Besucher zu besänftigen. Hat man dieses Ziel identifiziert, kann man auf die Suche nach alternativen Möglichkeiten gehen: Zeitschriften, die vor den Fahrstuhleingängen ausliegen, oder Musik, die im und vor dem Fahrstuhl eingespielt wird. Vielleicht Spiegel, die vor den Aufzügen aufgehängt werden, damit sich die Wartenden die Zeit mit ein wenig Schönheitspflege versüßen können – es war diese Lösung, die in einem konkreten Fall gewählt wurde.

Wieder einmal ist der Schlüssel zu neuen Ideen die Kenntnis der eigenen Konzepte. Jede Zielformulierung enthält bereits eine ganze Reihe an Vorannahmen. Sind wir in der Lage, diese zu identifizieren (und somit zu hinterfragen), gewinnen wir die Freiheit, auch nach anderen Wegen Ausschau zu halten. Dazu müssen wir den uns innewohnenden Reiz-Reaktions-Mechanismus überwinden, sofort auf Lösungssuche zu gehen, noch bevor das Problem wirklich klar ist.

Nur allzu leicht (Teil 2)

Die Lösung lautet »F«! Warum ein F? Weil die Aufgabenstellung einen Unterstrich enthält, der im Zusammenspiel mit dem F zum E wird: F + _ = E.

Wir ordnen dem Unterstrich sofort die Bedeutung eines Platzhalters zu, was in den meisten Situationen durchaus Sinn ergibt. Wenn der ursprüngliche Lösungsansatz (»E«) hinfällig ist, brauchen wir aber eine neue Bewertung der Ausgangssituation. Die nehmen wir aber in den meisten Fällen nicht vor, sondern bewegen uns weiterhin entlang der anfänglich gefassten Prämissen.

Die Welt auf einen Blick

Welche Einwohnerzahlen haben Sie für Saudi-Arabien und Peru geschätzt?

Beide Länder weisen ungefähr gleich viele Einwohner auf; Peru hatte im Jahr 2009 ca. 29,5, Saudi-Arabien ca. 28,7 Millionen Bürger.

Die Falle bei dieser und der vorausgegangenen Fragestellung lag in der Eingangsfrage. Wenn Sie die Lösungen nicht ohnehin wussten, haben Sie sehr wahrscheinlich bei der zweiten Frage (Peru) eine höhere Anzahl an Einwohnern geschätzt. Und zwar wegen der (völlig willkürlich gewählten) größeren Zahl in der Startfrage: »Hat Peru eine höhere Einwohnerzahl als 60 Millionen?« im Vergleich zu »Hat Saudi-Arabien eine höhere Einwohnerzahl als 30 Millionen?«.

Dieses Phänomen ist Psychologen und Verkäufern wohlvertraut und macht uns näher mit dem Konzept des Priming bekannt. Wir werden ständig metaprogrammiert, ob uns das nun bewusst ist oder nicht. Je nachdem, in welcher zeitlichen Reihenfolge wir Informationen erhalten, bewerten wir sie anders und ziehen abweichende Schlussfolgerungen daraus.

Was hier hilft? Vorsicht, Achtsamkeit und sich immer wieder klarzumachen, in welcher Situation man sich befindet. Will mir gerade jemand etwas verkaufen? Dann mag eine erhöhte Wachsamkeit absolut angemessen sein. Soll ich von einer Sache überzeugt werden? Auch dann heißt es: *Verzögern Sie die Urteilsbildung*. Es könnte alles ganz anders sein, als es auf den ersten Blick aussieht.

Amnesie (Teil 2)

Dr. Huber ist eine Frau. In unserer Sprache gibt es keine Differenzierung zwischen einem männlichen und einem weiblichen Doktor. Wir statten das Wort »Doktor« aber sofort und unwillkürlich mit maskulinen Zuweisungen aus. Diese Assoziation läuft un- und vorbewusst, sodass es schwer bis unmöglich ist, sie zu hinterfragen. Eigentlich ist die Lösung wieder mal ganz offensichtlich – zumindest im Nachhinein. Im Vorfeld sind wir nicht zuletzt aufgrund der fehlenden Differenzierung in unserer Sprache in einem uralten Muster gefangen. Diese Denkspur erlaubt uns streng genommen nicht einmal, logisch zu überlegen. Sie gibt uns einen engen Rahmen vor, der aber zunächst den Anschein von Plausibilität erweckt. Am Ende ist natürlich wieder alles klar …

Ich soll Sie übrigens von *der* Schreibkraft schön grüßen.

Homo oeconomicus

Was hätten Sie getan?

Die meisten Menschen entscheiden sich im ersten Beispiel mit dem Taschenrechner dafür, die Fahrt in Kauf zu nehmen, um fünf Euro zu sparen. Bei der Lederjacke sind es weit weniger, die das für den gleichen Preisunterschied machen würden. Eigentlich ist dieses Verhalten irrational – denn fünf Euro sind fünf Euro, auch wenn sie in einem Fall nur einen geringen Prozentsatz des Kaufpreises ausmachen. Solche und ähnliche Experimente zeigen deutlich, dass der von den Wirtschaftswissenschaften postulierte »Homo oeconomicus« nur eine Fiktion ist. Der Mensch trägt zutiefst vernunftwidrige Seiten in seinem Wesen.

Streichholzspiele (Teil 2)

Die sechs Streichhölzer können nur dann zu vier gleichseitigen Dreiecken geformt werden, wenn man die Begrenzung der zweiten Dimension hinter sich lässt. Zunächst legt man mit drei Hölzern ein gleichseitiges Dreieck flach hin. Die restlichen drei Zündhölzer stellt man zu einer Pyramide auf, die dann mit der Grundfläche vier gleichseitige Dreiecke bildet.

Wir sind bei dieser Aufgabe zum wiederholten Male aufgefordert, einen Denkrahmen zu verlassen, der uns vordergründig überaus natürlich vorkommt.

Die Zeitfolgenfalle (Teil 4)

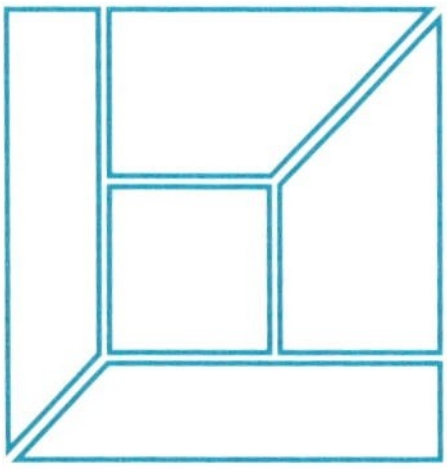

Abb. 47

Obwohl wir in jedem Moment korrekt vorgegangen sind, müssen wir zu diesem Zeitpunkt das alte Muster hinter uns lassen und eine Anordnung verändern, die früher zutreffend war, jetzt aber überholt ist. Und so sieht dann die neue und sehr leicht zu beschreibende Figur aus: Es handelt sich um ein Quadrat (Abb. 47).

Eine große Familie (Teil 2)

Wie heißt also die fünfte Tochter? Immer noch Lulu? Nachvollziehbar, gleichwohl nicht korrekt.

Wenn Sie sich die Frage noch einmal genauer ansehen, wird rasch klar, warum. Wenn »*Monikas* Mutter fünf Töchter hat« und vier davon heißen »Lala, Lele, Lili, Lolo«, dann kann die letzte verbleibende Tochter nur den Namen *Monika* tragen. Dennoch ist die intuitiv richtige Antwort natürlich »Lulu«.

Frage mit Hinweis (Teil 2)

Um diesen Trick aufzuschlüsseln, müssen wir einen gedanklichen Quantensprung vollziehen:

Die Fragestellung selbst ist der Schlüssel zur Auflösung. Die Großbuchstaben sind die jeweiligen Anfangsbuchstaben der Wörter des Rätselsatzes. Also ist der nächste Buchstabe das »R« (für »Reihenfolge«).

Wir suchen oftmals an Stellen nach Lösungen, an denen es kein Vorwärtskommen gibt. Statt die Denkebene zu wechseln, verharren wir in vertrauten Gewässern.

Der erste und wichtigste Schritt ist die Erkenntnis, wie anfällig wir für solche Fallen sind. Die zweite Phase besteht darin, diese Denkrillen in sich selbst zu beobachten, ohne ihnen sofort zu verfallen. Es entsteht ein gewisser Abstand zwischen uns und diesen Mustern. Auf der letzten Stufe beherzigen wir – wenig originell – das, was unsere Eltern und Lehrer immer zum Besten gegeben haben: »Übung macht den Meister«.

Die beiden Kreise

Beide Innenkreise sind tatsächlich gleich groß. Messen Sie es bitte nach, wenn Sie mir nicht glauben. Selbst wenn man es weiß, weil man nachgemessen hat, sieht es immer noch so aus, als wäre der rechte Kreis größer. Der subjektive Eindruck überlagert unser Wissen. Oder anders gesagt: Unsere Täuschungsanfälligkeit wird von der Kenntnis des Sachverhalts nicht zwangsläufig reduziert. Und im Zusammenhang mit den von uns angestellten Überlegungen: *Kontext ist König*.

Der verschwundene Euro (Teil 2)

Zum Mitschreiben: 30 Euro wurden bezahlt. Fünf Euro gehen zurück. Zwei Euro behält der Kellner. Drei Euro bekommen die Freunde. Diese haben dann dreimal neun Euro entrichtet. Macht 27 Euro.

Von diesen 27 Euro hat zwei der Ober und 25 der Wirt. Die zwei Euro des Kellners sind also in den 27 Euro schon *enthalten*. Es ist deshalb nicht korrekt, sie dort wieder hinzuzuzählen.

Die Rechnung ist also nicht: 27 + 2 = 29, und wo ist der restliche Euro auf 30 Euro? Sondern es muss vielmehr so gerechnet werden: 3 x 9 – 2 = 25.

Noch einmal anders ausgedrückt: Am Schluss hat jeder der Gäste einen Euro, der Kellner zwei und der Geschäftsführer 25 – macht nach Adam Riese 30 Euro.

Der Trick an diesem Rätsel ist, dass uns ein Gedankengang präsentiert wird, der intuitiv folgerichtig klingt, aber irreführend ist. Die zwei Euro für den Ober muss man von den 27 Euro abziehen, nicht aufaddieren.

Ich weiß nicht, wie es Ihnen mit dieser Finte ergangen ist, mir jedenfalls hat sie einiges Stirnrunzeln abverlangt (ich war allerdings auch noch nie gut in Mathematik …).

Die Anordnung der Worte führt uns in die Irre. Klassische Misdirection. So ähnlich ist das häufig mit den Zauberkünstlern, Verkäufern und Politikern. Was wir zu sehen und zu hören bekommen, macht einen sinnvollen Eindruck, dient aber nur dazu, Informationen fälschlicherweise zu kontextualisieren.

Vier Fehler (Teil 2)

Dieses Rätsel lenkt unsere Aufmerksamkeit auf die Ebene der Rechtschreibfehler. Hier gelangen wir nicht zu einer Lösung. Erst wenn wir die Blickrichtung auf das System der ganzen Fragestellung wechseln, wird deutlich, dass der Satz selbst eine Aussage trifft, die nicht stimmt. Somit ist die eigentliche Mitteilung des Satzes der vierte Fehler, denn im Bereich der Rechtschreibfehler hat der Satz nur drei. Das Gesamtsystem des Satzes hat andere Eigenschaften als nur die einzelnen Elemente. Dies ist ein wichtiges Charakteristikum komplexer Systeme.

Das Einmaleins

Haben Sie sofort festgestellt: »Die letzte Rechnung ist falsch«? Vollkommen richtig: Hier ist ausnahmsweise kein Trick im Spiel. Eher die Frage, warum wir vor allem das in den Blick nehmen, was *nicht* korrekt ist. Man hätte ja auch sagen können: »Drei Rechnungen sind richtig.« Oder in der Variante: »Drei Rechnungen sind korrekt, nur eine ist falsch.« Es gibt aber offenbar eine Tendenz in uns, zuerst das Problematische einer Situation wahrzunehmen. Das hat ja auch einige Vorteile. Wenn Gefahr im Verzug ist, tun wir gut daran, die Problemlage sofort zu erkennen. Was aber ist, wenn wir gar nicht bedroht sind?

Ein kleines Beispiel dafür, wie tief sitzende Überzeugungen eine bestimmte Art der Realitätsfokussierung nach sich ziehen.

Living in America (Teil 2)

Ein feiner Trick. Die falsche Fährte ist das Wort »Amerika«. Wenn wir erst einmal bei dieser Fixierung gelandet sind, gelangen wir nicht zur Lösung. Das Muster wird natürlich bewusst angelegt mit dem Satzbeginn: »Wann begann Amerika mit einem a ...«. Ab hier wird alles nun Folgende unweigerlich auf das Wort »Amerika« bezogen. Aber genau das ist eine Vorannahme, die uns in die Irre führt. Denn der weitere Satz kann auch so verstanden werden: » ... und wann (begann) »endete« mit einem e?« Noch einmal zum Mitschreiben: »Wann begann Amerika mit einem a und (wann begann) endete mit einem e?« Die richtige Antwort lautet demzufolge: Das Wort »Amerika« begann *schon immer* mit einem a, das Wort »endete« begann *schon immer* mit einem e.

Wir suchen oft am falschen Ort nach einer Lösung. Es erscheint uns zwar plausibel, bedeutet aber häufig nur ein »Mehr desselben« und nicht ein »Mal etwas ganz anderes«. Immer nur an der gleichen Stelle weiterzugraben, führt in vielen Fällen nur dazu, sich noch tiefer in das Problem zu verstricken. Erst wenn wir uns von der ursprünglich starren Betrachtungsweise befreien, werden alternative Lösungsansätze sichtbar.

Auf den Bereich der Emotionen übertragen bedeutet dies, dass auch unsere Gefühle mitunter starke Fixierungen sind. Sie sagen weniger darüber aus, wer wir sind, sondern erzählen uns etwas über den von uns in der Vergangenheit ausgewählten Interpretationsrahmen. Diese Beschlüsse waren vermutlich in der damaligen Lage das Beste, was wir überblicken konnten. In der Gegenwart benötigt aber auch so manches emotionale Muster dringend eine Aktualisierung.

Fragen erweitern die Wahrnehmung

Alle Quadrate haben die gleiche Größe. Die Illusion, dass das letzte Quadrat in der Reihe das breiteste ist, entsteht durch die mehrfache optische Unterteilung. Exakt diese Segmentierung nehmen wir vor, wenn wir beim Partizipativen Denken zu einem Problem verschiedenste Fragen stellen. Die Ausgangslage wird hiervon erst einmal nicht verändert, wohl aber unsere Wahrnehmung davon. Wir sehen mehr Aspekte als noch zuvor. Mithilfe von Fragen treffen wir *Unterscheidungen, die einen Unterschied machen.*

Die Sintflut (Teil 2)

Richtig, es war gar nicht Moses, sondern Noah, der die Tiere mit auf die Arche nahm. Was aber genau ist hier passiert? Ich habe Ihnen doch exakt dieselbe Frage gestellt wie vorher auch. Mit einem kleinen, aber wichtigen Unterschied: Das entscheidende Wort im Rätsel war in der zweiten Variante kursiv gesetzt. Diese Betonung hat Ihre Aufmerksamkeit auf einen bestimmten Aspekt gelenkt. Durch die neue Fokussierung entsteht ein ganz anderer Zugang zur Fragestellung. Diese Lenkung der Wahrnehmung ist für das Undenkbare Denken von herausragender Bedeutung und begegnet uns im Laufe dieses Buches immer wieder.

Höhere Mathematik (Teil 2)

Auch bei dieser Aufgabenstellung wird eine falsche Fährte gelegt. Wenn wir stillschweigend von der Idee ausgehen, dass es sich um eine mathematische Gleichung handelt, haben wir die Tür zu einer möglichen anderen Lösung bereits verschlossen. Auf dieser Bedeutungsebene gibt es keine sinnvolle Antwort. Erst wenn wir Ideen darüber anstellen, was mit den Zeichen noch gemeint sein könnte (das heißt, wenn wir unsere Konzepte hinterfragen), gelangen wir auf die richtige Spur.

Innovatives Denken bedeutet letztendlich, sich kontinuierlich auf die Suche nach alternativen Betrachtungsweisen zu begeben. Dabei taucht womöglich ein Gedankengang in dieser Art auf: 10 : 50, das sieht so aus wie auf einer dieser Digitaluhren … Vielleicht ist damit die Uhrzeit 10 Uhr 50 dargestellt? Und wenn ja, kann man dann nicht in die Leerstelle das Wort »vor« hineinschreiben, was dann 10 : 50 = 10 *vor* 11 ergibt?

Ja, ja, und nochmals ja.

Kokosnüsse (Teil 2)

Seltsam ist die Geschichte doch, weil sie ein scheinbares Paradoxon enthält: Die Frau macht durch ihre Geschäfte einen Verlust, wird aber dennoch zur Millionärin. Wie das sein kann?

Nun, wer erleidet Defizite und wird daraufhin zum Millionär?

Jemand, der noch reicher ist als eine Millionärin – in diesem Fall eine Milliardärin!

Dieses Rätsel ist ein kleines Juwel, denn es zeigt uns verblüffend deutlich, dass es Dinge gibt, die aufgrund von Vorerfahrungen buchstäblich undenkbar für uns sind. Würde man Steve Jobs oder Bill Gates diese Frage stellen, müsste man vermutlich nicht lange auf die richtige Antwort warten. Für uns als Nicht-Millionäre (geschweige denn -Milliardäre) ist der Gedanke, dass es eine Verarmung bedeuten könnte, zum Millionär zu werden, schlicht nicht vorstellbar. Wir färben Informationen, die über die Sinne hereinkommen, mit unseren Erinnerungen und Erfahrungen ein. Wir reagieren auf den momentanen Augenblick in einer Mischung aus aktuellen und erinnerten Bezügen.

Die zwei Fragezeichen (Teil 3)

Entscheidend an dieser Trickfrage ist die starke Lenkung der Aufmerksamkeit auf ein alphabetisches Ordnungssystem. Durch die Auflistung der Großbuchstaben sind wir geneigt – um nicht zu sagen – gefangen, die Antwort ausschließlich innerhalb der Codierung des Alphabets zu suchen. Um innovative Ideen zu entwickeln, benötigen wir die Fähigkeit, alte Schemata zu verlassen und neue gedankliche Bahnen zu beschreiten. Auch und gerade dann, wenn uns diese in der Vergangenheit treue Dienste geleistet haben.

Gesucht wurden hier die Buchstaben »A« (für die Zahl 8) und »N« (für die Zahl 9). Die Buchstaben in der Aufgabenstellung stehen für die Anfangsbuchstaben der Zahlen von 1 bis 9. (E Z D V F S S **A N**)

Die Schreibkraft (Teil 3)

Es ist eigentlich eine Ungeheuerlichkeit – das Wort »Schreibkraft« löst in uns eine sofortige Assoziation aus, dass es sich um eine Frau handeln muss. Das Wort »die« in »die Schreibkraft« trägt natürlich seinen Teil dazu bei. Das allein würde nicht reichen, die Irreführung so robust zu gestalten. Dazu gehört eine tief eingegrabene Vorannahme (man könnte auch sagen: Vorurteil), die uns noch nicht einmal bewusst ist. Nämlich dass Schreibkräfte *immer Frauen* sind. Wir haben diese Grundannahme, aber sie existiert vollständig außerhalb unseres Bewusstseins. Das macht sie so unüberwindbar. Und gleichzeitig gefährlich. Nicht so sehr in diesem, aber in etlichen anderen Kontexten. Die Schreibkraft ist natürlich der *Vater* des Mädchens.

Ich habe diese Geschichte in den vergangenen Jahren viele Male in Trainings erzählt. Faszinierend daran war zu beobachten, wie tief verwurzelt diese Denkspur bei fast 100 Prozent der Menschen ist. Dabei spielte es keine Rolle, ob es sich um Männer oder Frauen handelte. Beide Geschlechter waren gleichermaßen überrascht, manchmal sogar entsetzt, wie heftig sie in die gestellte Falle tappten. Die Vorannahme, dass es sich um eine Frau handeln muss, ist so stark, dass selbst nachdem die wildesten Hypothesen angestellt und wieder verworfen sind, die Idee zu einer simplen und biologisch sinnvollen Lösung schlicht nicht auftaucht. Erst durch die Frage »Was braucht in der Regel ein Kind, um geboren zu werden?« – »Eine Mutter *und* einen Vater?!« wird die Antwort fast immer gefunden.

Bei diesem Trick wird sehr deutlich, welche Macht Sprache über den Verstand hat und wie sehr Worte (versteckte) Bedeutungen transportieren. »Die Schreibkraft« beinhaltet ein ganzes Netz an Assoziationen, das automatisch und unhinterfragt ausgeworfen wird, wenn wir diesen Begriff hören. Wieder einmal sind es unsere (unbewussten) Vorannahmen, die das Denken bestimmen und in fest angelegten Bahnen halten. In Extremfällen wird damit sogar unser logisches Denkvermögen ausgehebelt.

Simple Addition

Das Ergebnis lautet nicht 5 000, sondern 4 100 – überprüfen Sie es noch einmal. Durch die Art der Aufgabenstellung wird ein subtiles Muster angelegt, das uns im letzten Rechenschritt fast unweigerlich auf die falsche Summe 5 000 stößt. Wir laufen immer dann Gefahr, getäuscht zu werden, wenn wir bei der Lösungssuche zu reflexhaft vorgehen, statt von Zeit zu Zeit Abstand zu nehmen und den Denkprozess zu verlangsamen.

Quadrate (Teil 2)

Es sind insgesamt 30 Quadrate – es gibt Quadrate, die von vier kleinen Quadraten gebildet werden, aber auch solche mit neun. Dann gibt es noch ein großes Quadrat, welches die anderen enthält. Wenn man alle zusammenzählt, gelangt man summa summarum auf 30 Stück.

Wenn Sie diese Übung in einer Gruppe durchführen (zunächst jeder für sich), ergänzen sich die divergierenden Blickwinkel schnell zur korrekten

Lösung. Die Menschen tauschen sich über ihre voneinander abweichenden Sichtweisen aus, jede/r bemerkt etwas Unterschiedliches. Selbst wenn eine Person mehr Quadrate zählt als eine andere, kommt es vor, dass diejenige mit der geringeren Anzahl gerade die Elemente sieht, die ein anderer noch nicht entdeckt hat. Die verschiedenen Perspektiven nehmen sich nichts weg, im Gegenteil: Sie ergänzen sich wechselseitig.

36 Denkimpulse

Im Laufe dieses Buches war immer wieder die Rede vom Faktor »Provokation« und welche Rolle er beim Undenkbaren Denken spielt. Im Folgenden finden Sie eine Reihe von Denkimpulsen, die Ihnen bei jeglicher Fragestellung behilflich sein können, indem sie Sie aus gewohnten Denkbahnen werfen.

Warum aber sind es ausgerechnet 36 und nicht 20 oder 50 solcher Denkanstöße? Wir bringen damit neben der ohnehin provokativen Kraft dieser Impulse obendrein den verstörenden Faktor des Zufalls ins Spiel. Benutzen Sie hierfür bitte zwei normale Würfel (1–6) und erwürfeln Sie sich eine für Ihre Fragestellung passende Inspiration. Wenn Sie eine 1 und 2 würfeln (links liegt die Zehner-, rechts die Einserzahl), verwenden Sie die Idee 1.2, um Ihren Gedanken neuen Schwung zu verleihen. Werfen Sie eine 5 und 3, lassen Sie sich von der entsprechenden Idee 5.3 anregen.

Der Zufall hat maximal musterunterbrechende Wirkung. Wir müssen einen Impuls mit dem ursprünglichen Einfall in Zusammenhang bringen, den wir sonst vermutlich nicht einmal ansatzweise in Erwägung gezogen hätten. Allein durch den Versuch, diese beiden Welten zusammenzuführen, muss unser Denken neue Bahnen beschreiten. Es spielt letztlich keine Rolle, wie sinnvoll die Anregung ist. Man könnte sogar sagen, dass die kreative Kraft eines Impulses umso stärker ist, je abseitiger und unpassender sein Inhalt wirkt.

Solche Anstöße finden Sie zuhauf in Büchern über Kreativität und Innovation. Viel wichtiger aber scheint mir, dass Sie die dahinterliegenden Prinzipien verinnerlicht haben.

1.1 Schreiben Sie die Ideen zu Ihrer Fragestellung mit Ihrer ungeübten Hand auf (also als Rechtshänder mit links und umgekehrt). Lassen Sie sich auf das verlangsamende Tempo dieses Vorgehens und die damit verbundenen Gefühle und Inspirationen ein. Worin liegen die Unterschiede in den Einfällen?

1.2 Wie würde es ein anderer machen? (Gandhi, Jesus, der Dalai-Lama, Horst Seehofer, Boris Becker …)

1.3 Was wäre, wenn eine Ihrer Ideen sämtliche Regeln und Konventionen brechen würde?
1.4 Was an der Fragestellung bereitet Ihnen das größte Vergnügen?
1.5 Was müssten Sie tun, um das genaue Gegenteil dessen zu erreichen, was Sie eigentlich erzielen wollen?
1.6 Was an Ihrer Idee ist gefährlich?
2.1 Welche Comicfigur, welcher Super- oder Romanheld ist am besten dafür geeignet, Ihre Fragestellung zu lösen?
2.2 Was wäre, wenn Geld in Ihrer Angelegenheit keine Rolle spielte?
2.3 Was wäre, wenn Sie Ihre Idee in ihr Gegenteil verkehren würden?
2.4 Was wäre das Schlimmste, was Ihrer Idee passieren könnte?
2.5 Was wären die drei Wünsche an die berühmte Fee, die Sie in Bezug auf Ihr Thema äußern wollten?
2.6 Welcher Aspekt Ihrer Fragestellung bietet Spielraum für ein eher experimentelles Vorgehen?
3.1 Welche Geschichte, welches Märchen oder Symbol würde am besten zu Ihrer Fragestellung passen?
3.2 Schlagen Sie ein beliebiges Wort in einem Lexikon auf. Beziehen Sie diesen Begriff in irgendeiner Weise auf Ihr Thema. Welche neuen Gedankengänge entstehen dabei?
3.3 Wie würde ein Kind an Ihre Aufgabe herangehen?
3.4 Welche Vorbilder gibt es schon für Ihre Fragestellung? Wie haben die sie gelöst?
3.5 Stellen Sie sich vor, Ihre Idee könnte sprechen wie eine reale Person: Was würde sie Ihnen sagen?
3.6 Was würden Sie tun, wenn Sie sich jetzt! sofort! für eine Lösung entscheiden müssten? Was ist Ihr erster Gedanke? Was daran wäre reizvoll?
4.1 Welche Melodie oder welches Lied würde gut zu Ihrem Thema passen?
4.2 Welcher (Kino-)Film würde Ihre Idee gut illustrieren?
4.3 Was wäre das absolut Unverschämteste, was Sie mit Ihrer Aufgabe anstellen könnten?
4.4 Was würde passieren, wenn Sie die zentralen Aspekte Ihrer Fragestellung in ihr Gegenteil verkehrten?

4.5 Stellen Sie sich vor, Sie stehen auf einem hohen Berg und schauen von ganz weit oben auf Ihr Thema herab: Was erblicken Sie?

4.6 Was passiert, wenn Sie einzelne Faktoren Ihrer Aufgabenstellung ins Riesenhafte vergrößern? Und was, wenn Sie manche Bereiche winzig verkleinern?

5.1 Mit welchem Trick oder welcher List könnten Sie Ihre Ausgangsposition wesentlich verbessern?

5.2 Wie könnte man Ihre Fragestellung vollkommen ohne Wörter darstellen?

5.3 Was wäre positiv daran, wenn einfach alles so bliebe, wie es ist?

5.4 Welchen Preis müssen Sie dafür bezahlen, wenn sich Ihre Fragestellung in die Richtung verändert, wie Sie sie im Moment gerne hätten?

5.5 Erfinden Sie möglichst viele Aussagen zu Ihrem Thema, die sich reimen.

5.6 Was würde es für Ihre Angelegenheit bedeuten, wenn Ihnen Zauberkräfte zu Gebote stünden?

6.1 Wie wird Ihre Fragestellung in 100 Jahren gelöst werden?

6.2 Was war bisher in Bezug auf Ihre Idee völlig unvorstellbar?

6.3 Wie könnten Sie die an der Problemstellung beteiligten Menschen vollständig überraschen?

6.4 Wie können Sie Ihre Frage mit Humor anreichern?

6.5 Was wäre, wenn Sie Ihre bisherigen Standpunkte in ihr absolutes Gegenteil verkehren würden?

6.6 Welche Aspekte an Ihrer Idee können Sie übertreiben, steigern, aufblasen, vergrößern? Welche Resultate würden daraus folgen?

Und hier noch ein paar Ersatzfragen, falls Sie mit einem Impuls einmal gar nichts anzufangen wissen. (Wobei, gerade dann … Ach, Sie wissen schon.)

- ✗ Welche Tabus könnten Sie im Zusammenhang mit Ihren Gedanken brechen?
- ✗ Welches Leitmotiv passt zu Ihrem Thema? Welches Motto?
- ✗ Was ist der »Schatten« an Ihrem Themengebiet? Was ist heikel, möglicherweise gefährlich? Wie kann man daraus einen Nutzen ziehen?
- ✗ Wie würde sich Ihre Fragestellung verändern, wenn plötzlich X eine wichtige Rolle spielen würde? (X steht für möglichst skurrile Figuren: Goofy, Kater Karlo, der Räuber Hotzenplotz, Pippi Langstrumpf, Winnetou, der Highlander usw.)
- ✗ Wählen Sie irgendeinen Fachbereich aus, der nicht das Geringste mit Ihrer Aufgabenstellung zu tun hat. Wenn Sie zum Beispiel Ideen für einen Vortrag »Rechtssicherheit im Internet« benötigen, ziehen Sie den Bereich der »Kleingärtnerei« heran. Welche Aspekte fallen Ihnen dazu ein? Wie lassen sich die Begrifflichkeiten aus dieser Welt auf Ihren Themenbereich übertragen? Mit welchem Resultat?

Raum für Ihre Notizen

Matrix des Partizipativen Denkens

In der folgenden Tabelle sind alle Fragen versammelt, die wir im Laufe des Buches besprochen haben. Im Grunde handelt es sich um Impulse, die unsere Wahrnehmung ausrichten. Sie sind in der Tabelle den jeweiligen Hauptfiltern des Partizipativen Denkens und seinen Unterbereichen zugeordnet. Manche der Zuordnungen sind fließend und würden auch in einen oder mehrere andere Filter passen.

Abb. 48

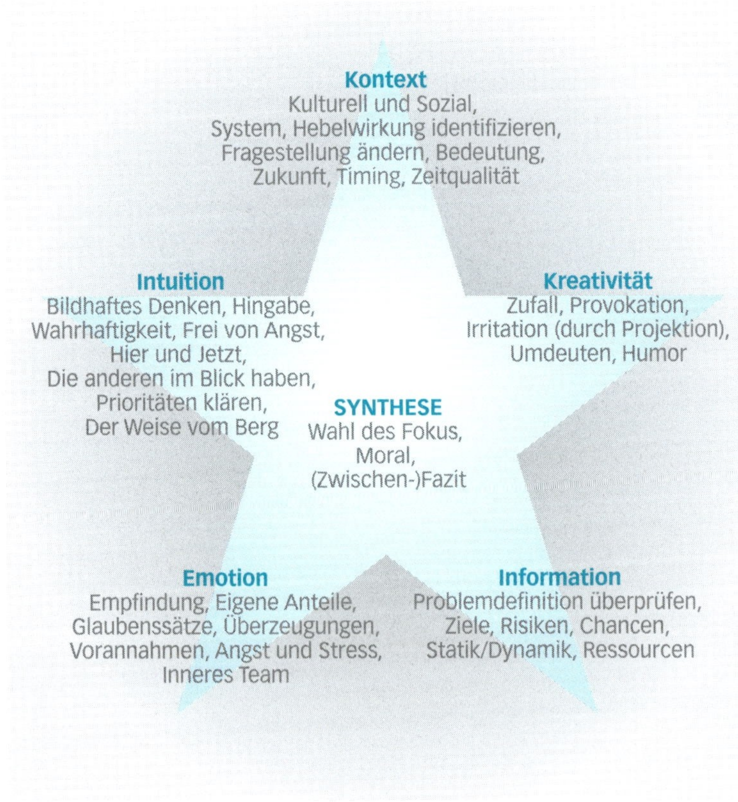

Hauptfilter	Unterfilter	Fokus
Emotion		Was fühle ich gerade, welche (verschiedenen) Gefühle erlebe ich? (Ohne Begründung, ohne den Zwang zu bewerten) Was empfinden wohl die anderen Beteiligten in dieser Situation?
	Empfindung	Welche Körperempfindungen kann ich wahrnehmen, wenn ich die Situation auf mich wirken lasse?
	Eigene Anteile	Wie trage ich dazu bei, dass die Situation so ist, wie sie ist? In welcher Verfassung befinde ich mich aktuell?
	Glaubenssätze, Überzeugungen, Vorannahmen	Welche meiner (negativen Glaubenssätze) sind wirksam? Bin ich mit ihnen einverstanden? Wie kann ich flexibler darüber nachdenken? Gibt es ausgewogenere Sichtweisen? Würde ich einen Freund ermutigen, so zu denken?
	Angst und Stress	Bin ich gerade in Not? Verspüre ich Angst? Wie hoch ist mein Stresslevel? Was kann ich tun, um wieder mehr Sicherheit für mich und alle Beteiligten herzustellen?

Hauptfilter	Unterfilter	Fokus
	Inneres Team	Welche inneren Anteile melden sich zu Wort? Welche Botschaften bringen sie ein?
Information		Was sind die objektiven Tatsachen und Fakten? Welche Beweise liegen vor? Wie gut überprüft sind sie?
	Problemdefinition überprüfen	Welches Problem wird eigentlich zu lösen versucht? Was genau ist hier die Herausforderung? Was ist die Fragestellung hinter der Schwierigkeit? Könnte man die Aufgabe auch anders formulieren? Welchen Einfluss hat es auf die Lösungssuche, wenn sich die Problemdefinition verändert?
	Ziele	Was ist mein Ziel, was sind meine Ziele? Was ist *nicht* mein Ziel? Was möchte ich unbedingt so beibehalten?
	Risiken	Was sind die negativen Aspekte? Was sind die potenziellen Risiken? Was könnte alles schiefgehen?

Hauptfilter	Unterfilter	Fokus
	Chancen	Worin liegen die Chancen der Situation? Was ist positiv daran (auch und gerade in einer schwierigen Lage)? Was ist »das Gute am Schlechten«?
	Statik/Dynamik	Was ist gegeben und unveränderlich? Was ist veränderbar?
	Ressourcen	Welche Ressourcen stehen mir zur Verfügung (Kontakte, Material, Know-how)? Was benötige ich außerdem?
Kontext		Welche Elemente der Fragestellung gibt es überhaupt? Wie stehen diese Komponenten miteinander in Beziehung? Welche Faktoren sind nicht auf den ersten Blick sichtbar, spielen aber dennoch eine Rolle?
	Kulturell und Sozial	In welchem kulturellen Kontext bewege ich mich, wo findet die Situation statt? In welcher Organisationsform? Wie sehen die gesellschaftlichen Rahmenbedingungen aus?

Hauptfilter	Unterfilter	Fokus
	System	Wie ist die Verfassung des Systems? Wer spielt in der Situation alles eine Rolle? Wie geht es den anderen Beteiligten vermutlich? Welche Motive haben die einzelnen Personen? Wer hat wie viel Einfluss? Welche Auswirkungen haben meine Handlungen auf meine nahe Umgebung (Freunde, Familie)? Auf die weitere Umgebung (Nachbarn, Gemeinschaften, Dorf, Stadt)? Auf ferne Umgebungen (Land, global)? Wie müsste man hier zum Wohle aller Beteiligten handeln?
	Hebelwirkung identifizieren	Was verhindert die Veränderung? Welche Verbindungen halten den zu verändernden Teil an seinem Platz? Wie könnten diese durchtrennt oder geschwächt werden?
	Fragestellung ändern	Worauf wird meine Aufmerksamkeit durch die Art der Fragestellung gerichtet? Was verbirgt die Aufgabenstellung, so wie sie jetzt ist, vor mir? Wovon lenkt sie meine Aufmerksamkeit ab?

Hauptfilter	Unterfilter	Fokus
	Bedeutung	Wie gelange ich dahin, dass die Problemstellung an Bedeutung für mich abnimmt? Wie komme ich dazu, dass die Fragestellung an Wert für mich gewinnt?
	Zukunft	Wie sehe ich die Situation voraussichtlich a) morgen b) in einer Woche c) in einem Monat d) in einem Jahr e) in zehn Jahren?
	Timing	Wie ist mein Timing? Setze ich meine Energie zur richtigen Zeit an der passenden Stelle ein? Sollte ich noch etwas damit warten? Habe ich zu lange gewartet? Woran könnte ich erkennen, wann es Zeit ist zu handeln?
	Zeitqualität	Welche Qualität hat die Zeit augenblicklich für mich? Und was heißt das für meine Fähigkeiten, für meine Energie, für meinen Rhythmus, für mein Timing? Wie bewusst bin ich mir der momentan vorherrschenden Zeitqualität? Gehe ich mit ihr oder arbeite ich eher gegen sie an?

Hauptfilter	Unterfilter	Fokus
Kreativität		Was fällt mir ein, wenn ich meinen Gedanken freien Lauf lasse? Welche Ideen bekomme ich, wenn ich unter Einsatz einer bzw. mehrerer Kreativitätstechnik(en) über die Situation nachdenke?
	Zufall	Wie kann ich die Kraft des Zufalls nutzen, um mich in Bewegung zu versetzen? Wohin führt mich einer der 36 kreativen Denkimpulse?
	Provokation	Wie könnte ich die Situation verschlimmern? Was genau müsste ich dazu sagen, tun? Was lehrt mich das über meine Einflussmöglichkeiten in der momentanen Lage? Welche Gedanken finde ich in Bezug auf meine Ideen, auf meine Fragestellung besonders provokativ?
	Irritation (durch Projektion)	Was regt mich an der Konstellation besonders auf? Wie versetzt mich ein Beteiligter in Rage? Wohin führen mich diese Impulse? Welche verborgenen Kräfte (in mir, in der Situation) werden hierbei deutlich?
	Umdeuten	Was ist das »Gute im Schlechten«? Was ist das »Schlechte am Guten«?

Hauptfilter	Unterfilter	Fokus
	Humor	Woran habe ich bisher noch gar nicht gedacht? Welche witzigen, absurden Seiten hat die Fragestellung?
Intuition		Was sagt mir mein Bauchgefühl?
	Bildhaftes Denken	Welche Metapher würde auf die Situation passen? Was entwickelt sich in diesem Bild, wenn ich mich darauf einlasse? Welche neuartigen Bezüge werden so deutlich?
	Hingabe	Was will sich in der Situation (von selbst) zeigen? Wie könnte ich allem mehr Raum geben? Was braucht die Situation (von mir)? Was, wenn bereits alles perfekt wäre, so wie es ist? Wo leiste ich Widerstand? Wie kann ich die Entwicklung so wenig wie möglich blockieren?
	Wahrhaftigkeit	Wie wahrhaftig bin ich in dieser Situation? Wie sehr erlaube ich mir, mich selbst auszudrücken? Was ist meine subjektive Wahrheit in dieser Angelegenheit?
	Frei von Angst	Was würde ich tun, wenn ich keinerlei Angst hätte?

Hauptfilter	Unterfilter	Fokus
	Hier und Jetzt	Gedanken – ob an die Vergangenheit oder an die Zukunft – finden immer im Hier und Jetzt statt. Was kommt mir zu Bewusstsein, wenn ich meine Aufmerksamkeit auf diesen Raum lenke, der frei von Zeit ist?
	Die anderen im Blick haben	Was könnten die anderen an der Situation beteiligten Menschen vermutlich brauchen? Wie würde ich von einer »selbstlosen« Perspektive heraus handeln?
	Prioritäten klären	Was würde ich tun, wenn ich nur noch ein Jahr zu leben hätte?
	Der Weise vom Berg	Wie würde ein weiser und gerechter Richter in dieser Fragestellung entscheiden oder vorgehen?
Synthese		Wie sieht die Beziehung der vorangegangenen Positionen aus? Wie beeinflussen sich diese Sichtweisen wechselseitig? Was ist durch den Wechsel der Filter an Neuem entstanden? Wie kann man eine Synthese der einzelnen Wahrnehmungspositionen beschreiben?

Hauptfilter	Unterfilter	Fokus
	Wahl des Fokus	Wo bewege ich mich aktuell? In welcher Denkrille bin ich möglicherweise gefangen? Welches andere Denkmuster wird derzeitig gebraucht? Welche Fragestellung müsste ich noch wählen, um ein möglichst umfassendes Bild der Situation zu erhalten?
	Moral	Wie müsste man hier handeln, wenn diese Auffassung gelte: »Handle nur nach derjenigen Maxime, durch die du zugleich wollen kannst, dass sie ein allgemeines Gesetz werde.« (Der kategorische Imperativ Kants)
	(Zwischen-)Fazit	Was ist mir während des gesamten Denkprozesses deutlich geworden? Was habe ich jetzt – nachdem ich alle Perspektiven durchlaufen habe – für eine Wahrnehmung der Situation? Wie sieht der Sachverhalt in einer Art »Gesamtschau« aus? Hat sich meine Fragestellung gewandelt? Kann bereits eine Entscheidung getroffen werden? Was braucht es noch, um ins Handeln zu kommen? Haben sich meine Ziele verändert? Wie sieht mein Resümee aus?

Kurzform des Partizipativen Denkens

An entsprechenden Stellen des Buches haben wir ausschließlich mit der Kurzform des Partizipativen Denkens gearbeitet. Für viele Zwecke ist das gut und ausreichend. Wenn Sie komplexere Fragestellungen bearbeiten, empfiehlt es sich, Aspekte der vollständigen Matrix hinzuzuziehen.

Hauptfilter	Unterfilter	Fokus
Emotion		Welche Gefühle habe ich in Bezug auf das Thema?
Information		Über welche Informationen verfüge ich? Wie hoch ist die Qualität dieser Daten? Fehlen mir noch wichtige Angaben? Besitzen andere Leute Zugang dazu?
	Ziele	Was will ich (konkret) erreichen? Was wäre ein optimales Ergebnis? Was will ich nicht erzielen?
	Risiko	Welche negativen Auswirkungen könnte es geben? Was ist (objektiv) riskant an dem Vorhaben?
	Chancen	Welche (versteckten) Möglichkeiten liegen in der Situation? Wie könnte man sie ergreifen?

Hauptfilter	Unterfilter	Fokus
Kontext	System	Welche Personen/Gruppen sind noch von der Fragestellung betroffen? Welche Gedanken/Haltungen haben diese dem Thema gegenüber vermutlich? Welche Interessen?
Kreativität		Welche alternativen Aspekte der Situation fallen mir noch ein? Was wären verrückte oder ungewöhnliche Ideen im Zusammenhang mit dieser Frage?
Intuition		Wie würde ein weiser und gerechter Richter in dieser Fragestellung vorgehen?
Synthese	Fazit	Wo stehe ich jetzt am Ende dieses Prozesses? Welches vorläufige Fazit ziehe ich? Bräuchte es eventuell eine weitere Auseinandersetzung mit einer der anderen Perspektiven?
	Wechselwirkung	Wie beeinflussen sich die vorangegangenen Perspektiven wechselseitig? Welche neuen Aspekte und Eigenschaften sind aufgetaucht?

Danksagung

Wirklichkeit ist eine gemeinsame Konstruktion – diese Menschen und Institutionen hatten und haben maßgeblichen Anteil an der Ausprägung meines Realitätsverständnisses:

Helmut Broichhagen – danke dir für deine Freundschaft, deine Kollegialität, den inspirierenden Austausch, die tollen Jahre im Denkclub – unschätzbar!

Thomas Hilsenbeck – du hast mir großzügig Raum gegeben, meine Stärken zu entwickeln, als ich auf der Suche danach war. Dafür werde ich dir immer dankbar sein – du bist ein Geschenk des Himmels!

Edward de Bono – wir stehen auf den Schultern von Riesen. Das Buch *De Bonos neue Denkschule* hat alles ins Rollen gebracht.

Stephen Wolinksy – mein Lehrer des Quantenbewusstseins. Die 0 gibt der Existenz die Erlaubnis zu sein.

Mischka Solonevic – du hast das erste zarte Pflänzchen eines liebevolleren inneren Umgangs gesät und mir gleichzeitig Mut gemacht, in einer Gruppe zu meiner eigenen Wahrheit zu stehen, auch wenn sie unpopulär ist – unvergessen!

Der Herzclub – hier konnte ich schon so viel Unerhörtes zeigen und sein. Manche Einblicke in sich selbst gelingen nur in der wahrhaftigen Begegnung mit anderen – may the circle be unbroken.

Nicole, meine Liebste – unsere Beziehung hat mich gelehrt, was Mann sein für mich bedeutet. Danke für deine unermüdliche Geduld in der Zeit des Schreibens. Liebe.

Meine SeminarteilnehmerInnen und Coaching-Klienten – auch Wissen wird sozial konstruiert. Meine Kenntnisse habe ich in vielerlei Hinsicht dem fortlaufenden Austausch mit meinen TeilnehmerInnen zu verdanken. Der Lehrer profitiert vom Unterricht am allermeisten. Mein Traumberuf.

Meine Kunden und Geschäftspartner – danke vielmals für das Vertrauen und das Interesse an meiner Arbeit!

Der Kösel-Verlag und alle darin Verantwortlichen – für den Mut und den Einsatz, dieses Buch zu veröffentlichen. Mein Traumverlag.

Robert Wenzl – you are an artist! Wir haben immer wieder Momente, in denen wir uns verstehen. Danke für die schönen Begegnungen, deine tollen Ideen, grafischen Skizzen und meisterhaften Entwürfe. Habe ich es schon erwähnt? You are an artist.

Anna Wenzl – danke, dass du da warst und noch so viel inspirierende Energie mit eingebracht hast. Immer wieder gern!

Bea Thier – du warst die wunderbarste Vorlektorin, die ich mir nur wünschen konnte: Deine Intelligenz, dein Humor, deine profunde Kenntnis der psychischen Räume, dein tiefsinniges Hinterfragen meiner Ausführungen, deine ständige Ermutigung und die zahlreichen Geschenke – du bist einfach toll. Ein Segen, dich zur Freundin zu haben!

Es gibt noch weitere liebe Menschen und Freunde, die dazu beigetragen haben, dass es mich und dieses Buch gibt, und die große Nachsicht mit mir hatten, als ich im Elfenbeinturm verschollen war – habt allesamt herzlichen Dank dafür!

Literaturhinweise

Ariely, Dan: *Denken hilft zwar, nützt aber nichts. Warum wir immer wieder unvernünftige Entscheidungen treffen*, München: Droemer Knaur 2010

Baggini, Julian; Stangroom, Jeremy: *Der kleine Denkverführer. Philosophische Spiele*, München: Piper, 2. Aufl. 2010

Beck, Hanno: *Die Logik des Irrtums. Wie uns das Gehirn täglich ein Schnippchen schlägt*, Frankfurt/M.: Frankfurter Allgemeine Buch 2008

Begley, Sharon: *Neue Gedanken – neues Gehirn. Die Wissenschaft der Neuroplastizität beweist, wie unser Bewusstsein das Gehirn verändert*, München: Goldmann 2010

Bennett-Goleman, Tara: *Emotionale Alchemie. Der Schlüssel zu Glück und innerem Frieden*, Frankfurt/M.: Fischer TB 2004

Bohm, David: *Der Dialog. Das offene Gespräch am Ende der Diskussionen*, Stuttgart: Klett-Cotta, 5. Aufl. 2008

Brafman, Ori; Brafman, Rom: *Kopflos. Wie unser Bauchgefühl uns in die Irre treibt – und was wir dagegen tun können*, Frankfurt/M.: Campus 2008

Brockman, John (Hrsg.): *Was ist Ihre gefährlichste Idee? Die führenden Wissenschaftler unserer Zeit denken das Undenkbare*, Frankfurt/M.: Fischer-TB, 3. Aufl. 2009

Byron, Katie: *Was wäre ich ohne mein Drama? Konfliktlösungen mit »The Work«*, München: Goldmann 2009

Covey, Stephen R.: *Die 7 Wege zur Effektivität. Prinzipien für persönlichen und beruflichen Erfolg*, Offenbach: Gabal 2005

Damasio, Antonio R.: *Der Spinoza-Effekt. Wie Gefühle unser Leben bestimmen*, Berlin: Ullstein-TB 2005

De Bono, Edward: *De Bonos neue Denkschule. Kreativer denken, effektiver arbeiten, mehr erreichen*, Heidelberg: mvg 2010

De Bono, Edward: *Serious Creativity. Die Entwicklung neuer Ideen durch die Kraft des lateralen Denkens*, Stuttgart: Schäffer-Poeschel 1996

Dijksterhuis, Ap: *Das kluge Unbewusste. Denken mit Gefühl und Intuition*, Stuttgart: Klett-Cotta, 2. Aufl. 2010

Dudgeon, Piers: *Breaking Out of the Box. The Biography of Edward De Bono. The man who created the concept of Lateral Thinking*, London: Headline Book 2001

Frey, Ulrich; Frey, Johannes: *Fallstricke. Die häufigsten Denkfehler in Alltag und Wissenschaft,* München: C. H. Beck, 3. Aufl. 2011

Frith, Chris: *Wie unser Gehirn die Welt erschafft*, Heidelberg: Spektrum Akademischer Verlag 2010

Gigerenzer, Gerd: *Bauchentscheidungen. Die Intelligenz des Unbewussten und die Macht der Intuition,* München: Goldmann 2008

Gumin, Heinz; Meier, Heinrich (Hrsg.): *Einführung in den Konstruktivismus. Veröffentlichungen der Carl Friedrich von Siemens Stiftung; Bd. 5*, München: Piper 1992

Hampden-Turner, Charles: *Modelle des Menschen. Ein Handbuch des menschlichen Bewusstseins,* Weinheim/Basel: Beltz, 3. Aufl. 1998

Hawkin, David R.: *Das All-sehende Auge. »The Eye of the I«*, Wasserburg: Sheema Medien, 4. Aufl. 2008

Hayward, Jeremy: *Die Erforschung der Innenwelt. Neue Wege zum wissenschaftlichen Verständnis von Wahrnehmung, Erkennen und Bewusstsein*, Berlin: Insel 1996

Hesse, Christian: *Das kleine Einmaleins des klaren Denkens. 22 Denkwerkzeuge für ein besseres Leben*, München: C. H. Beck, 3. Aufl. 2009

Hüther, Gerald; Roth, Wolfgang; Brück, Michael von: *Damit das Denken Sinn bekommt. Spiritualität, Vernunft und Selbsterkenntnis*, Freiburg: Herder, 3. Aufl. 2010

Kast, Bas: *Wie der Bauch dem Kopf beim Denken hilft. Die Kraft der Intuition*, Frankfurt/M.: Fischer-TB, 3. Aufl. 2009

Knapp, Natalie: *Anders denken lernen. Von Platon über Einstein zur Quantenphysik,* Bern: Oneness Center 2008

Knapp, Peter; Novak, Andreas: *Effizientes Verhandeln. Konstruktive Verhandlungstechniken in der täglichen Praxis; Arbeitshefte Führungspsychologie Bd. 55*, Heidelberg: Sauer 2003

Kornfield, Jack: *Das weise Herz. Die universellen Prinzipien buddhistischer Psychologie*, München: Goldmann, 3. Aufl. 2008

Lehrer, Jonah: *The Decisive Moment. How the Brain makes up its Mind*, Edinburgh: Canongate 2010

Levine, Robert: *Die große Verführung. Psychologie der Manipulation*, München: Piper, 4. Aufl. 2007

Maitri, Sandra: *Neun Porträts der Seele. Die spirituelle Dimension des Enneagramms*, Bielefeld: J. Kamphausen 2002

Maturana, Humberto R.; Varela, Francisco J.: *Der Baum der Erkenntnis. Die biologischen Wurzeln menschlichen Erkennens*, Frankfurt/M.: Fischer-TB, 3. Aufl. 2009

Michalko, Michael: *Erfolgsgeheimnis Kreativität. Was wir von Michelangelo, Einstein & Co. lernen können*. Frankfurt/M.: mgv/verlag moderne industrie 2003

Norretranders, Tor: *Spüre die Welt. Die Wissenschaft des Bewusstseins*, Reinbek: Rowohlt-TB 1997

Novak, Andreas: *Schöpferisch mit System. Kreativitätstechniken nach Edward de Bono; Arbeitshefte Führungspsychologie Bd. 39*, Heidelberg: Sauer 2001

Ornstein, Robert: *Multimind. Ein neues Modell des menschlichen Geistes. Ergebnisse der Humanwissenschaften für Erziehung, Therapie und Management*, Paderborn: Junferman 1999

Pink, Ruth: *Denken – kreativ, professionell und systematisch. Pocket Business Training*, Berlin: Cornelsen 2009

Pratt, David L. (Hrsg.): *Geniale Gedanken. Geistesblitze von Nobelpreisträgern*, Berlin: Ullstein-TB 2009

Seckel, Al: *Optische Illusionen*, Wien: Tosa 2003

Simon, Fritz B.: *Einführung in Systemtheorie und Konstruktivismus*, Heidelberg: Carl-Auer-Systeme, 5. Aufl. 2011

Singer, Wolf; Ricard, Matthieu: *Hirnforschung und Meditation. Ein Dialog*, Berlin: Suhrkamp, 6. Aufl. 2010

Stock, Jürgen: *Die Verzauberung des Augenblicks. Mit 3D-Bildern zu erweiterter Wahrnehmung*, Freiburg: Hermann Bauer 1998

Sutton, Robert I.: *Stellen Sie Leute ein, die Sie eigentlich nicht brauchen. 11 1/2 Regeln für kreative Manager*, München: Piper 2002

Trauvetter, Gerald: *Intuition. Die Weisheit der Gefühle*, Reinbek: Rowohlt, 2. Aufl. 2009

Varela, Francisco J.; Thompson, Evan; Rosch, Eleanor: *Der mittlere Weg der Erkenntnis. Der Brückenschlag zwischen wissenschaftlicher Theorie und menschlicher Erfahrung*, München: Goldmann 1995

Vasek, Thomas: *Ich denke, also bin ich. Das Denktraining fürs Gehirn*, Reinbek: Rowohlt-TB 2009

Walach, Harald: *Psychologie – Wissenschaftstheorie, philosophische Grundlagen und Geschichte. Ein Lehrbuch*, Stuttgart: W. Kohlhammer, 2., aktual. Aufl. 2009

Watzlawick, Paul: *Wie wirklich ist die Wirklichkeit? Wahn, Täuschung, Verstehen*, München: Piper, 9. Aufl. 2010

Wengenroth, Matthias: *Das Leben annehmen. So hilft die Akzeptanz- und Commitmenttherapie (ACT)*, Bern: Hans Huber 2008

Wilber, Ken: *Eine kurze Geschichte des Kosmos*, Frankfurt/M.: Fischer-TB 1997

Willson, Rob; Branch, Rhena: *Kognitive Verhaltenstherapie für Dummies. Der leichte und erfolgreiche Weg zum inneren Frieden*, Weinheim: Wiley-VCH 2006

Wiseman, Richard: *Wie Sie in 60 Sekunden Ihr Leben verändern. Mit Sofort-Hilfe-Garantie*, Frankfurt/M.: Fischer-TB, 5. Aufl. 2009

Wittemann, Artho S.: *Die Intelligenz der Psyche. Wie wir ihrer verborgenen Ordnung auf die Spur kommen*, München: Kösel, 5. Aufl. 2009

Wolinsky, Stephen: *Quantenbewusstsein. Das experimentelle Handbuch der Quantenpsychologie*, Bielefeld: Lüchow 1994

Zukav, Gary: *Die tanzenden Wu Li Meister. Der östliche Pfad zum Verständnis der modernen Physik: Vom Quantensprung zum schwarzen Loch*, Reinbek: Rowohlt 2000

Weitere Informationen zu *Das wäre doch gedacht!*

Unter www.das-waere-doch-gedacht.de finden Sie weitere Informationen rund um das Undenkbare Denken: neue Denktricks und knifflige Rätsel, Hintergrundinformationen und alles, was in der Kürze des Buches nur angedacht werden konnte. Hier besteht die Möglichkeit zum lebendigen Austausch mit dem Autor und anderen Menschen, die ebenfalls daran interessiert sind, ihren eingefahrenen Denkmustern zu entkommen und neue und innovative Ansätze für ihr Leben zu entdecken. Auf der Internetseite können Sie außerdem hilfreiches Zusatzmaterial zum Undenkbaren Denken erwerben, wie zum Beispiel ein Kartenset rund um das Partizipative Denken. Damit lassen sich wichtige Inhalte des Buches nachhaltig in den Alltag integrieren. Ein regelmäßiger Newsletter mit kreativen Impulsen und Übungen rundet das Angebot ab.

Wenn Sie Interesse an meinen Vorträgen, Lesungen und Trainings/Workshops haben, melden Sie sich einfach unter den folgenden Kontaktdaten bei mir. Wir werden gemeinsam erörtern, welches Format für Ihre Bedürfnisse und Zielgruppe angemessen ist, und ein entsprechendes Konzept entwickeln.

Ich freue mich darauf, mit Ihnen das Undenkbare zu denken!

JÜRGEN STOCK

Experte für Neue Lerntechnologien (FH)
Training | Coaching | Supervision

Am Breiten Sand 15
97218 Gerbrunn
Tel.: 09 31 / 72 05 48 50
E-Mail: info@juergen-stock.de
Internet: www.juergen-stock.de